高等院校语言学教材

中国田野语言学概要

AN INTRODUCTION TO CHINESE FIELD LINGUISTICS

范俊军 ◎ 编著

广东高等教育出版社
Guangdong Higher Education Press
·广州·

图书在版编目（CIP）数据

中国田野语言学概要 / 范俊军编著. —广州：广东高等教育出版社，2021. 12

ISBN 978 – 7 – 5361 –7118 –3

Ⅰ. ①中…　Ⅱ. ①范…　Ⅲ. ①语言学—中国—高等学校—教材　Ⅳ. ① H004. 2

中国版本图书馆 CIP 数据核字（2021）第 185736 号

ZHONGGUO TIANYE YUYANXUE GAIYAO

中国田野语言学概要

广东高等教育出版社出版发行

地址：广州市天河区林和西横路

邮编：510500　电话：（020）87554153

网址：www.gdgjs.com.cn

广东信源文化科技有限公司印刷

787 毫米 ×1 092 毫米　16 开本　15 印张　335 千字

2021 年 12 月第 1 版　2021 年 12 月第 1 次印刷

定价：39. 90 元

前　言

我国高等院校中文系和少数民族语言文学系本科高年级通常设有“语言调查”“方言调查”“少数民族语言调查”选修课，硕士研究生阶段也将其列入专业基础课。中文系的语言调查课通常讲授汉语方言调查，民族院系则讲授少数民族语言调查。汉语方言调查和少数民族语言调查都属田野语言学的知识内容，将二者分开设置课程，不利于课程教学中形成学科知识体系。

自20世纪90年代初，暨南大学中文系和应用语言学系在本科高年级开设了“汉语方言调查”选修课，21世纪初又为少数民族语言文学专业的硕士研究生开设了“少数民族语言文化调查”课。在讲授理论知识和指导田野实践过程中，我们感到将汉语方言调查和少数民族语言调查、传统调查方法和现代技术手段相结合，显得十分必要和迫切，因而需要一部系统的田野语言学教科书。基于这一想法，我们把近二十多年的教学讲义和语言资料进行整理，并吸取国内外同类教科书的经验，编写了这部教材，供高等学校语言学专业本科选修课和研究生基础课教学之用。

本教材的内容安排有以下特点：（1）将汉语方言和少数民族语言的田野调查记录一并纳入教学内容，并相互贯通；（2）理论知识主要概述要点，重点突出田野实践操作；（3）增加了设备软件、语料整理加工、资料数据建档等内容；（4）每章后面有拓展阅读和思考与练习。

根据近几年一些高校的试用反馈，这次再版做了以下修订：（1）全书由原来三部分十四章调整为六章，增补了若干内容，修改了一些表格内容，并去掉了一些附表，使内容编排更为紧凑；（2）增加了第二章“国际音标记音工具”，并配有练习录音。

田野语言学教学应坚持理论和实践相结合。作为本科高年级选修课或研究生基础课，应讲授一个学期，授课时间不少于30课时，绪论和第一章建议2课时，第二章6课时，第三章、第四章各8课时，第五章4课时，第六章2课时，实践课不少于6课时，总学时不少于36课时。期末应安排一个教学周的实践课，教师带领学生到当地汉语方言或少数民族社区开展语言田野工作，实践结束后还应指导学生撰写语言调查报告。

本教材内容涉及面较广，资料表格较多，限于编著者学识和能力，可能存在不少错漏，恳请广大师生和读者批评指正。

编者

目　录

绪 论

田野语言学是关于实地语言调查、记录语言样本并进行转写标注和分析的语言学分支学科①。田野语言学实践就是通常所说的语言调查②，又叫语言田野调查或语言田野工作③，它指语言学专业人员在语言社区实地考察调研，记录和采集真实的语言样本资料。田野语言学具有很强的实践性和跨学科性，学习这门课程就是要掌握语言田野工作的基础知识，培养语言调查记录的专业技能，能够运用所学的知识和技能开展田野实践。

一、学习田野语言学应具备相关学科知识

学习田野语言学应具备普通语言学、文化人类学和中国传统语言学的基础知识。

语言田野工作的主要任务是实地采集和记录活态的语言资料数据，并对语言现象进行分析。因此，语言田野工作者应系统学习语言学基础理论，了解人类语言的语音、词汇、语法的一般特点和规律，掌握语言分析的基本方法。高等学校中文系和外语系本科“语言学概论”就是这方面的基础训练课程。

语言田野工作者要学习和掌握文化人类学知识和技能。语言的根本属性是社会性，语言也是文化现象。语言的生存、发展、变化或变异，与自然环境、生产和生活、社会结构、种群或族群历史文化密切相关，因而不能把语言田野工作理解为仅仅是记录和收集语言资料。文化人类学的思想理论和方法，有助于我们从更广域的视角去认识、理解和分析语言。

我国的基本语言国情是多语言、多文字。语言田野工作者要掌握普通话，学习现代汉语和少数民族语言文字的知识。高等学校文科“现代汉语”课程就是讲授现代汉语知识，包括汉语语音、词汇、语法、修辞、语用的基本概念、原理和分析方法。有些民族省区高等院校文科课程“少数民族语言文字概论”则主要讲授少数民族语言文字基础知识，如：我国境内各语系、语族的语言名称和地域分布，各语系和语族的语音、词汇和语法特点，

① 学科的英文名称是 field linguistics。

②“调查”这个词有时有特定含义，如调查案件，调查某人和某事。在民族地区、边疆和境外开展语言田野工作，建议用“语言记录”收集语言资料等说法。

③ 英文名称为 linguistic fieldwork 或 language fieldwork。

各民族文字的名称、形态和基本使用情况。目前我国高等学校人文学科缺少一门“中国语言文字概论”通识课。具备现代汉语和少数民族语言文字基础知识，是语言田野工作者的基本专业素质。

学习田野语言学，还应具备传统语言学基础知识。传统语言学的文字、音韵、训诂是中华国学的核心内容。语言田野工作者要熟悉音韵、文字、训诂的名词概念和术语，掌握训释字义、探求词源、分析音义和字形的方法，了解宋代韵书《广韵》的音韵系统，记住一千来个常用字的中古音韵。中华几千年传承下来的文献汗牛充栋，汉语言文字对各民族语言文字产生了深远影响。传统语言学不仅是调查研究汉语方言的利器，而且有助于认识各民族语言文字的历史和发展，开展民族语言的调查记录和历史比较研究。

二、学习田野语言学应培养四种基本技能

学习田野语言学，应培养和形成下面几种基本的技能：一是听辨语音和记录言语的技能，二是语言分析和描写的技能，三是语言资料整理和建档的技能，四是语言技术工具的操作技能。

首先，语言田野工作者要能听辨各种语音和模仿发音，能用国际音标符号记录语音，具备辨音、发音和记音能力。这具体表现在以下方面：

（1）能准确听辨说话人的细微发音，辨析发音部位和发音方法；

（2）听到说话人的发音以后能正确模仿发音，得到说话人认可；

（3）熟悉国际音标记音工具，能用音标符号记录所听到的语音和言谈。

辨音、发音和记音能力需要专门学习和训练。高等学校“语言学概论”课只简要介绍了国际音标符号，并没有专门的学习训练。有的高校中文系有“语音学”选修课，其中一项主要内容就是学习国际音标的发音、辨音和记音。没有系统学习过语音学的语言田野工作者应参加这类专业培训或自学。本教材第二章将专门学习国际音标。

其次，语言田野工作者要具有对语言现象的敏感性，能运用语言学概念框架，分析所记录的语言资料。这具体表现在三个方面：（1）用声韵调系统或元音辅音框架，标注、分类、描写和罗列记音资料；（2）用词汇学框架，分类、描写和阐释词汇资料；（3）用语法学框架，描写和分析构词、短语和句子结构。本教材第三章和第四章将学习一些语言描写框架。

再次，语言田野工作者要善于积累语言资料。现存各种语言和方言的记录资料，不论是多媒体摄录资料还是笔记资料，既是语言学研究的重要参考资料，也是民间和民族的文化遗产。资料数据在于长期积累。语言田野工作者对自己辛辛苦苦收集和记录的资料，要进行充分的转写标注，科学分类和编制索引，妥善地保存，使更多的人能够查看和利用这些资料。本教材第六章将学习语言资料建档的知识。

最后，随着现代信息技术和多媒体技术的发展，语言调查记录和资料数据采集的手段越来越多，这极大地提高了语言田野工作的效率。用录音机、摄像机、移动终端来采集和

录制真人发声和自然话语，用计算机软件分析和处理语言资料和数据，已是语言田野工作者应具备的基本技能。具体来说，语言田野工作者要养成以下数字素养：（1）熟练掌握录音机和摄像机等设备的操作，能在各种环境下采集录制优质的语言音像资料；（2）掌握音视频编辑技能，熟练操作一两种非线性编辑软件；（3）熟悉语言资料转写标注的程序、规则、规范，熟练操作一两种转写标注软件。教材第六章将学习设备和软件操作。

三、学习田野语言学应树立两个意识

一是学习田野语言学要树立学科伦理意识。田野语言学的学科伦理就是语言田野工作的行为规范，包括语言调查记录、资料加工和存储、成果发布和传播等过程中的行为理性、权益关系、道德义务和服务责任。语言田野工作是公共行为，涉及语言社群、调研者工作单位、项目资助机构和管理服务部门，田野工作者应处理好责任、义务、权益和社会关系，遵守工作操守。这主要体现在以下方面：

语言田野工作者要事先评估语言实地调研项目是否符合通常的社会伦理道德，充分预估语言田野工作的可能后果。要遵守法律和公共管理规章以及乡规民约，遵守语言族群的文化风俗禁忌和公共行为禁忌，尊重其生活方式、宗教信仰和政治倾向，在田野工作中不展示和宣传自己的信仰、政治倾向、文化习惯和生活方式。不擅自使用语言社群的财物，不显示自己的经济或其他优势和优越。

语言社群成员参加语言调研应是出于自愿，不得通过行政手段要求他们参加，应尊重语言社群个人拒绝合作和中途退出的权利。要明确语言社群合作人在田野工作中的权益，给予贡献者合理的酬谢和感谢，或以其他有益方式来回报语言社群和个人。不要把语言田野工作当作一种利益交换，不拖欠、不擅自提高或降低合作人的工作报酬，避免出现利益矛盾。

田野工作中进行音像摄录和笔头记录发音、说话和演唱，应取得当事人许可，不得采用偷拍偷录手段获取语言资料。未征得当事人许可，不要录制、保留、公布和扩散相关音像资料。即使有时需要在当事人不知情时录制语言资料，事后也必须告知当事人，并征得他们对资料的处置权。调研的成果作品，也不能对语言社群的当事人造成不良影响。未经授权，调研成果报告和作品中不要叙述和透露语言社群内部情况，以及发音合作人及其家庭信息。还要注意避免在调研报告和著作中叙说或描述属于国家保密的当地资源、设施和社区信息。未经外事部门批准，在特定社区社群的田野工作中不要擅自接待和带领外国学者随行。

保护合作人、参与人和所有调研对象免受生理、心理和名誉损害，尤其是未成年人和老年人。对语言实验和仪器测试可能给语言社群当事人造成的潜在影响应事先有充分的评估。未经有关管理部门批准，语言田野工作者不得擅自对调研对象进行某些仪器实验和测试检验，如体液化验、神经脑电、X光、磁共振等。

二是学习田野语言学要树立语言资源建档意识。公职人员在工作范围内所收集的语言资料，获得政府基金资助而获得的语言资料，负责人和持有人都有责任和义务将原始记录资料或完整拷贝资料交给所在单位、职能部门、资助机构、语言社区资料室、图书馆、档案室、博物馆，使资料科学妥善地保存和保管，向社会和语言社群提供服务。语言资料是有广泛用途的资源。现在的语言田野调查记录资料，除了少量笔记资料外，大都以数字电子文件存储。数字化的语言资料具有种类多、容量大、传播快、便于携带、容易转换等优势，而要使这些优势得到充分发挥，前提就是资料的标准化和有序化。语言田野工作者应学习元数据、数据分类、数据存储和访问等资源建档知识，能对语言资料科学地整理和建档保存，促进语言资源的有效传播和共享。教材第五章将学习这方面知识。

总之，语言田野工作是一项科学研究和社会实践活动，应按科学规律和学术规范行事。行为活动要以人为本，符合生活伦理道德，尊重各地风俗文化，遵循工作操守，资料数据应安全有效，研究成果应有益于学术，有益于语言社群，有益于社会。

一、拓展阅读

威廉·A. 哈维兰：《文化人类学》（第十版），上海社会科学出版社，2006 年。

唐作藩：《音韵学教程》，北京大学出版社，1991 年。

黄伯荣、廖序东：《现代汉语》（增订六版），高等教育出版社，2017 年。

二、思考与练习

1. 为什么说语言田野工作不只是收集语言样本资料？
2. 为什么要重视语言田野伦理？
3. 单用笔录方法收集语言资料有哪些优势和不足？

第一章　语言田野工作框架

语言调查分为普通调查和专项调查。普通调查又叫普遍调查，是对语言生态状况以及语音、词汇和语法现象进行简略、系统的面上调查。专项调查也叫专题调查，是对特定语言现象和问题作深度分析调查。语言田野工作通常从普通调查开始，有了普通调查作基础，再针对特定问题做专项调查。对于没有调查记录过的陌生语言，普通调查是必不可少的。任何语言田野工作，不论是普通调查还是专题调查，都应做好充分准备，实施过程中按程序完成相关工作和事务。本章学习语言田野工作的准备事项，以及实践操作程序和方法。

第一节　语言田野工作的前期准备

语言田野工作的前期准备主要包括知识准备和物资准备。知识准备有两个方面：一是事先了解有关语言田野工作对象的背景知识；二是根据工作对象的特点，编制实地调查考察提纲和记录用表。物资准备主要涉及工作行程安排，器材工具和物品配置。具体来说，前期准备工作有以下几个事项：确定调查的语言和地点，搜集相关背景资料，编制调查记录用表，办理证明文书证件，配置器材工具物品，物色发音合作人，等等。

一、搜集相关资料，了解背景知识

开展语言田野工作之前，应通过查阅图书档案、上网检索、电话咨询等途径，广泛搜集和阅读有关调查地点、语言社群社区和对象语言的资料，做好充分的知识准备。具体内容如下：

（1）了解调查地点的县（区 / 市）人文、地理和社会情况。如行政区划、历史建制、地理位置、地形地貌、山川气候、经济类型、族群人口及分布、重要节庆、民风民俗、生活习惯和文化禁忌等。

（2）了解调查地点的县（区 / 市）语言分布状况以及相关语言的文献资料，获得关于对象语言的知识。如果没有发现该语言的资料，则应查阅相近语言或相关语族语言的文献资料。搜集到的资料要分门别类整理成提纲或简表，装订成册，作为语言田野工作的参考资料，以及有关内容补充和更新的依据。通常可以把这些资料内容编成以下几个简表：

《××县（区/市）简明地图》，调查点的县（区/市）黑白简图，只标示乡镇地名及河流信息。

《××乡/镇地图》，调查点的乡/镇黑白简图，只标示行政村和自然村的地名及河流信息。

《××县（区/市）基本情况表》，列出县（区/市）人文历史和地理情况。

《××县（区/市）语言分布和使用状况》，列出县（区/市）语言或方言分布和使用状况。

《××语言基本特点》，用条目式简要列出对象语言或相近语言或方言的特殊语音、词汇、语法现象。

二、拟订调查提纲，编制记录用表

语言田野工作需要在语言社区召开座谈会和入户访谈，了解社区族群情况，也要询问和记录字词句发音，用录音机录制发音样本，拍摄情景话语和社群活动。这些工作都要事先设计调查访谈提纲，编制语料样本记录用表。设计提纲和记录表应注意两点：一是页面适当留空。留空太少会造成笔记密密麻麻而难以分辨；留空太多则打印出来一大沓，既不便查阅，还会给发音人造成心理压力。二是提纲和表格要分类标示。每份提纲和记录表应注明类别、序号、页码、日期和责任人，便于资料汇总和查阅。所有提纲和记录表还应制成 Excel 电子表，便于后期制作数据库。

提纲和记录表通常有三类：一是事务文书，二是社会调查提纲，三是语料记录表。

（一）日常事务文书和表格

这类文书表格用来记录语言田野工作期间的日常事务管理。主要有下面几种[①]：

《语言记录和资料授权书》，用来明确语言调查和资料使用的许可授权，规定调研人员和语言族群合作人的权益和责任。

《语言田野工作日志》，用来登记语言田野工作期间的每日事务活动。

《语言田野工作日程安排》，用来制定语言田野工作的内容日程。

《语言田野工作进度登记》，用于记录每个工作日的任务完成情况。

《设备器材用品登记表》，用于管理田野工作期间的设备和物品使用。

《语言田野工作费用表》，用于管理田野工作的经费和开销账目。

《田野工作报酬签领表》，作为合作人工作酬金发放的报销凭据。

（二）语言社区社群情况调研提纲

这类提纲主要用于语言社区采访和座谈时做笔记，目的是了解当地生态环境、社会和

① 参见教材附录六至附录八。

人口、生产和生活、教育和经济、历史和民俗文化等。通常要编制下面三个提纲：

《乡 / 镇地名表》，用来询问和记录语言社区乡镇、村、组的地名和实体机构名。

《社会经济文化教育调查提纲》，用来记录乡镇村的人口、生产生活、文化习俗、教育、历史等内容。

《语言和方言使用情况调查提纲》，用来询问和记录当地各种语言或方言的分布、使用人口、使用场合和语言能力等情况。教材附录十一可供参考。

（三）语料样本记录表[①]

这就是通常所说的语言调查表，用来记录汉语方言或少数民族语言的字、词、句、话语样本。好的语言调查表可以使工作事半功倍。国内出版过一些汉语方言和少数民族语言调查表，但具体实践中不宜完全照搬，应在参考这些调查表的基础上，自己编制适合对象语言和调研目标的记录表。编制语言调查表，通常可按汉语方言和少数民族语言分开制表。

1. 汉语方言记录表

采集记录汉语方言语料样本，通常要用到四个调查表：字音记录表、词汇记录表、句子记录表、话语记录表。具体制表时还可以再细分。例如，汉语方言字音记录表可以分成两个表，一个用来记录声韵调例字，另一个用来记录更多的单字。汉语方言句子记录表也可以分成两个表，一个记录日常生活用语，另一个记录语法例句。调查记录汉语方言，总共要准备下面六个记录表：

（1）《汉语方言声韵调记录表》。这个表通常按《广韵》音系列出一百余个例字，询问这些例字的方言读音，能快速了解该方言有哪些声母、韵母和声调。附录十六可供参考。

（2）《汉语方言调查字表》。通常列出大约 2 000 个方言常用字，询问这些字的方言读音，可以详细了解方言的声韵调和异读。中国社会科学院语言研究所编制的《方言调查字表》收录了 4 000 多个单字，按中古音编排。以这个表为基础，参考一些方言著作，可以编制出一个适合自己的方言调查字表。附录十七可供参考。

（3）《汉语方言词汇记录表》。这个表通常按义类列出大约 2 500 个词语条目，某些难理解的事物和概念，还可以配上图片、音频或视频。附录十二、十三只列出了几百个最重要的事物概念条目。

（4）《汉语方言日常生活用句记录表》。这个表通常根据当地生活场景列出大约 600 个日常生活用句，其中包括语言田野工作时用到的一些用语。附录十四可供参考。

（5）《汉语方言语法记录表》。这个表通常根据汉语方言语法特点，列举大约 200 个短语和句子。

（6）《汉语方言话语调查提纲》。这个表通常根据不同方言区生活环境状况，拟定一些

① 可参考范俊军等编制的《方言调查字音记录用表》《语言调查词汇记录用表》《语言调查句子记录用表》《语言社会生态调查和话语记录用表》（广东人民出版社，2017 年）。

贴近当地生活的话题，如种植、狩猎、畜牧、食品制作、民间故事、历史人物、日常交流事件等，以及对话、独白、演唱等不同类型的体裁。

2. 少数民族语言记录表

我国有130多种少数民族语言，其中有文字的语言30多种，大多数少数民族语言没有文字。调查少数民族语言，通常需要编制下面六个记录表：

（1）《民族语语音词汇记录表》。这个表用来记录少数民族语言的语音和词汇。通常列举3 000～3 500个比较贴近民族地区自然环境和社会生活的事物或概念条目，并按事物或概念的意义范围进行分类编排，如天文、地理、动物、植物，等等。条目通常用普通话表达，一些特殊的事物或概念，以及某些很难理解和解释的事物和概念，还可以配上图片、音频或视频。

（2）《民族语日常语句记录表》。这个表按日常生活场景列举600～800个生活用句，其中包括语言调查时经常用到的工作用语。这个表可以和《汉语方言日常生活用句记录表》合为一个表，除了列举各地通用的生活用句外，还应增补适合民族社区或汉语方言社区的特定生活语句。

（3）《民族语语法范畴和句型记录提纲》。这个表通常根据少数民族语言的语法现象和范畴，分别设计大约100条短语和300～400个例句。设计语法例句要注意"一句一点"，一个例句主要突出一个语法点。

（4）《民族语话语调查提纲》。这个表可以和《汉语方言话语调查提纲》合为一个表，除了通用的日常生活交际话题外，重点是增补一些少数民族社区和汉语方言社区的话题和体裁。话语调查提纲中的情景对话和独白口述应不少于20个。

前期准备阶段编制的以上各种文书表格，只能作为田野工作蓝本和指导依据，在具体操作过程中，还应根据特定语言社区、特定语言或方言的实际情况作出调整。尤其要注意的是，不能将汉语方言调查表直接拿来调查少数民族语言。

三、配置设备器材，调试软件工具

以前的语言调查主要靠耳听和手记来收集语言资料。现代语言田野工作，除了耳听手记之外，还要用录音机、录像机和移动通信设备采录即时言语样本，用软件工具整理和分析资料。配置必要的音像设备和软件工具并熟悉它们的操作，也是一项重要的准备工作。

语言田野工作的设备和工具主要是摄录器材和软件。摄录器材有录音机、摄像机、电脑和外设配件，软件包括音视频编辑软件、标注软件、数据分析软件和数据库工具（见表1–1）。

表 1-1 语言田野工作的设备和软件

设备器材	录音机	不低于 44 kHz/16 bit，支持 wav 格式；说明书、数据线、电源线、电池
	麦克风	枪式话筒、台式话筒、领夹话筒、防风罩、支架、卡农线、音频线转换插头、电池
	电脑	笔记本电脑、电池、电源线、电源插座（国内用、国外用）、测电笔
	外置声卡	USB 接口，XLR（卡农）或 XLR/Rts 组合输入接口
	照相机、摄像机	高清，支持 SD、SDHC、SDXC 存储卡，备用电池、充电器、数据线、支架
	存储介质	移动硬盘、U 盘、刻录光盘、存储卡
	简易打印机	A4 纸张规格，数据线、电源线
	投影机	便携投影机、幕布、支架，数据线、电源线
	设备箱	铝合金或塑料外箱，内为软质包装
	布帘	人物背景布、吸音布帘，长 5 m，高 2 m；铺地垫布，4 ~ 5 m^2
软件工具	Sonicfield 声飞软件	语言调查软件，可制作调查表，可录音录像，录入记音资料，整理音系、同音字汇和音节表
	Praat	语音分析软件，可查看语图和提取声学参数
	Audacity；Adobe Audition	音频编辑软件，可剪切、粘合、复制、合成音频段，可降噪、增幅和降幅，增加各种音效，转换音频格式
	Sony Vegas；Adobe Premiere	视频编辑软件，可剪切、粘合、复制、合成视频段，增加各种视频效果，转换视频格式
	EXMARaLDA Partitur	话语标注软件，转写和标注话语录音录像

在准备阶段就应购置好器材和软件，进行操作培训，做到熟练掌握。出发前，要将器材安全打包，以免途中托运搬动而造成损坏。要备齐耗材和配件，有些易损坏或耗损大的器材，如话筒、数据线、电池、存储卡等，应多准备几件。外出田野工作，携带器材不要嫌麻烦，也不要想着到达工作地以后在当地购买配件和耗材。语言田野工作通常要深入乡村山寨，当地集镇无法买到这类专用配件和耗材。曾经有学生在瑶族山寨做语言调查，不料麦克风数据线被老鼠咬断，结果不得不请同学乘车往返几百公里送一条数据线。这种情况会打乱工作进度，甚至造成停止和取消工作。准备工作事无巨细，务必认真对待。

四、备齐证件用品，掌握应急技能

准备工作的另一个重要事项是备齐各种证明文件和必需用品。证明文件是证明调研者个人或工作小组身份和调研行为合法性的公文、函件和证书，如通行证、介绍信、邀请函、公函、身份证、驾驶证、护照、绿卡、免疫证明等。尤其是去管控区、边疆地区、境外地区开展田野工作，务必办理好进入该地区的全部手续和证明文件，而且所有证明文件都要保留至少一份复印件和电子扫描件。

必需用品包括田野工作期间要用到的文具、衣物、生活品、食品、药品等。备足必需用品非常重要，一来可避免使用、借用和消耗当地群众的物资物品，二来以免急需时在当地无法买到而延误或中断工作。曾有学生暑假到西南山区做民族语调查，因不了解当地七八月雨季气候，未带够衣服和必需药品，到达工作地两三天就患重感冒，因山里无法就医，只好中断工作回校治病。表 1–2 列出了证明文件和用品清单，出发前可照单准备。

表 1–2 证明文件和用品清单

证件文件	身份证、驾驶证、护照、入境单、边疆通行证、公函、介绍信和其他合法证明文件，保留复印件和电子扫描文件
办公用品	签字笔、铅笔、记录本、便笺、打印纸、装订机、胶水、橡皮擦、涂改液、订书机等，手电筒、手机、充电线、电话号码本
生活用品	根据当地季节气候和地理环境而定。衣物鞋帽、牙膏牙刷、纸巾、肥皂等，干粮、即食品、礼品
药品	防晒、防暑、防寒、防虫、外伤、感冒等日常药品
其他	现钞（含零钞）、银行卡、车船飞机票据

开展语言田野工作通常需要驻扎在语言社区，时间短则两三周，长则两三个月或一年半载，工作地点可能是省内、省外、边疆甚至境外地区，而且都是乡村和山寨，交通状况和生活条件不如城镇便利。出发前，应通过广播电视新闻、电话联络等方式，充分了解当地治安和气候状况，遇到恶劣天气、灾害、疫情、社会骚乱、战事，则应取消行程。除此之外，还应掌握一些应急处置措施和技能。例如，摔伤包扎处置，人工呼吸急救，山区迷路和生存自救法，交通安全，特定地区自然灾害规避，等等。尤其是到了境外，还需要熟悉求助领事馆、当地警察和应急机构的联络方法。

五、物色地方联络员，遴选发音合作人

准备阶段还应物色好当地田野工作联络员和发音合作人。联络员应当是工作地乡镇的居民，最好是当地教师或文化人士，中年人，有良好的人际关系，热心社会文化工作。物色联络员很重要，在陌生地方开展语言田野工作，需要通晓当地语言的发音人，而遴选发音人应当由熟悉当地情况的联络员来完成。此外，田野工作期间要召集座谈会，入户访谈，选择工作场地，还有现场翻译，这些工作都需要联络员协助。

如果工作地路途较远，可通过电话与当地县市和乡镇部门取得联系，请求帮助物色和介绍一位能参加语言调研工作的联络员，或者通过当地校友、同学、亲友帮助物色联络员。如果工作地路途较近，则可以先到那里去了解一下情况，通过面谈物色联络员。要把联络员纳入语言调研项目团队成员，支付工作报酬。

确定了联络员，便可以委托联络员在语言社区挑选发音合作人。物色发音合作人要注

意下面几点：（1）语言调研人员是男性，则发音合作人最好也是男性；语言调研人员是女性，发音合作人最好选女性，年龄 40 ~ 60 岁较为合适。（2）发音合作人应当是土生土长的母语人，口齿和嗓音清晰，不缺门牙，声音没有沙哑。（3）发音合作人受过义务教育。对于人口很少的濒危语言，可能只有没上过学的老人能说，这时候可以选懂得当地汉语的人作为发音人。（4）发音合作人至少要有 2 位，夫妻、兄弟、姐妹或父子较为合适，可以多物色几个发音合作人，以便中途有人因故退出时作为替补。如果联络员是土生土长的母语人，也可以作为发音合作人。

物色发音合作人的工作要在出发前完成。路途较近的话，可以先同发音合作人面谈。路途较远，也应通过电话与发音合作人事先进行交谈。要向联络员和发音合作人讲明本次调研的目的和内容，让他们充分了解要承担的工作，征得他们的同意和许可，商定好具体的工作安排。

第二节　语言田野工作的事项流程

从出发前往调查地开始，到完成田野工作以后离开调查地，这期间中途转乘、县城停留、参观考察、座谈访问、收集资料、记录语料、录音录像、日常生活等，都属广义的语言田野工作。语言田野工作者要熟悉田野工作的环节和事项，按部就班开展工作。

一、向有关部门报告调研活动

向县市和乡镇部门报告调研活动，这是语言田野工作的必要事务环节。语言田野工作是学术社会活动，调研人员不要秘而不宣、私自独来独往，地方职能部门、管理机构、语言社群对在他们辖区的调研活动有知情权和管理权。到达县城之后，应作短暂停留，拜访有关部门或民间团体组织，如教育局、文化旅游局、民族宗教局、语言文字工作办公室、史志办公室、地方民族学会、文化研究会等。一是向他们报告本次田野工作的目的和行程，获得相关许可和支持。二是借机了解当地社会文化以及语言文字状况，查阅这些机构的相关档案资料。三是便于田野工作期间与他们保持通信联系，遇到困难和麻烦时可以求助。在边境地区、偏远地区和治安复杂地区开展语言田野工作，还应了解当地治安管理、应急和救助机构的联系方式，掌握相关的应急知识。

二、召集座谈会和入户访谈

（一）向语言族群宣讲调研事项

调研人员抵达语言社区居民点以后，应和联络员一起面见村干部，了解村寨的生产生活情况，召集发音合作人和群众代表座谈，介绍本次调研的意义、任务和事项，充分尊重语言社区干部和群众的知情权。召开座谈会和入户访谈，能获得实际情况的第一手资料，也有助于预测调研工作可能给语言族群带来的影响，有利于提前考虑应对措施。

（二）调整工作日程，征得许可授权

除了召集座谈会，还应单独同发音合作人和有关参加人员进行交谈，了解他们个人和家庭生活情况，征求他们对调研工作的安排建议，并调整工作任务和日程安排。特别要注意向发音合作人解释说明，语言记录过程中可能会录音录像，哪些时候需要录音录像，录音录像资料如何发布和处理，调研报告和著作中如何使用这些音像资料，都要征得他们同意和许可，签署书面协议，或取得口头授权声明。

三、选择语言记录工作场地

（一）租借工作场地

采集和录制一种语言或方言的语音样本，通常要在安静的室内场地进行。如果语言社区居民点离县城较近而且交通方便的话，可以将发音合作人请到城镇，租用环境较好的场所作为工作地点，如城镇广播电视台的播音室或演播室，学校语音室或电教室，政府机关小会议室，高中档宾馆客房和小会议室，等等。如果语言调查点离城镇较远，或者发音合作人不方便离家外出，调研人员就应住在村寨里，选择较安静的村民住房作为工作场地。

（二）检测环境噪声

某个场地是否适合记音和录音，通常要考虑如下环境因素：远离闹市、街道、工厂、机房、锅炉房、车站、工地、娱乐场所，远离广播电视发射塔、移动通信发射站、雷达站、变压器和变电站；房屋里电器少或未摆放电器，房间没有回声。此外，坚硬光滑的地面、墙壁和台面以及较大的房间，容易产生回声；土木地面、地毯地面、砖土墙面、墙纸或绒布墙面，不易产生回音。判别环境噪声，可关闭房间门窗，看是否听到外面有持续噪声传入，或击两下手掌，看看有没有明显的回声。

四、设备调试和录音训练

（一）检查和调试录音设备

选定了工作场地以后，应及时调试设备，发现故障则尽快修复。要根据说话人的发音条件和场地状况来匹配录音设备。在乡村住房里录音，可用笔记本电脑搭配带内置声卡的单声道麦克风。录制室外情景对话，可用双拾音头 XY 制式的专业录音机。

在室内录音，应先进行录音调试，检测录音效果。录音调试可参照以下方法进行：

（1）变换麦克风（拾音头）摆放位置、说话人坐姿和音量，对比录音效果。

（2）变换录音机内置拾音头和外接麦克风，对比录音效果。

（3）变换采样率、输入电平、降噪模式、指向模式，对比录音效果。

（4）关闭和开启室内电器，变换电脑直流和交流供电，对比录音效果。

（5）更换桌布，悬挂墙布，对比录音效果。

通过上面这些对比听辨，可以将设备调到最佳工作模式和参数设置状态。

（二）对发音人进行试录训练

不同的发音合作人，心理素质和言语习惯有所不同。面对录音机，有的人可能不受拘束，有的人则会怯场。正式记音录音之前，要进行试录，了解发音人的发音状况，指导发音人掌握一些发音姿势和技巧。试录时，要注意观察发音人的习惯音量，习惯动作和姿势；告诉发音人手握麦克风或朝向麦克风的正确姿势，哪些动作和姿势会产生噪声；指导发音人如何用母语回答，用哪种力度和速度说话的效果最好。试录训练要轻松活跃，避免给发音人造成心理压力。

五、合理安排工作日程

（一）工作阶段和工作时数

一种汉语方言的普遍调查大约需要 30 天，一种少数民族语言的普遍调查则大约需要 40 天。长时间发音会造成声音沙哑和身心疲惫，因此应合理安排工作量和时数，做到劳逸结合。

语言调查记录工作通常要分段进行，每个工作段用于发音记音的连续工作日一般为 4 ~ 5 天，之后应休息或进行其他活动，舒缓压力和情绪。要合理安排工作日的发音时数，中青年人每天控制在 7 小时以内，60 岁以上的老年人尽量不超过 5 小时。要保证发音人的休息活动时间，使之有持续精力和轻松心情完成发音工作。

在语言社区驻扎期间，调研人员不能只想着自己的语言调查记录，对其他则不闻不问。要主动和发音人一起参加劳动或活动，与村民广泛接触和交流。尤其要注意的是，切勿为了赶进度和节省费用而让发音人加班加点、疲劳发音。语言田野工作的时段和内容安排可参考表 1–3。

表 1–3　阶段工作日和工作内容安排

汉语方言调查记录	县城停留	2 天	拜访有关部门，咨询情况和查阅文献档案资料
	座谈访谈	1 ~ 2 天	了解当地人文地理，社区社情，语言使用状况
	记音录音	20 天	采录 1 000 个字，1 000 个词汇，200 个句子，10 余个情景对话和若干独白
	休息参观	6 天	参加劳动或集体活动，拍摄风土人情
	总计	30 天	白天记音 5 ~ 6 小时；晚上整理资料 1 ~ 2 小时，发音人不参加

续上表

少数民族语言调查记录	县城停留	2 天	拜访有关部门，咨询情况和查阅文献档案资料
	座谈 访谈	1～2 天	了解当地人文地理，社区社情，语言使用状况
	记音录音	28 天	采录 2 000 个词汇，300 个句子，10 余个情景对话和若干独白
	休息 参观	8 天	参加劳动或集体活动，拍摄风土人情
	总计	40 天	白天记音 5 ～ 7 小时；晚上整理资料 1 ～ 2 小时，发音人不参加

（二）合理掌控工作量和进度

语言田野工作的主要任务是采集和记录样本语料。一般来说，汉语方言的普遍调查，应记录约 1 000 个字音，1 000 条常用词语，200 个日常用句，10～15 个情景对话，3～5 个长篇口述。民族语的普遍调查，应记录约 2 000 条常用词语，约 300 个日常用句，10 余个情景对话和若干独白长篇口述。除了用笔记录，所有样本都要录音，某些特殊发音和有重要文化意义的口述，还应摄像。完成这些语言样本音像摄录和笔记转写注释工作，需要科学安排工作量、工作内容和进度。开始几天很关键，要减少内容，放慢速度，等到调研人员和发音人互相适应以后，效率才会提高。表 1–4、表 1–5 可作为参考。

表 1–4　汉语方言语料采录工作量和进度安排

任务事项	工作量	时间进度
方言字音	200 ～ 300 个声韵调例字的记音和整理	1 天
	约 1 000 个单字记音	3 天
常用词汇	约 1 000 个常用词汇（含读音、释义、短语和例句）	9 天
日常用句	约 200 个日常用句（含工作用语）	3 天
情景对话	10 ～ 15 段	2 天
独白话语	3 ～ 5 篇	2 天

表 1–5　民族语言语料采录工作量和进度安排

任务事项	工作量	时间进度
常用词汇	约 2 000 个常用词汇（含读音、释义、短语和例句）	18 天
日常用句	约 300 个日常用句（含工作用语）	5 天
情景对话	12 ～ 15 个	3 天
独白话语	4 ～ 6 个语篇	2 天

安排内容要具备两个结合：一是将词汇和句子的记录相结合。每天既要记录一些词汇，也要记录一些语句。二是将语言记录和语言学习相结合。语言田野工作者不但要记录语言，

还要努力学习这种语言。学会了这种语言，就能够和群众打成一片，对语言的理解就会更深刻。

六、发音、记音和录音

记录字、词、句发音样本通常在室内进行。调研人员根据调查表，提示发音人用母语发音或说出相应的词语和表达，并同时记笔记和录音。记录工作应有两人分工，一人负责询问和做笔记，另一人操作录音机。记录少数民族语言时，对于汉语不大熟练的发音人，还应请联络员现场翻译和解释。询问和启发引导应注意下面几点：

（1）简明通俗地向发音合作人解说字、词、句的条目，切勿照读。发音合作人不能理解的条目，可以出示图片、播放声音或视频来帮助理解。

（2）仔细观察发音人的发音动作，不要一个字词让发音人反复多次发音，记音员也不要反复模仿发音，以免发音人疲惫生厌。

（3）先笔记、后录音。笔记书写要工整、清晰，用深色墨水钢笔或铅笔做记录，不用彩笔和荧光笔。如果用到速记符号或简略符号，则应先制定一个符号说明表，以免事后无法看懂符号含义。笔记要写在记录表里，每张表要编号，注明记录时间、记录员、发音人。

（4）语言记录工作现场可以放两台录音机，一台用于录制调查条目发音，另一台全程录音。在征得发音人许可的情况下，有些发音可以正面摄像。录制了 10 来个条目以后，应让发音人听听录音效果。

七、整理资料和评估质量

（一）记录资料务必当天整理

每天的记录资料一定要当天整理完毕。这个环节十分重要，它关系到资料的质量和效用。尤其是录音资料，不能留到工作结束后回到学校再听录音或看语图来转写和核实。资料整理工作包括表格归类、听录音、查错漏、查疑点、电脑录入、音视频剪辑、撰写日志等等。

要善于利用软件工具来整理笔记和音视频资料。整理记音资料的一个重要目的是检查记音和标音是否正确，而检查记音是否正确的最好方法，就是归纳同音字和音节词汇。由于每天记录的单字、词汇、句子数量不多，手工做这种归类并不难，晚上抽出一两个小时便可完成。如用软件工具来整理声韵调和归纳音节，效率还会更高[①]。整理资料时，将发现的疑点问题汇集起来，以便第二天同发音人核实和讨论。资料整理工作安排如表 1–6 所示。此外，建议每天晚上抽出一点时间学习当天的常用词和常用句。

---

① Sonicfield（声飞）和 EXMARaLDA Partitur 软件可进行记音资料的整理工作，详见第六章。

表 1-6　当日资料整理事项安排

资料类别	工作事项
录音资料	①将录音机的音频文件下载到电脑，分类命名，复制 1 份，分开保存。 ②编辑音频，剪除噪声和空白，每个词条、句子另存为单独的音频文件。 ③对质量不合格的条目应做好记录
笔记资料	①将全部零散记录纸装订成册。 ②将字、词、句子笔记录入电脑软件，制成 Excel 表或数据库。 ③听录音并核对笔记，检查错漏，标出可疑点。 ④归纳声韵调和元音辅音。汉语方言还应归纳同音字，民族语还应归纳音节 - 词汇。 ⑤听话语录音，用音标初步转写，可用 Partitur 或 Audacity 软件工具。 ⑥撰写日志和备忘录
学习	听词汇和句子录音，跟读学习，每天记 10 个单词、4 ~ 5 个句子

（二）评估记录资料的质量

每天整理资料时，还应对资料作出基本的质量评估。评估笔记资料主要看以下方面：

（1）笔记书写是否清晰，速记和简略符号是否有用法说明。

（2）记录表是否分类编号，是否注明时间、记录员、发音人，装订成册。

（3）单字记音资料是否有音标、组词和异读，词汇资料是否有音标、释义和用法说明或举例，词的音节是否有普通话对译和注释，句子是否有音标、普通话逐词对译、全句意译。

评估音像资料主要看语音音质，通常根据人耳听感作出主观评判。主观评价标准分为五级[①]：一级优，不察觉失真，人声录音（重建语音）和原始人声仅有细微差异，不对照听，觉察不出这种差异。二级良，刚察觉失真，但重建语音畸变或失真不明显，不注意听则感觉不到。三级中，察觉失真，稍微讨厌，重建语音有较明显可感知的畸变或失真，但语音自然度和清晰度仍好，听起来无疲劳感。四级差，讨厌但不令人反感，重建语音有较强畸变或失真，听起来有疲劳感。五级劣，很讨厌，令人反感，重建语音质量极差，听觉无法忍受。室内录音资料的语音音质应达到二级，室外录音应达到三级。

音像资料的噪声要控制在听感许可范围内。一级音质的录音里听不到持续嘶嘶低频噪声，无偶发短暂噪声和人声交叠现象。二级音质的录音里可有少量微弱低频噪声，如交流电源和微风造成的"嘶嘶"声，但对人声听辨几乎无干扰。三级音质的录音有较明显可感的持续低噪声，对人声有轻微或少量遮盖，但尚可接受。四级音质录音里有明显可感知噪声，人声不时被噪声遮盖，听觉疲劳或无法忍受。

检测音质和噪声，还可以使用软件工具。例如，用 Audacity 软件打开音频文件，人声语音部分的音量在 -12 ~ -6 dB 之间，室内背景噪声（静音）小于 -50 dB，波形比较均衡平稳，没有瞬时特高峰值现象。

① 参见《收音机、录音机听音试验》（GB/T 9375—1988）。

语言田野工作期间，还应采集当地文化特色的实物或拓件，拍摄当地风物影像。纸质拓件应完整清晰，并有实物照片。实物影像应多角度拍摄，如植物尽可能拍摄全株、花、果、根特写。

一、拓展阅读

岑麒祥:《方言调查方法》，文字改革出版社，1956 年。

邢公畹:《汉语方言调查基础知识》，华中工学院出版社，1982 年。

高华年:《少数民族语言调查研究教程》，广西教育出版社，1990 年。

傅懋勣:《论民族语言调查研究》，语文出版社，1998 年。

陈其光:《语言调查》，中央民族大学出版社，1998 年。

Claire Bowern. Linguistic Fieldwork: A Guide of Practice. Palgrave Macmillan，2008.

Daniel L. Everett. Linguistic Fieldwork: A Student Guide. UK: Cambridge University Press, 2008.

二、思考与练习

1. 某地有一种没有记录过的土著语，对它做普遍调查应编制哪些调查表?

2. 有人说，做语言调查，先不要看别人的资料，自己去摸索才有收获和发现。还有人说，请老年人充当发音人，发音更地道、更有代表性。谈谈你的看法。

3. 在偏远或边疆地区开展语言田野工作应注意哪些安全问题，如何应对紧急情况?

4. 为什么语言田野工作要强调当天记录资料当天整理?

第二章　国际音标记音工具

语言田野工作的首要任务是采集和记录活态言语语音样本。记录语音要用到国际音标。掌握国际音标是语言田野工作者的基本专业技能，这主要表现为两种能力：一是见到音标文本，就能描述它的发音部位和发音方法并发出语音；二是听到某个或一串语音，能用国际音标正确地记下发音并正确模仿发音。学习国际音标就是要掌握国际音标发音知识，培养语音听辨和发音能力。

第一节　国际音标系统描述

一、国际音标表

国际音标是国际语音协会制定的一套标音符号，于1888年发布。国际语音协会是一个国际性的语音学术组织，前身是1886年在法国巴黎成立的语音教师协会，1897年更名为国际语音协会[①]。国际语音协会的重要贡献是创制和推广国际音标。此外，该协会还办有会刊《国际语音协会学报》[②]，编写出版了《国际语音学会手册：国际音标使用指南》[③]。

国际音标经过一百多年来的修订和完善，现在不仅广泛应用于语言学著作，而且越来越多的语言教科书和语言词典都采用国际音标注音。国际标准ISO/IEC 10646字符集国际标

①“语音教师协会”英文名The Phonetic Teachers'Association，简称PTA。“国际语音协会”英文名The International Phonetic Association，“国际音标”英文名The International Phonetic Alphabet，二者缩写都是IPA。国际语音协会官方网站是www.internationalphoneticassociation.org。

②《国际语音协会学报》英文名Journal of the International Phonetic Association，简称JIPA。

③《国际语音学会手册：国际音标使用指南》（Handbook of the IPA），中译本由江荻等人翻译，上海教育出版社2008年出版。官方网站可下载该手册几十种语言的语音样本。美国世界少数民族语文研究院（Summer Institute of Languages）开发了国际音标助手软件（IPA Help），可免费下载，网址：www.sil.org。

准编码将国际音标符号纳入了字符编码标准（见附录四），目前所有操作系统都支持国际音标字符编码。

国际音标表由肺部气流辅音、非肺部气流辅音、其他符号、附加符号、元音、超音段音、声调和词调等七个子表组成（见附录三）。广义的国际音标表还包括《国际音标编号》和《用于紊乱言语的扩展音标符号》两个表。

（一）辅音表

辅音表分为肺部气流和非肺部气流两个表。肺部气流辅音是指以肺部呼气为动力而发出的辅音，非肺部气流辅音是指由外部吸入气流作为动力而发出的辅音。

肺部气流辅音表每行 11 格，从左到右依次表示发音部位：双唇、唇齿、齿、齿龈、龈后、卷舌、硬腭、软腭、小舌、咽、喉（声门）。每个单元格排列 2 个音标，左为清音，右为浊音。纵列从上到下有 8 格，分别表示发音方法：塞音、鼻音、颤音、闪音、擦音、边擦音、近音、边近音。表中未列塞擦音，塞擦音作为双重发音组合音标处理。这个表共有 59 个辅音，阴影格表示不存在的音。表中的辅音在我国汉语方言或少数民族语言里都能发现。

非肺部气流辅音表从左到右分 3 列，表示发音方法：倒吸气音、内爆音、外挤气音。每列从上到下按发音部位列出音标，共 11 个音标符号，外挤气音还举了 4 个例子。我国汉语方言和少数民族语言不见外挤气音，但在某些语言或方言中存在个别倒吸气音和内爆音。

（二）其他符号

其他符号表是双重或多重发音部位的辅音，其中包括塞擦音和几个擦音和近音，共列 12 个音标符号。我国汉语方言和少数民族语言里普遍有本表的双重部位辅音。

（三）元音表

元音表是一个元音舌位图，又叫元音四边形图（见附录三）。三条纵斜线从左到右分别表示舌体前、央、后部位，每条线两侧分别表示不圆唇、圆唇。四条横线从上到下分别表示舌体在口腔内垂直活动位置的高、半高、半低、低。图中共有 28 个元音，通常将四边形左右边线的 16 个元音称为基准元音（cardinal vowels），从左上角逆时针由外侧到内侧依次编号①：

（1）i、（2）e、（3）ɛ、（4）a、（5）ɑ、（6）ɔ、（7）o、（8）u、

（9）y、（10）ø、（11）œ、（12）ɶ、（13）ɒ、（14）ʌ、（15）ɤ、（16）ɯ。

元音表的元音在我国汉语方言和少数民族语言中都能见到，而我国汉语方言和少数民族语言常见的舌尖元音 /ɿ/ 和卷舌元音 /ʅ/ 未列入元音表。

（四）附加符号

附加符号用来表示组合发音和伴随发音特征。这个表共有 32 个符号，分为两类：组合符和修饰符。组合符打字不占位，只添加在字符的上方、中央或下方，分别称为上置符、

① 英国语音学家 Daniel Jones 于 1856 年发出 8 个基准元音并通过 X 光摄像，绘出首个基准元音舌位图。随后以这个 8 个元音为参照，发出另外 8 个次基准元音。其中 5 号和 13 号元音编号顺序有所不同。

中置符、下置符。国际语音协会对附加符号有条规定，某些下置或上置符在不易分辨的情况下可改变位置。例如，清化音通常用下置圆圈（/ m̥ 、d̥/），但与 ŋ 组合时不好区分，改用上置圆圈 / ŋ̊/ 更好分辨。修饰符打字要占位，类似上标，如 / p^h /。

附加符号包括 4 个上置符、1 个中置符、18 个下置符、9 个修饰符。上置符有：央化（元音部位靠近央元音，如 / ë /）、中央化（元音部位靠近中央元音 / ə /，如 / ĕ /）、清音化（声带不振动，有上置和下置 2 个符号）、鼻音化（发元音时带鼻音，如 / ã /）。中置符有软腭化或咽化（如 / ɫ /）。

下置符大体分两类。一是用来表示噪音特征，如：清化（/ m̥ /）、浊化（/ s̬、t̬/）、自成音节（/ m̩、ɣ̩ /）、非音节（/ e̯ /）、气嗓声（/ b̤ /）、哑嗓声（/ a̰ /）等。二是用来表示伴随发音部位，如：舌唇化（/ t̼ /）、齿化（/ t̪ /）、舌尖化（/ t̺ /）、舌叶化（/ t̻ /）、唇更圆（/ u̹ /）、唇略展（/ e̜ /）、偏前（/ u̟ /）、偏后（/ e̠ /）、偏高（/ e̝ /）、偏低（/ e̞ /）、舌根偏前（/ e̘ /）、舌根偏后（/ e̙ /）。

修饰符也可分两类。一类表示伴随性的噪音和某些部位的发音特性，如：送气（/ k^h /）、硬腭化（/ t^j /）、软腭化（/ $t^ɣ$ /）、咽化（/ $t^ʕ$ /）、唇化（/ t^w /）。另一类表示辅音除阻的发音特征，如：鼻音除阻（/ b^m、d^n、$g^ŋ$ /）、边音除阻（/ d^l /）、无听感除阻（/ d̚ /）。鼻音除阻和边音除阻通常是同部位辅音。无听感除阻包括除阻而无声和不除阻两种情况，无声除阻如英语 act/ækt/ 中的 / k /，我国汉语方言和少数民族语言带塞音韵尾的入声字通常不除阻，如广州话“十 /sap/”。

（五）超音段音、声调和词调

超音段音是指跨音素、音节、词语、句子的发音特征，如：长音、短音、重音、次重音、声调、语调、连音等。超音段音、声调和词调两个表都属超音段音标符号。超音段音列有 9 个音标符号，声调和词调列有 10 个声调符号和 4 个语调符号，其中声调符号有两套，一套用上置声调符号，另一套用占格的五音阶刻度线。上置声调符号类似我国《汉语拼音方案》在韵腹上面添加声调符，五级刻度符则常见于汉语方言著作。声调符号有 5 个平调符号、3 个升调符号、1 个降调符号、1 个曲折调符号，但用来标示汉藏语系语言的声调则不够用。

国际音标表总共列有 164 个符号。辅音和元音大多采用拉丁字母和希腊字母，同时通过字母倒置、翻转、缺口、封闭、添钩、带尾、弯头、卷曲、小写等方式创制新符号。例如，元音四边形的央元音 ɜ、ɞ、ɘ、ɵ 与同一横线的前元音和后元音具有变形关系：ɛ 向中央翻转就成了 ɜ，e 向中央翻转成了 ɘ，把 ɘ 封口就成为圆唇元音 ɵ，把 ɜ 封口就成了 ɞ，前圆唇元音 ø 是后圆唇元音 o 串了一根斜线。可利用符号变形特点帮助记忆，掌握国际音标符号的正确书写。

学习国际音标，要注意不要混淆国际音标、汉语拼音、英语音标。同一个语音，汉语拼音、英语音标和国际音标可能用了不同的字符来表示。例如：

汉语拼音 b、p、d、t、g、k、h、ü、ng、e，对应的国际音标符号是：p、p^h、t、t^h、k、k^h、x/h、y、ŋ、ɤ。

英语音标 b、p、d、t、ɡ、k、h、ŋ，对应的国际音标符号是 b、p^h、d、t^h、g/ɡ、k^h、h、ŋ。

下面几个汉语拼音，国际音标所用符号不同：

汉语拼音：z、c、zh、ch、sh、r、j、q、x、ei、ie

国际音标：ʦ、$ʦ^h$、tʂ、$tʂ^h$、ʂ、ʐ、ʨ、$ʨ^h$、ɕ、εi、iε

二、国际音标发音讲解

（一）国际音标发音描述方法

辅音发音通常用发音部位和发音方法来描述发音。发音器官有主动发音器官和被动发音器官。前者可以随意活动，如唇、舌头、下颌；后者不能活动，但其他器官可以接触或接近它，如上齿、腭部等。国际语音协会主要采用被动发音器官来确定辅音的发音部位，用“被动部位 + 发音方法 + 清 / 浊”描述辅音的发音。例如：

/ p /　清、双唇、塞音　　　/ t /　清、齿 / 龈、塞音

/ z /　浊、龈、擦音　　　/ ŋ /　浊、软腭、鼻音

元音根据舌体的前央后部位、高低位置、唇形圆展来确定发音部位。用“舌位高低 + 舌体前后部位 + 唇形”描述元音的发音。例如：

/ i /　闭、前、不圆唇、元音　　　/ a /　开、前、不圆唇、元音

/ e /　半闭、前、不圆唇、元音　　　/ o /　半闭、后、圆唇、元音

中英文描述发音的表达语序略有差异。例如，辅音 /b/ 的英文发音描述是 voiced bilabial plosive，中文描述则是双唇浊塞音。元音 /u/ 英文称 close back rounded vowel，中文称后高圆唇元音（或圆唇后高元音）。

国内习惯用主动发音器官描述辅音发音。例如，用舌尖前、舌尖后、舌叶、舌面前、舌面中、舌面后等名称。且不说舌尖前、舌尖后的界线模糊，单单舌尖可接触和接近的就有下齿、齿间、上齿背、齿龈、龈后、硬腭等部位。用舌头描述辅音的发音不容易准确定位。

（二）国际音标发音要领

汉语普通话 b、p、m、f、d、t、n、l、s、ɡ、k、h、a、o、e、i、u、ü、ai、ei、ao、an/ang、un、in/ing、on/ong，英语 b、p、m、f、d、t、n、l、ɡ、k、ŋ、h、s、i、u、o/ɔ、a/ɑ、e/ε、ə，这些音在汉语方言和少数民族语言里也很常见，读过小学或初中的人大都熟悉。学习国际音标发音的重点是普通话里没有的特殊音。下面分组描述国际音标发音要领，其中包括一些不见于国际音标表而在我国汉语方言和少数民族语言里却很常见的语音。

1. ʈ、ɖ、ȶ、ȡ、c、ɟ、q、ɢ、ʡ、ʔ、ɓ

这一组都是塞音，又叫爆发音、爆破音。发音时声道某个部位点形成阻塞，由肺部发出气流破除阻塞而爆发成音。ɓ 是非肺部气流音。

/ ʈ /　卷舌不送气清塞音。舌尖上卷抵住硬腭形成阻塞，气流冲破阻塞，爆发成音。除

阻时如果伴有较强气流冲出，则是送气清塞音，记作 / ʈʰ /。

/ ɖ /　卷舌浊塞音。舌尖上卷抵住硬腭形成阻塞，气流冲破阻塞，同时声带振动，爆发成音。这个音是 / ʈ / 的同部位浊音。

/ ṭ /　龈后不送气清塞音。舌尖抵住齿龈后部形成阻塞，气流冲破阻塞，爆发成音。除阻时如果伴有较强气流冲出，则是送气清塞音，记作 / ṭʰ/。注意与塞音 / t / 相区别，普通话 / t /（得）、/ tʰ /（特）发音，通常是舌尖抵住上齿背。

/ ḍ /　龈后浊塞音。舌尖抵住齿龈后部形成阻塞，气流冲破阻塞，同时声带振动，爆发成音。这个音是 / ṭ / 的同部位浊音。

/ c /　硬腭不送气清塞音。舌面上拱，抵住硬腭形成阻塞，气流冲破阻塞，爆发成音。除阻时如果伴有较强气流冲出，则是送气清塞音，记作 /c ʰ/。发这个音时，可先做出 / ki / 发音动作来找准部位。

/ ɟ /　硬腭浊塞音。舌面上拱，抵住硬腭形成阻塞，气流冲破阻塞，爆发成音。这个音是 / c / 的同部位浊音。

/ q /　小舌不送气清塞音。舌后部上抬，抵住小舌形成阻塞，气流冲破阻塞，爆发成音。除阻时如果伴有较强气流冲出，则是送气清塞音，记作 / qʰ /。

/ ɢ /　小舌浊塞音。舌后部上抬，抵住小舌形成阻塞，气流冲破阻塞，同时声带振动，爆发成音。这个音是 / q / 的同部位浊音。

/ ʡ /　会厌浊塞音。舌根会厌向后缩，贴紧咽壁形成阻塞，再冲破阻塞，爆发成音。由于阻塞点距离声门很近，爆发除阻时声带必然振动，发出来的是浊音。

/ ʔ /　喉塞音。声门（声带）闭合，再突然打开，气流破门而出，爆发成音。这个音是清音。

/ ɓ /　双唇浊内爆音。紧闭双唇，像亲吻一样做吸气拉伸，然后突然打开双唇，气流冲向口腔里面，爆发成音，同时声带振动。

2. ɱ、ṇ、ɳ、ɲ、ɴ

这一组都是鼻音。口腔通道的某个部位点形成阻塞，声带振动，声音从鼻孔出来。

/ ɱ /　唇齿浊鼻音。上齿轻咬下唇，声音从鼻孔出来。这个音是 / f / 的同部位鼻音。

/ ṇ /　龈后浊鼻音。舌尖抵住齿龈后，声音从鼻孔出来。这个音是 / ṭ / 的同部位鼻音。

/ ɳ /　卷舌浊鼻音。舌尖上卷抵住硬腭，声音从鼻孔出来。这个音是 / ʈ / 的同部位鼻音。

/ ɲ /　硬腭浊鼻音。舌面上拱抵住硬腭，声音从鼻孔出来。这个音是 / c / 的同部位鼻音。

/ ɴ /　小舌浊鼻音。舌后上抬抵住小舌，声音从鼻孔出来。这个音是 / q / 的同部位鼻音。

3. ʙ、r、ʀ、ɾ、ɽ

这一组是颤音和闪音（或拍音）。颤音是呼出气流引起双唇、舌尖、小舌连续振动，闪音是一次闪弹振动。

/ ʙ /　双唇浊颤音。双唇轻轻接触，肌肉放松，呼出气流，使双唇振动。

/ r /　舌尖浊颤音。略微开口，舌体放松，舌尖略上翘，接近齿龈，用力呼出气流，使舌尖振动。练习这个音，可通过快速发普通话“吐鲁”声的冲气动作，注意嘴唇放松，不要紧张。

/ ʀ / 小舌浊颤音。张开口，放松舌体，用力从喉部呼出较强气流，冲击小舌振动成音。练习这个音，可以口中含着水，仰着头，发出“啊啊”漱口声。

/ ɾ / 舌尖浊闪音。略开张口，舌体放松，舌尖略上翘，接近齿龈，用力呼出气流，使舌尖向上弹一下。发音部位和动作与 / r / 一样，区别在于 / r / 是连续振动，/ ɾ / 是弹动一下，有点像快速念普通话的“得了”。

/ ɽ / 卷舌浊闪音。张开口，卷尖上卷接近硬腭，用力呼出气流，使舌体弹动一下，发出声音。

4. ɸ、β、θ、ð、ʃ、ʒ、ʂ、ʐ、ɕ、ʑ、ç、ʝ、x、ɣ、χ、ʁ、ħ、ʕ、h、ɦ

这一组都是擦音。声道某个部位点形成狭窄缝隙（窄点），气流摩擦而出发声。

/ ɸ / 双唇清擦音。双唇轻轻接近闭合，留下小缝隙，将气流慢慢吹出，像吹灭煤油灯的动作。

/ β / 双唇浊擦音。双唇轻轻接近闭合，留下小缝隙，将气流慢慢吹出，同时声带振动。这个音是 / ɸ / 的同部位浊音。

/θ/ 齿间清擦音。舌尖平放在上下齿之间，轻轻接近齿尖，留下小缝隙，气流慢慢摩擦而出。

/ð/ 齿间浊擦音。舌尖平放在上下齿之间，轻轻接触齿尖，留下小缝隙，气流慢慢摩擦而出，同时声带振动发声。这个音是 / θ / 的同部位浊音。

/ ʃ / 龈后清擦音。舌尖上翘轻轻接近齿龈后，留下小缝隙，展开唇，略圆，气流慢慢摩擦而出。

/ ʒ / 龈后浊擦音。舌尖上翘轻轻接近齿龈后，留下小缝隙，展开唇，略圆，气流慢慢摩擦而出，同时声带振动发声。这个音是 / ʃ / 的同部位浊音。

/ ʂ / 卷舌清擦音。舌头卷曲，轻轻接触硬腭，留下小缝隙，展开唇，略圆，气流慢慢摩擦而出。这个音类似汉语拼音的 sh。

/ ʐ / 卷舌浊擦音。舌头卷曲，轻轻接近硬腭，留下小缝隙，展开唇，略圆，气流慢慢摩擦而出，同时声带振动发声。这个音类似汉语拼音的 r。

/ ɕ / 龈腭清擦音。发音时舌尖后上抬接近齿龈后、硬腭前部位，留下小缝隙，舌尖下垂放在下齿背，上下齿接近闭合，展开唇，气流慢慢摩擦而出发声。这个音类似汉语拼音的 x“稀”。

/ ʑ / 龈腭浊擦音。发音时舌尖后上抬接近齿龈后、硬腭前部位，留下小缝隙，舌尖下垂放在下齿背，上下齿接近闭合，展开唇，气流慢慢摩擦，同时声带振动发声。这个音是 / ɕ / 的同部位浊音。

/ ç / 硬腭清擦音。舌体上拱，轻轻接近硬腭，留下小缝隙，展开唇，气流慢慢摩擦而出。以将普通话“喝”和“衣”连读快速发音，不出声即可。

/ ʝ / 硬腭浊擦音。舌体上拱，轻轻接近硬腭，留下小缝隙，展开唇，气流慢慢摩擦而出，同时声带振动发声。以将普通话“喝”和“衣”连读快速发音。这个音是 / ç / 的同部位浊音。

/ x /　软腭清擦音。舌后上抬，轻轻接近软腭，留下小缝隙，张开口，气流慢慢摩擦而出。这个音类似普通话“喝”的声母。

/ ɣ /　软腭浊擦音。舌后上抬，轻轻接近软腭，留下小缝隙，张开口，气流慢慢摩擦而出，同时声带振动发声。这个音是 / x / 的同部位浊音。

/ χ /　小舌清擦音。舌后上抬，轻轻接近小舌，留下小缝隙，张开口，气流慢慢摩擦而出。有点像小鱼刺卡喉时想排出鱼刺的哈气状态。

/ ʁ /　小舌浊擦音。舌后上抬，轻轻接近小舌，留下小缝隙，张开口，气流慢慢摩擦而出，同时声带振动发声。这个音是 / χ / 的同部位浊音。

/ ħ /　会厌清擦音。下颌后缩，咽内舌根会厌向后缩轻轻接近咽壁，留下小缝隙，气流慢慢摩擦而出。

/ ʕ /　会厌浊擦音。下颌后缩，咽内舌根会厌向后缩轻轻接近咽壁，留下小缝隙，气流慢慢摩擦而出，同时声带振动发声。这个音是 / ħ / 的同部位浊音。

/ h /　声门清擦音，也说清喉擦音。张开口，慢慢哈气出来。这个音类似普通话“哈”的声母。普通话“喝”“哈”声母都用了 h，但实际上发音不同，前者是 / x /，后者是 / h /。

/ ɦ /　声门浊擦音。张开口，慢慢哈气，同时声带振动发声。有点像医生检查病人咽喉、按住舌头时，病人发“啊”的状态。这个音是 / h / 的同部位浊音。

5. tθ、dð、ʦ、$ʦ^h$、ʣ、ʧ、$ʧ^h$、ʤ、ʨ、$ʨ^h$、ʥ、cç、ɟʝ

这组音都是塞擦音。国际音标辅音表没有列入这组音。发音要领是：先塞后擦，声道某个部位点形成阻塞，除阻不是突然打开，而是轻轻离开并留下小缝隙让气流摩擦而出。成阻阶段完全阻塞，除阻阶段摩擦发声。

/ tθ /　齿间不送气清塞擦音。上下齿接近咬合，舌尖抵紧上下齿间形成阻碍，憋住气流，然后轻轻松开舌尖，留小缝隙，气流摩擦发声。这个音是先塞后擦，舌尖不能突然全部松开。如果排出气流较强，则是对应的送气音 / $tθ^h$ /。

/ dð /　齿间不送气浊塞擦音。上下齿接近咬合，舌尖抵紧上下齿间形成阻碍，憋住气流，然后轻轻松开舌尖，留小缝隙，气流摩擦而出，同时声带振动发声。这个音是先塞后擦，舌尖不能突然全部松开。这个音是 /tθ/ 的同部位浊音。

/ ʦ /　齿龈不送气清塞擦音。舌尖抵住上齿龈形成阻塞，憋住气流，然后轻轻松开舌尖，留小缝隙，气流摩擦发声。这个音是先塞后擦，类似普通话的 z（资）。如果排出气流较强，则是送气音 /$ʦ^h$/，类似普通话声母 c（雌）。

/ ʣ /　齿龈浊塞擦音。舌尖抵住上齿龈形成阻塞，憋住气流，然后轻轻松开舌尖，留小缝隙，气流摩擦而出，同时声带振动发声。这个音是先塞后擦。发普通话 z（资）时声带振动就是此音。

/ ʧ /　龈后不送气清塞擦音。舌尖抵住龈后部位形成阻塞，憋住气流，然后轻轻松开舌尖，留小缝隙，气流摩擦发声。这个音是先塞后擦。如果排出气流较强，则是送气音 / $ʧ^h$ /。

/ ʤ /　龈后不送气清塞擦音。舌尖抵住龈后部位形成阻塞，憋住气流，然后轻轻松开舌尖，留小缝隙，气流摩擦而出，同时声带振动发声。这个音是 /ʧʰ/ 的同部位浊音。

/ tɕ /　龈腭不送气清塞擦音。舌尖接触下齿背，舌面前上抬抵住硬腭接近齿龈位置，形成阻塞，憋住气流，然后轻轻松开舌面，留下小缝隙，气流摩擦发声。这个音类似普通话 j（基）。如果排出气流较强，则是送气音 /tɕʰ/，类似普通话 q（欺）。

/ dʑ /　龈腭浊塞擦音。舌尖接触下齿背，舌面前上抬抵住硬腭接近齿龈位置，形成阻塞，憋住气流，然后轻轻轻松开舌面，留下小缝隙，气流摩擦而出，同时声带振动。这个音是 / tɕ / 的同部位浊音。

/ cç /　硬腭清塞擦音。舌体上拱抵住硬腭，形成阻塞，憋住气流，然后轻轻松开，留下小缝隙，气流摩擦发声。如果排出气流较强，则是送气音 /cçʰ/。

/ ɟʝ /　硬腭浊塞擦音。舌体上拱抵住硬腭形成阻塞，憋住气流，然后轻轻松开，留下小缝隙，气流摩擦而出，同时声带振动发声。这个音是 /cçʰ/ 的同部位浊音。

6. ɬ、ɮ、l、ɭ、ʎ、ʟ

这一组都是边音。口腔通道正面部位点形成阻塞，不松开，气流从舌体两边摩擦而出。边音分为边擦音、边近音。

/ ɬ /　清边擦音。舌尖抵住上齿背或齿龈形成阻塞，展开唇，呼气从舌体两边摩擦出来发声，有气流冲击脸腮两边的感觉。

/ ɮ /　浊边擦音。舌尖抵住上齿背或齿龈形成阻塞，展开唇，呼气从舌体两边摩擦而出，同时声带振动，有气流冲击脸腮两边的感觉。这个音是 / ɬ / 的同部位浊音。

/ l /　浊边近音，通常说的边音就是这个音。舌尖抵住上齿背或齿龈，声带振动发声。这个音同普通话的 l（勒）。

/ ɭ /　卷舌边近音，又叫卷舌边音。舌体上卷抵住硬腭，声带振动发声，声音从舌体两边发出，发声时口腔较通畅，没有气流摩擦声。发音部位与普通话 r（日）类似，但普通话的“日”有明显的气流摩擦声。

/ ʎ /　龈腭浊边近音，又叫硬腭边音。舌体上拱抵住硬腭，声带振动发声，声音从舌体后部两边发出，发声时口腔较通畅，没有气流摩擦声。

/ ʟ /　软腭浊边近音，又叫软腭边音。舌后太高抵住软腭，声带振动发声，声音从舌体两边发出，发音时口腔较通畅，没有气流摩擦声。

7. ʋ、ɹ、ɻ、j、w、ɰ

这一组都是近音，又称通音、半辅音、半元音。发近音时，声道某个部位形成阻塞，但不完全、不紧张，而比较松弛，声带振动发声，声道比较通畅，声音响度近似元音，所以近音又称为半元音或半辅音。

/ ʋ /　唇齿浊近音，又叫唇齿通音。上齿轻咬下唇，同时声带振动发声，没有气流摩擦而出的声音。

/ ɹ /　齿龈浊近音，又叫齿龈近音。舌尖轻轻抵住齿背或齿龈，同时声带振动发声，没有气流摩擦而出的声音。

/ ɻ /　卷舌浊近音，又叫卷舌近音。舌体卷曲轻轻抵住硬腭，同时声带振动发声，没有气流摩擦而出的声音。普通话“绕”发音轻快时，声母就类似这个音。

/ j /　硬腭浊近音，又叫半元音 / j /。舌体略微上抬，舌尖自然下垂，做出发“衣”的动作，声带振动发音。这个音听起来像元音 / i /，但有轻微的摩擦声。

/ w /　双唇软腭浊近音，又叫半元音 / w /。双唇接近自然闭合，但比较松弛、不收紧，舌后上抬接触软腭，做出发“乌”的动作，声带振动发声。这个音听起来像元音，但有轻微的气流摩擦声。

/ ɰ /　软腭浊近音，又叫软腭通音。舌后上抬轻轻接触软腭，做出发“啊”的动作，声带振动发声。

8. ɶ、œ、ø、ʏ、y、æ 、ɛ、ᴇ、ɪ

这一组都是前元音。国际音标元音表没有收录 / ᴇ /。发元音时口腔声道通畅，音色响亮，没有摩擦声。

/ ɶ /　前全开圆唇元音，又叫前低圆唇元音。口大开，舌体自然放下，舌尖接触或接近下齿背，做成发“啊”的动作，然后将嘴唇圆起来，成喇叭状，声带振动发声。这个音是 / a / 的圆唇音。

/ œ /　前中开圆唇元音，又叫前半低圆唇元音。口中开，舌体自然放下，舌尖接触或接近上齿尖，将嘴唇稍微收圆，嘴唇肌肉不要紧张，略微松弛，声带振动发声。这个音是 / ɛ / 的圆唇音。

/ ø /　前中闭圆唇元音，又叫前半高圆唇元音。口松弛闭合，舌体自然平放，舌尖接近上齿尖，然后收圆嘴唇、略微突出，声带振动发声。这个音是 / e / 的圆唇音。

/ ʏ /　较前、较闭圆唇元音，又叫次前次高圆唇元音。双唇接近闭合，舌头自然平放，略微离开下齿，然后将嘴唇略微收圆，做出发“迂”的动作，但嘴唇不紧张、略显松弛，声带振动发音。普通话“迂”嘴唇收得更紧、更突出，略微放松一点就可以发出这个音。

/ y /　前闭圆唇元音，又叫前高圆唇元音。舌尖接触下齿尖，嘴唇收紧、闭合、突出，声带振动发声。这个音相当于普通话的“ü（迂）”。这个音是 i 的圆唇音。

/ æ /　前次开不圆唇元音，又叫梅花音。先大开口，舌尖接近或接触下齿，然后下颌上移，开口略微变小一点，嘴角略微两边拉，声带振动发声。

/ ɛ /　前中开不圆唇元音，又叫前半开不圆唇元音。张开口，开口度大约是牙齿间放进食指前部，舌尖底面接近或接触下齿，嘴角向两边拉开，声带振动发声。

/ ᴇ /　前中央不圆唇元音，又叫前中不圆唇元音。口的开度和平时不说话时的自然开口状态一样，大概是牙齿间放进一根小筷子的开度，声带振动发声。

/ ɪ /　较前、较闭不圆唇元音，又叫次前次高不圆唇元音。开口度很小、接近闭合，牙齿间大概放进牙签的开度，嘴角略微拉紧，声带振动发声。可以先做出发普通话“衣（i）”的动作，再略微放松一点嘴唇和舌尖，就可发出这个音。

9. ɒ、ɔ、ʌ、ɤ、ʊ、ɯ

这一组都是后元音。发后元音时，舌体向后缩，舌尖离开下齿，舌体底面两边会接触下颌大牙，声带振动发声。

/ ɒ / 后全开圆唇元音，又叫后低圆唇元音。大开口，舌体平放向后缩、舌尖离开下齿，然后收圆嘴唇，声带振动发声。这个音是 / ɑ / 的圆唇元音。

/ ɔ / 后中开圆唇元音，又叫后半低圆唇元音。牙齿间开口度大致可以放进食指前部，舌体后缩，收圆嘴唇，声带振动发声。这个音是 / ʌ / 的圆唇元音。

/ ʌ / 后中开不圆唇元音，又叫后半低不圆唇元音。开口度大致牙齿间可放进食指，舌体后缩，嘴唇展开，声带振动发声。这个音是 / ɔ / 的不圆唇元音。

/ ɤ / 后中闭不圆唇元音，又叫后半高不圆唇元音。开口度大致牙齿间可放进小筷子，舌体后缩，声带振动发声。这个音类似普通话的“鹅”。

/ ʊ / 较闭、较后圆唇元音，又叫次后、次高圆唇元音。口略开，开口度大致牙齿间可放进小筷子，嘴唇略微收圆，舌体向后缩，声带振动发声。也可以先做出发普通话“乌”的动作，然后略微放松嘴唇，即可发出这个音。

/ ɯ / 后全闭不圆唇元音，又叫后高不圆唇元音。做出普通话“乌”的发音动作，然后展唇，嘴角向两边拉伸，声带振动发声。

10. ɨ、ʉ、ɘ、ɵ、ə、ɜ、ɞ、ɐ

这一组是央元音。发央元音时，舌体处于自然状态，既不前伸，也不后缩。

/ ɨ / 全闭不圆唇央元音，又叫高不圆唇央元音。先做出发普通话“衣”的动作，嘴角展开，然后嘴角、舌体略放松，声带振动发声。也可以先做出发 / ki / 的动作，然后放松舌体，声带振动发声。

/ ʉ / 全闭圆唇央元音，又叫高圆唇央元音。先做出发普通话“迂”的动作，然后嘴唇略微放松，舌体略微放松，声带振动发声。发这个音是 / ɨ / 的同部位圆唇元音。

/ ɘ / 中闭不圆唇央元音，又叫半高不圆唇央元音。先做出发普通话“鹅”的动作，然后舌体略微放松前伸，声带振动发声。

/ ɵ / 中闭圆唇央元音，又叫半高圆唇央元音。先做出发普通话“哦”的动作，嘴唇略微收紧，舌体后缩，然后略微放松唇形，声带振动发声。可以嘴唇收圆收紧突出，做出发 / ø / 的动作，然后略微放松，就可以发出这个音。这个音是 / ɘ / 的圆唇元音。

/ ə / 中央元音，也叫自然央元音。口型处于不说话自然展开放松状态，舌尖离开下齿，舌体自然平放，声带振动发声。

/ ɜ / 中开不圆唇央元音，又叫半低不圆唇央元音。开口度大致牙齿间可放进食指前部，舌体自然平放，舌尖离开下齿，面接近或接触下齿，嘴角略微向两边拉，声带振动发声。也可先做出发 / ɜ / 的动作，然后嘴角略微放松一点，就可发出这个音。

/ ɞ / 中开圆唇央元音，又叫半低圆唇央元音。开口度大致牙齿间可放进食指前部，舌体自然平放，舌尖离开下齿，嘴唇收圆，声带振动发声。可以先做出发 / ɔ / 的动作，然后嘴唇、舌体略微松弛，即可发出这个音。这个音是 / ɜ / 的圆唇音。

/ ɐ / 次开不圆唇央元音，又叫次低不圆唇央元音。做出发“啊”音的动作，然后下颌略合拢，嘴角略微拉伸，舌体离开下齿，声带振动发声，即发成开口读小于正常“啊”

音的元音。

11. 鼻化音

鼻化是元音的一种伴随发音特征。通常发元音是口腔产生共鸣发声，但如果鼻腔也同时共鸣发声，则成了鼻化元音。例如：

/ ã / 全开前不圆唇鼻化元音，又叫前低不圆唇鼻化元音。发 / a / 音的同时，鼻腔也共鸣出声。

/ õ / 中开后圆唇鼻化元音，又叫半低后圆唇鼻化元音。发 / o / 音的同时，鼻腔也共鸣出声。

/ ĩ / 全闭前不圆唇鼻化元音，又叫前高不圆唇鼻化元音。发 / i / 音的同时，鼻腔也共鸣出声。

/ ũ / 全闭后圆唇鼻化元音，又叫后高圆唇鼻化元音。发 / a / 音的同时，鼻腔也共鸣出声。

12. 清化音

清化是浊音的一种伴随发音特征，原本发音时声带振动的元音或浊辅音，变成声带不振动，只听到气流声。常见有清化鼻音。例如：

/m̥/ 清化双唇鼻音。双唇闭合，肺部气流从鼻孔排出，声带不振动，没有声音。

/ n̥ / 清化齿龈鼻音。舌尖抵住齿龈，肺部气流从鼻孔排出，声带不振动，没有声音。

/ ŋ̊/ 清化软腭鼻音。舌后上抬抵住软腭，肺部气流从鼻孔排出，声带不振动，没有声音。

/ l̥ / 清化边音。发音时舌尖轻轻接触齿龈，弱气流从舌头两侧排出，声带不振动，没有声音。

13. 腭化、卷舌化、唇化

腭化有硬腭化和软腭化。硬腭化是指发辅音时口腔通道的硬腭部位有收窄收紧趋势，相当于在辅音之上附加了类似前高元音 / i / 的伴随动作。软腭化是指发辅音时口腔通道的软腭部位有收窄收紧趋势，相当于在辅音之上附加了类似后高元音 / ɯ / 的伴随音。例如：/ tʲio、kʲiŋ、kˠɯ / 。塞音腭化听起来很像塞擦音，但实际还是塞音，只是腭部声道收窄，可听到轻微气流摩擦声而已。

卷舌化有两种情况。一是卷舌元音。发元音时，舌尖同时上翘或向后卷。通常在元音符号后面添加卷舌附加符表示，如 / a˞、ɝ 、ɚ / 。普通话的儿化就是卷舌元音。二是卷舌性辅音，属双重部位发音，同时做出发辅音和卷舌的动作，相当于在辅音之上附加了卷舌近音。例如：/ pʵa、mʵa、tʵo、kʵɔ / 。

唇化用来表示发辅音时伴随的双唇撮圆或开口度减小的特征。一种情况是原本辅音后面没有 / u / 元音，发辅音时伴有圆唇的动作，如：/ tʷi、kʷɛ、pʷi /。另一种情况是辅音后面有圆唇元音，发辅音时伴有收紧和减小开口度的动作，例如：/ kʷua、kʷo、tʷue / 。

14. 声调、词重音、语调

声调是音节的音高变化，声调的音响主要由元音和响辅音发声。汉藏语系语言几乎都有声调。声调在汉语里体现为字调，在少数民族语言里体现为音节音高。国际音标用 10 个符号表示声调五级音高：特高、高、中、低、特低。国内用高、半高、中、半低、低来称呼。五级只表示声调的相对音高，不同语言的五级音高值是不一样的。例如，同样有五级声调，甲方言的特高调可能音高值很高，而乙方言的特高调可能音高值较低。国内常用5、4、3、2、1表示声调的五度音高，用两个数字表示平调、升调、降调，用3个数字表示曲折调。虽然5个数字组合可表示100多个声调，但真正能区别的音阶差也不过六七个[①]。

练习声调发音可仿照音乐的1、2、3、4、5五度音阶发声。先确定一个最高的5（梭）音，再确定最低的1（多）音，然后根据数字标调，从第一个音阶到第二个音阶快速连念，即可发出相应的声调。例如：

55（高平）、44（半高平）、33（中平）、22（半低平）、11（低平）

51（全降）、53（高降）、42（中降）、31（低降）

词重音是指两个或两个以上音节的词，各音节发音有轻重之分，有时第一个音节读得重，有时第二个音节读得重。例如，普通话轻声通常是第一个音节读得重，第二个音节读得轻。重读音节发音用力和响度相对要大些，时间也相对长些，非重读音节相对轻而短。

语调是指言语交际中语句的轻重、高低、抑扬变化。一句话由若干个词组成，各个词的轻重、高低、快慢不一样，句末还有平、升、降变化，这些现象构成了句子和话语的语调，也就是说话的腔调。狭义的语调主要指句末的升、降、平变化。

语调有高调、中调、低调之分，发音时要根据语句和话语的意义及交际功能，使用不同的语调。例如，情绪激动、口气强硬、惊讶时大多用高调；平常说话多用中调；对老人、小孩或跟人商量事情时多使用低调。语调也包含语句和话语的词语重读和轻读，表达关键意思的词语要重读，其他词语不重读或说得短而轻。

第二节　国际音标发音听辨

语音听辨和发音，尤其是那些罕见的特殊语音，一定要下功夫练习。从单个音、音节、单词，再到音标句子、语篇，循序渐进。下面是国际音标对比、拼读和朗读练习。练习的时候，手边要放一张国际音标表随时备查。

一、音标对比拼读练习

1. / p——b——ʙ——ɸ——β——ɓ /

pa——ba　ba——ʙa　p^{h}a——ɸa　ba——ɓa　ba——βa

---

① 有学者认为5个数字标调并不经济，实际上只用H（高）、M（中）、L（低）3个符号就足够。

pɛ——ɸɛ bɛ——ɸɛ ɓɛ——pɛ bɛ——pɛ ʙɛ——ɸɛ

tip˺——tipʰ——tip lip——lipʰ——lip˺ sipʰ——sib——sip

2. / pʰ——ɸ——β——ʋ——ɱ——f——v——w /

pʰi——fi ɸe——ve ɸu——βu vi——fi ʋi——vi

pu——β u ɸa——fa va——ɱa ʋa——β a va——β a

pfa——pfʰa——bva fʷa——ɸʷa——vʷa pfʰa——fa——pʰa

bv——bu——vu ku——kv——fu ɱu——vu——wu

3. / t——d——t̻——d̻——ʈ——ɖ /

to——t̻o ʈa——t̻a dau——ɖau ɖo——d̻o ʈou——tou

tai——dai t̻a——t̻ʰa t̻oi——ɖoi t̻en——ten tʰoŋ——t̻ʰoŋ

tua——tʷa t̻ʷo——tʷo tuei——tʷi tʰy——dy tʰi——tʲi

tit——titʰ——tit˺ met——petʰ——let vɛtʰ——let˺——pet

4. / k——g——c——ɟ——q——ɢ——ʔ /

gɑ——kɑ qɑ——kɑ gɑ——ɢɑ gɑ——ʔɑ ɑ——ʔɑ

kʰa——cʰa ga——ɟa qʰɑ——kʰɑ ɢɑ——ʔɑ ɟa——ca

kʲia——ca——cʰa ki——kʲi——cʰi kia——kʲia——cia

tɛk——tɛkʰ——tɛk˺ sɛkʰ——sɛk˺——sɛk lɑk——ɑk——ɑʔ

5. / n̻——ɲ——ɳ——ɴ——ɱ——ŋ——m̥——n̥——ŋ̊/

nai——ŋai n̻ai——nai ŋai——ɳai ɲai——ŋai n̻ai——ɲai

ma——ɱa——na——n̻a——ɳa——ɲa——ŋa——ɴɑ

nio——n̻o——ɳo——ɲʲo——ŋo——ŋʷo——ɴɔ——ɴɒ

mi——mi ni——ni ŋai——ŋ̊ai ma——na naŋ——ŋ̊aŋ

6. / θ——ð——ɬ——ɮ——z——ʃ——ʒ——ɕ——ʑ——ʂ——ʐ——ç——ʝ /

si——zi θi——ði ʃi——ʒi ɕi——ʑi çi——ʝi

si——θi zi——ði ʃi——ɕi çi——si zi——ʑi

sia——zia ʑia——zia ɕia——çia ʝia——ʑia zia——ʝia

ʃa——ʒa ʂa——ʐa ʃai——ʂai ʒai——ʐai ʑʲai——ʝai

ɬa——sa za——ɮa θɛ——ɬɛ ɮɛ——ðɛ ɬɛ——ʐɛ

ʃə——ʂə——ɕə——çə ðə——zə——ʒə——ʑə——ʝə

7. / x——ɣ——χ——ʁ——h——ɦ /

xɐ——ha　xə——ɣə　χɑ——ʁɑ　hɑ——χɑ　ha——ɦa

xɤ——hɤ　hei——xˠei　ɣɑ——ʁɑ　ɣɑ——ɦɑ　ɦɑ——ʔɑ

xa——ha——χa——a　ɣɔ——ʁɒ——ɦɔ——ʔɔ

xia——xʲia——ça——çʲia　siɛ——xʲiɛ——çɛ——ɕʲɛ

8. / ʦ——ʣ——ʧ——ʤ——ʨ——ʥ——tʂ——dʐ——cç——ɟʝ /

ʦi——ʣi　ʧi——ʤi　ʨi——ʥi　tʂʅ——dʐʅ　cçi——ɟʝi

ʦi——ʧi——ʨi——cçi　ʣi——ʤi——ʥi——ɟʝi

ʦa——ʧa——ʨa——ɟʝa　ʨa——ʨʲia——ɟʝʲia——ɟʝa

kʲiŋ——cçiŋ——ʨiŋ——ʦiŋ　kʰʲiŋ——cçʰiŋ——ʨʰiŋ——ʦʰiŋ

9. / r——l——ɾ——ʀ——ɭ——ɽ——ʎ /

la——ɾa　ra——ʀɑ　ra——ɽa　ʀɑ——ɽɑ　la——ʎa

ʀɑ——ɢɑ　ɾa——ra　ɽa——ʐa　la——ɭa　ɽa——ɭa

la——la——ɬa　la——ɮa——na　si——li——ɬi

kla——kra——kɽa　pʰla——pʰɭa——pʰra　bra——bʀɑ——bla

klo——kro——kʀᴏ　ʀɑ——ɢɑ——ɦɑ——ʁɑ

10. / ø——œ——ɔ——ɒ——ɞ——ɵ——ʉ——y /

kɔ——kɒ　lø——lœ　mœ——mɞ　kʰø——kʰɵ　ty——tʉ

lɔi——lɔy　tun——tyn　tøn——tyn　hœ——hø

øn——ɵn　ʉn——yn　œŋ——ɔŋ　en——øn　ɔm——ɔn

ɔk——ɔkʰ　syt˺——søt˺　ʦœŋ——ʦɔŋ　hɔŋ——hœŋ

køt˺——kʉt˺——kɵt˺——kɞt˺　hœk˺——hɔk˺——hɒk˺——høk˺

11. / ɿ——ʅ——ɯ——ɛ——æ——a——ɑ——ɐ——ʌ /

pi——pe　pi——pɿ　tʰi——tɿ　mi——mɿ　pʰɿ——pʰɯ

pɛ——pæ　pʉ——pɯ　ka——kɑ　kau——kɐu　kʰʉ——kʰɯ

tɯ——tɤ　ʦʰɯ——ʦʰɤ　sɯ——sɿ　mɯ——mɤ　mʉ——mɯ

læ——lɛ　lau——lɐu　lou——lɐu　mou——mɐu　pʌɯ——paø

ʦɿ——ʦi　ʦʰɿ——ʦʰi　sɿ——si　ʧɿ——ʨi　tʂʅ——ʧi

ʦɿ——ʦɯ——ʦɤ——ʦʉ　sa——sɑ——sɐ——sʌ

sam——sɐm　tʂɯŋ——tʂəŋ　lek˺——lɛk˺　tɐp˺——tap˺

12. / ĩ——ɛ̃——õ——ã——ũ——ɑ̃ /

pĩ——pɛ̃ poŋ——pɔ̃ pan——pã pɑŋ——pɑ̃

miŋ——mĩ——min mo——moŋ——mõ tʰɛŋ——tʰɛ̃——tʰĩ

hai——haiŋ——hãĩ mau——mãũ kʰũ——kʰuŋ

13. / 55——33——22——11——53——51——42——31——35——24 /

to^{55}——to^{11}——to^{53}——to^{35}——to^{24}——to^{31}

ka^{55}——ka^{33}——ka^{11}——ka^{35}——ka^{24}——ka^{13}——ka^{51}——ka^{31}

mɛ^{55}——mɛ^{51}——mɛ^{33}——mɛ^{35}——mɛ^{42}——mɛ^{21}——mɛ^{12}

la^{55}——la^{121}——la^{335}——la^{51}——la^{53}——la^{35}

二、音标例词练习①

（一）粤语（广州）

i^{55}（姨）	i^{21}（儿）	i^{35}（椅）	i^{24}（耳）
fɐn^{55}（分）	fan^{55}（翻）	i^{33}（意）	i^{22}（二）
pun^{55}（搬）	pɐn^{55}（奔）	ip^{22}（叶）	pak^{33}（百）
kœŋ^{55}（姜）	kɔŋ^{55}（江）	sɐp^{22}（十）	pat^{33}（八）
sam^{55}（三）	sɐm^{55}（心）	im^{55}（阉）	im^{21}（盐）
ʦyn^{55}（砖）	ʦøn^{55}（樽）	iɐm^{55}（音）	iɐn^{55}（恩）
nei^{24}hou^{35}（你好）	ʦou^{35}sɐn^{21}（早上好）	ia^{22}m^{24}（廿五）	ŋɔ^{24}tei^{22}（我们）
pin^{55}tou^{22}（哪里）	sek^{22}fan^{22}（吃饭）	mɐt^{55}ie^{24}（什么）	iɐm^{35}ʦɐu^{35}（喝酒）

（二）湘南土话（桂阳）

to^{55}y^{55}（多余）	ȶo^{55}fɛ^{24}（装饭）	ŋ̥o^{11}ŋ̥o^{55}（怎么）	ʃo^{52}xɯ^{55}（上去）
ʦʰɿ^{11}niɛ^{11}（辞年）	ʧʰi^{11}tɛ^{31}（迟的）	fo^{35}ʦʰi^{11}（放齐）	ha^{52}ʧʰi^{11}（下棋）
ya^{55}io^{52}（抓痒）	sio^{52}sɿ^{24}（想事）	si^{52}sɿ^{52}（洗屎）	ȶʰa^{31}ʦiou^{52}（吃酒）
niɛ^{52}ʃɛ^{55}（眼歇）	hɛ^{11}lu^{24}（行路）	tau^{35}ʧy^{55}（到居）	ma^{55}kɛ^{31}（吗咯）
ŋʷo^{11}lei^{55}（我类）	lai^{55}lai^{55}（哪里）	ki^{55}lei^{55}（这里）	lɛ^{35}lei^{55}（那里）

① 练习用例注音和录音者：王雅茜（粤语），邓宏丽（安仁方言），杨玉婷（武冈话），马海布吉（彝语），刀洁（傣语），赵亚先（勉语），丽娜（锡伯语），刀艾灵（景颇语），范俊军（桂阳话、尔苏语）。

（三）安仁方言（平背）

læ^{44}ti^{44}（哪里）	kɔ^{41}ti^{22}（这里）	mien^{41}pa^{22}（尾巴）	he^{52}（口）
tioŋ^{52}tʰæ^{41}（长大）	uĩ^{24}ʦɿ^{44}（药丸）	tʰĩ^{44}ʦioŋ^{24}（天晴）	ty^{423}（竹）
pia^{423}te^{44}（墙壁）	ʃe^{423}ʧʰi^{24}（湿气）	kue^{423} ʧa^{44}（国家）	lua^{44}（捋）
pʰa^{52}ʃĩ^{41}（啪扇）	ã^{52}lã^{24}（我们）	ʧoŋ^{52} ʧeŋ^{44}（颈筋）	io^{423}（药）
tiɔ^{52}ʦi^{24}（鸟唧）	n̩^{41} lã^{24}（你们）	ʧʰu^{41}huã^{41}（出汗）	ɵ^{41}ʃi^{22}（二十）
kɔ^{41}ʃu^{423}（教学）	huɛ̃^{41}kɔ^{41}（睏觉）	luã^{24}ka^{41}ka^{41}（圞尜尜）	loŋ^{52}（冷）

（四）邵阳方言（武冈）

hũ^{45}ȵioŋ^{12}（放牛）	ləu^{45} ɹɥ^{33}（落雨）	ʥəu^{33}ʥyɛ̃^{12}（坐船）	ɖoŋ^{12}n̩^{55}（穷人）
tia^{45} ʃɥ^{33}（滴水）	ɕĩn^{44} n̩^{33}（孙女）	hũ^{12} lu^{55}（行路）	kue^{44} ʈa^{33}（国家）
ʥu^{12} tei^{55}（锄头）	bei^{24} ʐʅ^{12}（背时）	kəu^{33} le^{55}（这里）	ba^{12} sã^{55}（爬山）
bĩ^{12} nã^{55}（鼻涕）	ʥĩ^{12}n̩^{12}（寻人）	ŋõ^{12}ȵioŋ^{55}（鹅肉）	pũ^{44} uŋ^{55}（坚硬）
bəu^{12} ȵiaŋ^{44}（婆娘）	hũ^{45} kũ^{55}（放光）	ɖaŋ^{12} dũ^{33}（长短）	ɦoŋ^{12} dʐʅ^{33}（红旗）
ɦoŋ^{12} ʃɥ^{33}（洪水）	tiŋ^{44} n̩^{33} kəu^{44}（什么）		

（五）彝语（喜得）

pu^{33}（公）	pu̱（翻）	po^{33}（爆）	pɔ̱^{33}（裂）
ka^{33}（拍）	ga^{33}（捞）	fu^{33}（烤）	vu^{33}（买）
ʦʰɛ^{33}（鹿）	nʥɛ^{33}（劈）	dʐɤ^{33}（钱）	ɳdʐɤ^{33}（赊）
n̥a^{33}（听）	na^{33}（病）	l̥o^{33}（换）	lo^{33}（船）
m̥o^{33}（吹）	mo^{33}（耕）	ɕi^{33}（到）	ʑi^{33}（房）
ʨi^{33}（酸）	ʨʰi^{33}（叶）	xo^{33}（圈）	ɣo^{33}（熊）
ʂa^{33}（麦）	ʐa^{33}（骂）	ʥi^{33}（飞）	ɳʥi^{33}（快）
bi^{33}（散）	mbi^{33}（分）	da^{33}（能）	nda^{33}（蕨）

（六）尔苏语（甘洛）

lo^{55}（斤两的两）	ɬɑ^{55}（月）	rɑ^{55}（鸡）	tʂu^{55}（汗）
dʐo^{55}（锅）	tʂʰu^{55}（六）	ʧu^{55}（染）	ʧʰu^{55}（开）
ʤu^{55}（腰）	ntʂʰu^{55}（蒸）	hʧɑ^{55}（寻找）	nʧʰɑ^{55}（裙子）

hpaɹ^{55}（撒种子） htsʅ^{33}psʅ^{55}（舌头） hto^{55}（跳） htɕi^{55}（拿，背）

pʂi^{55}（绳子） npʰsʅ^{55}（吐） nbzʅ^{55}（跨，埋） ndʐu^{55}（瓦）

nkʰu^{55}（锁） ngo^{55}（拾） ŋ̍^{55}（做） hkɛ^{55}（老鹰）

（七）傣语（金平）

ma^{33}va:ŋ^{25}（花狗） ma^{55}khau^{25}（泡米） nam^{31}ma^{25}（洪水） ʔɔʔ^{55}ma^{43}（出来）

ma^{52}lo^{33}（堆柴） kʰi^{55}ma^{31}（骑马） pi^{33}si^{33}（龙年） bi^{33}ŋu^{43}（蛇胆）

kɛn^{55}tɛŋ^{33}（瓜子） kə^{43}dɛŋ^{33}（红旗） pa^{55}ŋa^{25}（草地） pʰa^{55}fəŋ^{31}（分半）

top^{55}mɯ^{43}（鼓掌） tʰop^{55}ja^{55}（上次） ket^{55}pa^{33}（鱼鳞） kʰet^{55}nɔi^{31}（青蛙）

tsa:ŋ^{25}kun^{43}（雇人） xɛm^{43}tsʰa:ŋ^{25}（周围） hok^{55}kai^{33}（六里） tok^{55}ka:i^{33}（赶集）

（八）勉语（贺州土瑶）

na:u^{12}（老鼠） nau^{12}（舅舅） a:u^{51}（拗） au^{51}（妻子）

kɛŋ^{33}（门） kɛm^{33}（山） tɔŋ^{33}（糖） toŋ^{33}（同）

ŋ̊ap^{55}mjɛ^{51}（拔草） ŋap^{55}bwə^{31}（恼火） m̥ei^{51}（米） mei^{51}（不）

nan^{33}（难） nɑn^{33}（他） nuŋ^{31}ŋwə^{12}（里面） mwə^{12}pau^{51}（回家）

tʰɔŋ^{55}（汤） tɔŋ^{55}（当） pʰai^{31}（剖） pai^{31}（败）

fa:u^{31}kʰɔ^{31}（上课） kʰɔ^{51}i^{51}（可以） kʰau^{51}si^{53}（考试） lui^{55}kʰau^{31}（衣扣）

tɕjou^{55}kop^{55}（香菇） koʔ^{55}（吸） in^{55}（烟） iŋ^{55}kwəʔ^{55}（英国）

kɑp^{22}（夹子） gɑt^{22}ŋjɛ^{55}（睡醒） kɑp^{55}（和） kɑt^{55}（笑）

（九）锡伯语（察布查尔）

əzχəm（休息） gəw（名字） Sollχo（左） dzo（来）

tʰyʐ（冬天） tʰyʐəm（租） ɑʐəm（做） uliχəm（懂）

ollχun（干旱） ɛʐkʰ（酒） guɑllm（挂） sɑinɢi（节日）

follxu（包包） giʐɑŋ（骨） goʐ（远） ɑiɕillm（帮）

məiχ（蛇） ɕœgu（菜） œmim（喝） uʐgullm（热闹）

（十）景颇语

pɹa̰ʔ^{55}（清楚） kɹṵʔ^{55}（六） kɹa̰u^{33}（更） pʰɹo^{31}（白）

pʰɹoŋ^{33}（逃跑）	puk^{31}（本）	pjek^{31}（分）	ʃut^{55}（错）
ʃap^{31}（借<物>）	num^{33}（女子）	kʰom^{33}（走）	ʧa̱m^{55}（试试）
ka̱m^{33}（愿意）	ʦa^{33}（针织品）	ʦa̱^{33}（百）	ʦai^{33}（野）
ʦa̱i^{33}（干净）	ʧan^{33}（太阳）	ʧa̱n^{33}（拿）	ka^{33}（经常）

三、音标文本朗读

学习国际音标，要多练习朗读国际音标注音的语句和语篇。方法如下：

第一步，快速浏览整个语篇，挑出里面的特殊元音和辅音，试着发音。

第二步，对声调语言，先找出有几个平调、升调和降调，试读声调，确定高低。

第三步，根据语篇的体裁，确定速度和语气。对话略快而轻松，故事相对较慢，而且多用拖长和提顿语气，民谣则应突出抑扬顿挫节奏。音标文本要提倡标记语调特征。下面是两段歌词练习。

（一）粤语歌词（摘自电影《射雕英雄传》）

i^{55}hei^{55} uɔŋ^{24}moŋ^{22} ʦʰi^{24} ʦʰɐŋ^{21} kin^{33},	依稀往梦似曾见，
sɐm^{55}nɔi^{22} pɔ^{55}lan^{21} in^{22}.	心内波澜现。
pʰau^{55}hɔi^{55} sɐi^{33}si^{22} tyn^{33} sɐu^{21}yn^{55},	抛开世事断愁怨，
sœŋ^{55}pun^{22} tou^{33} tʰin^{55}pin^{55}.	相伴到天边。
ʦok^{22}ʦʰou^{35}sei^{33}fɔŋ^{55}, sa^{55}mɔk^{22} ʦʰɔŋ^{55}mɔŋ^{21},	逐草四方，沙漠苍茫，
na^{24}køy^{22} syt^{33}sœŋ^{55} pʰɔk^{33}min^{22}.	哪惧雪霜扑面。
sɛ^{33}tiu^{55} iɐn^{24}koŋ^{55}, ʦʰɔi^{33}ŋɔi^{22} pɐn^{55}ʦʰi^{21},	射雕引弓，塞外奔驰，
siu^{33}ŋou^{22} ʦʰi^{35}sɐŋ^{55} mou^{21} im^{33}kyn^{22}.	笑傲此生无厌倦。
laŋ^{24}foŋ^{55} ʦʰøy^{55}, tʰin^{55}ʦʰɔŋ^{55}ʦʰɔŋ^{55},	冷风吹，天苍苍，
tʰɐŋ^{21}sy^{22} sœŋ^{55}lin^{21}.	藤树相连。
maŋ^{24}foŋ^{55}sa^{55}, iɛ^{24}mɔŋ^{21}mɔŋ^{21},	猛风沙，野茫茫，
tʰɐŋ^{21}sy^{22} ʦʰin^{21}min^{21}.	藤树缠绵。
tʰin^{55}ʦʰɔŋ^{55}ʦʰɔŋ^{55}, iɛ^{24}mɔŋ^{21}mɔŋ^{21},	天苍苍，野茫茫，
man^{22}pun^{55} pin^{33}uan^{22}.	万般变幻。
ieŋ^{55}ʦi^{55} ɔi^{33}i^{33} ʦʰi^{24}si^{24} lɐu^{21}søy^{35},	应知爱意似是流水，
ʦam^{35}pɐt^{55}tyn^{33}, lei^{24}uan^{21}lyn^{22}.	斩不断，理还乱。
sɐn^{55}keŋ^{55} pak^{33}kip^{33} ia^{24} ʦɔi^{22} sɐm^{55}kan^{55},	身经百劫也在心间，
iɐn^{55}i^{22} lœŋ^{24}nan^{21} tyn^{33}.	恩义两难断。

（二）彝语歌词（摘自彝族《敬酒歌》）

su^{44}mu^{33} di^{21}vi^{21} ɣo^{33} tɕ^{h}o^{21}po^{21} ko^{44} la^{33} su^{33}. 远方的贵宾，四方的朋友。

先生　客人　们　朋友　啊　来　了

ni^{55} ŋo^{21} ka^{55}dɤ^{33} ʂo^{33} mo^{33}la^{33}gɤ^{44}thɤ^{33}bo^{21}. 我们不长聚，难有相见时。

您　我们　隔得　远　难相见

ni^{21}mu^{33} ŋga^{44}tɕɛ^{33} li^{33} ɳdʐʅ^{33}ʧʅ^{33} po^{21}ko^{33}ta^{33}. 彝家有传统，待客先用酒。

彝家　传统　是　好酒　先

ɳdʐʅ^{33} ɳdʐa^{55} ŋo^{21}mu^{33} du̠^{33} si^{21} la^{33} no^{21}ɣo^{44} su^{33}. 彝家多美酒，美酒敬宾朋。

酒　美　我们家 做 拿 来 您　敬

su^{44} li^{33} su^{33} ta^{33} ndo^{33}. 请喝一杯酒呀。

请 是 请 呀 喝

su^{44} li^{33} su^{33} ta^{33} ndo^{33}. 请喝一杯酒哟！

请 是 请 呀 喝

一、拓展阅读

周同春：《汉语语音学》，北京师范大学出版社，2003 年。

林焘，王理嘉：《语音学教程》，北京大学出版社，2013 年。

国际语音学会：《国际语音学会手册》，江荻译，上海教育出版社，2008 年。

Peter Ladefoged. A Course in Phonetics（第五版）. 外语教学与研究出版社，2009 年。

Peter Ladefoged. Vowels and Consonants. 在线教程：www.phonetics.ucla.edu。

二、思考与练习

1. 查阅附录二《27 种少数民族语言音系》，把一些特殊音挑出来，参考相关语言著作，找一些单词练习发音。

2. 在学校找几位少数民族同学，试着听辨一些特殊语音。

第三章　汉语方言调查记录

本章学习汉语方言田野调查记录的实践操作。语言田野工作通常先做普通调查，后做专项调查。最佳实践是从汉语方言开始，因为我国各省区都有通用汉语方言，这有助于形成语感，降低语言田野工作的入门难度，而且我国现代汉语方言调查已有八十多年的历史，形成了科学有效的理论和方法，积累了丰富的田野工作经验。汉语方言普遍调查通常按语音、词汇、语法渐次进行。

第一节　汉语方言语音调查

汉语方言的基本语音结构单位分为声母、韵母、声调、音节（字音）。语音调查就是要了解方言的语音系统，包括有哪些声母、韵母、声调，音节结构和声韵调拼合关系，连音变读，等等。具体操作步骤如下：

第一步：调查声调、声母、韵母例字的方言读音，初步归纳声韵调；

第二步：记录更多的方言单字读音，得出方言的全部声韵调；

第三步：归纳声韵调拼合关系，编制声韵调配合表；

第四步：按声韵调配合表穷尽方言字音，编制同音字汇；

第五步：调查连读变调例词读音，总结方言变调规律。

汉语方言语音调查的主要任务是记录单字的方言读音。《方言调查字表》① 是汉语方言记音的工具书。附录十六《汉语方言声韵调例字》和附录十七《汉语方言单字记音扩充字表》是根据《方言调查字表》编制的简表。《汉语方言声韵调例字》用来调查方言的声调、声母和韵母。凡是方言能说出来的字都要尽量问出常见读音，方言里没有的字可省去不问。首先询问这个表 A、B、C 三组字的方言读音，大体摸清一种方言的声调、声母和韵母。然后询问《汉语方言单字记音扩充字表》的方言读音，弄清全部声母、韵母、声调和声韵调拼合关系。最后记录附录十八《汉语方言连读变调例词》，找出变调规律。记完这三个表的字词读音，才算基本完成一种方言的语音系统调查。

① 中国社会科学院语言研究所编《方言调查字表》（修订本），商务印书馆，2008 年。

一、汉语方言声韵调的记音

（一）声调记音

1. 声调记音方法：辨调型、比调值、归调类、定调名

辨调型，就是通过听音来判断声调的平、升、降、曲折。从附录十六《汉语方言声韵调例字》A1～A6挑选2行或3行字让发音人用方言发音，记音员辨别是平调、升调、降调还是曲折调，并用符号˥ ˧˥ ˥˩ ˧˥˧ ˨˩˦标记出来。例如：湘南土话桂阳方言A6行字的调型如下：

跰	牌排	摆	买	拜	稗败	百	白
˥	˩	˥˩		˧˥	˨˦	˨˩	

桂阳方言“摆、买”同音，读降调；“百、白”同音，读降调；“跰、牌、排”都读平调，但高低不同；“拜、稗”都读升调，但高低不同。因此总共有2个平调、2个升调、2个降调。

比调值，就是分辨同类调型的音值相对高低。一种方言可能有几个平调、升调或降调。同样是平调，有的音值较高，有的音值较低；同样是升调，有的升幅较高，有的升幅较低。比调值可按第二章第一节声调部分介绍的模拟音乐5、4、3、2、1五度音阶进行对比听辨。上面所举的桂阳方言例字中，第三调和第六调都是降调，“摆、买”降调的起音比“百、白”降调的起音要高，第三调是全降，可记为51；第六调是低降，可记为21。第一调“跰”、第二调“牌”都读平调，“牌”的音值在所有调型中最低，因而可以记为11；“跰”的音调较高，可记为55。第四调和第五调都是升调，但第四调音值比第五调要高，因而第四调可记为35，第五调可记为24。五度声调标记的是相对音高，而不是绝对音值。甲方言有55调，乙方言有55调，并不等于甲乙两种方言的55声调的音值完全相同，实际说话中可能乙方言的55调高于或低于甲方言的55调。

归调类是把调型和调值相同的归为一个调类，定调名是给每个调类命名。方言调类通常根据方言声调和中古汉语“平、上、去、入”四声关系确定。中古汉语的四声又依声母清浊分为阴阳两类，因而有阴平、阳平、阴上、阳上、阴去、阳去、阴入、阳入8个调类。现代汉语方言调类各异，有的保留了8个调类（如温州话），有的简化为4个调类（如普通话），有的分化为9个调类（如广州话）。一般而言，官话方言2～4个声调，而粤、客、闽、赣、湘、吴方言则5～11个声调不等。

如何根据方言和中古四声关系确定调类和调名？例如，上引桂阳方言，中古汉语读阴上调的“摆”（清声母）和读阳上调的“买、妇”（浊声母）今读相同声调，无阴上、阳上之分，因此只能定一个上声调，同理也可定出一个入声调。中古读阴去的“拜”（清声母）和读阳去的“稗、败”（浊声母）今读不同的声调，命名时就要分开定出阴去、阳去两个调类，同理还可定出阴平、阳平 2 个调类。因此，桂阳方言有 6 个调类，调名是阴平、阳平、上声、阴去、阳去、入声。

归调类和定调名时要注意跨类现象，也就是中古读 A 调的字，现代方言只是一部分字读 A 调，而另一部分字读 B 调、C 调。例如，“摆”“坐”中古分别属阴上和阳上，今北京话“摆”读上声，而“坐”则和去声字“做”读音相同。古入声字今北京话有的读平声（如“粥、竹”），有的读上声（如“铁”），有的读去声（如“客”），所以今北京话没有“入声”调类。表 3–1 是三种汉语方言调类、调值和古四声对照表。

表 3–1　汉语方言调类和名称

<table>
<tr><th>古四声</th><th>清浊</th><th>阴阳</th><th>例字</th><th>广州话</th><th>北京话</th><th>银川话</th></tr>
<tr><td rowspan="3">平</td><td>清</td><td>阴</td><td>高开婚</td><td>55 阴平</td><td>55 阴平</td><td>44 阴平</td></tr>
<tr><td>全浊</td><td>阳</td><td>穷寒</td><td>21 阳平</td><td rowspan="2">35 阳平</td><td rowspan="3">53 阳平</td></tr>
<tr><td>次浊</td><td>阳</td><td>鹅</td><td>21 阳平</td></tr>
<tr><td rowspan="3">上</td><td>清</td><td>阴</td><td>古口好</td><td>35 阴上</td><td rowspan="2">214 上声</td></tr>
<tr><td>次浊</td><td>阳</td><td>五</td><td>13 阳上</td><td rowspan="5">13 去声</td></tr>
<tr><td>全浊</td><td>阳</td><td>近柱</td><td>13 阳上</td><td rowspan="3">51 去声</td></tr>
<tr><td rowspan="3">去</td><td>清</td><td>阴</td><td>盖抗汉</td><td>33 阴去</td></tr>
<tr><td>全浊</td><td>阳</td><td>共害</td><td>22 阳去</td></tr>
<tr><td>次浊</td><td>阳</td><td>岸面</td><td>22 阳去</td><td>51 去声</td></tr>
<tr><td rowspan="4">入</td><td rowspan="2">清</td><td rowspan="2">阴</td><td>急曲黑</td><td>55 上阴入</td><td rowspan="4">归入以上
4 个声调</td><td rowspan="4">归入以上 3 个
声调</td></tr>
<tr><td>割缺歇</td><td>33 下阴入</td></tr>
<tr><td>次浊</td><td>阳</td><td>月腊麦</td><td>22 阳入</td></tr>
<tr><td>全浊</td><td>阳</td><td>局合</td><td>22 阳入</td></tr>
</table>

标示声调可用五度标调或四角标调。五度标调是用 5 个数字或五度线标示声调，前者用 1 ~ 5 音阶标记声调的相对音高，后者用五等分的左刻度线标示声调高低和走向，右刻度线标示变调和轻声。调值和调型用“高、次高、中、次低、低”和“平、升、降”组合命名描述。例如：

高平 55 ˥　次高平 44 ˦　中平 33 ˧　次低平 22 ˨　低　平 11 ˩

全升 15 ˩˥　全　降 51 ˥˩　高升 35 ˧˥　次高升 14 ˩˦　高升降 353 ˧˥˧

变调：┌　└　⊢　⊢　⊢

轻声：低轻声 |.　中轻声 |·　高轻声 |˙

五度线能直观标示声调的平、升、降、曲折，但声调较多时，由于刻度线间距细微而不易分辨。

四角标调是一种调类标调法。从音节左下角开始，按顺时针方向分别在 4 个角用缺口朝内的半圆圈依次表示平、上、去、入 4 个调类，阳调用半圆圈和下划线组合表示。有的方言同一阴调或阳调又分两类，则用缺口朝外以示区别。例如广州话：

阴平	阳平	阴上	阳上	阴去	阳去	上阴入	下阴入	阳入
꜀si	꜁si	꜂si	꜃si	si꜄	si꜅	sig꜆	sig꜀	sig꜇

2. *《汉语方言声韵调例字》A 组字说明*

A1 ~ A6 每行按阴平、阳平、阴上、阳上、阴去、阳去、阴入、阳入 8 个调类依次排列。这几组字在大多数现代汉语方言里声母和韵母相同、声调不同，便于听辨调型和调值。A7、A8 是中古阳上字，其中 A7 是次浊上声字，A8 是全浊上声字，应辨别这两组字读相同调还是不同调。A9、A10 是中古去声字，其中 A9 是阴去字，A10 是阳去字，也应注意两组字是读同一个调还是读成两个不同的调。A11、A12 是中古入声字，其中 A11 是阴入字，A12 是阳入字，同样要注意清浊是否分调。

3. *语言研究所《方言调查字表》声调例字说明*

声调例字从左到右分 3 栏。第 1 栏从上到下有 3 组字。第 1 组有 2 列 8 行共 21 字，从上到下按中古阴平、阳平、阴上、阳上、阴去、阳去、阴入、阳入 8 个调类排列。第 2 组、第 3 组各 2 列 4 行，从上到下按平、上、去、入排列，左列为清声母字，右列为浊声母字。第一栏每组基本上是声母和韵母相同或相近的字，这样便于辨别声调。

第 2 栏从上到下有 4 组字。第 1 组平声字，左列阴平字，右列阳平字。第 2 组上声字，左列阴上字，右列阳上字。第 3 组是三字组，左列是阴去字，中列是全浊上声字，右列是阳去字。第 4 组入声字，左列为阴入，右列为阳入。

第 3 栏是扩充例字，从上到下按古四声清浊排列，共 27 行。第 1 ~ 6 行属平声字，其中 1 ~ 3 行为清平（含次清），4 ~ 6 行浊平（含次浊）。第 7 ~ 12 行属上声字，其中 7 ~ 9 行是清上字，第 10 行是次浊上声字，11 ~ 12 行是全浊上声字。第 13 ~ 18 行属去声字，其中 13 ~ 15 行是清去字，16 ~ 17 行是全浊去声字，第 18 行是次浊去声字。19 ~ 27 行属入声字，其中 19 ~ 24 行是清入字，第 25 行是次浊入声字，第 26 ~ 27 行是全浊入声字。

（二）声母记音

《汉语方言声韵调例字》B 组字用来调查汉语方言的声母。方言里不说的字可略过不记。遇到有些字不常用或者发音人一时想不起方言读音时，最好用含有这个字的常用词提示发音人，尽量避免直接照读。例如“符”字，用“鬼画符”提示发音人，可能比“符合”“符号”更通俗。又如“经”字可用“经用”提示发音人，如让发音人直接念字，则很可能先想到“经过”，读出来的就可能是官话音或读书音。

1. *声母记音方法：看口形，辨部位，明方法，仿发音*

看口形，就是观察发音人的口形动作，辨别发音部位和发音方法。例如，舌尖发音，究竟是舌尖前还是舌尖后，舌尖接触齿背、齿龈还是龈腭。塞擦音还是硬腭化塞音，两者是否对立。要留意声母发音的细微差异，用严式音标标示这些差异。

仿发音就是模仿发音，让发音人评判是否正确。p、p^h、m、f、t、t^h、n、l、ʦ、$ʦ^h$、s、ʨ、$ʨ^h$、ɕ、tʂ、$tʂ^h$、ʂ、k、k^h、ŋ、h 这些普通话都有的音容易听辨，不必模仿。对于普通话没有的声母，如浊音、边擦音、清鼻音、齿化音、唇化音、腭化音、鼻冠音、内爆音等，听辨以后还应试着模仿一次或两次发音，如果发音人认可，则说明听辨正确。不过，实际语音复杂多样，语言专家也难以做到即时准确模仿各种语音。模仿两次，发音人还认为不对的话，就应停止模仿，做好标记，留待以后解决。切勿一个字音反反复复模仿发音。

要善于利用音韵学知识类推。有些字如果该方言不用，可换成其他相同音韵的字。遇到某个字的声母读音特别，还应进一步询问其他音韵相同的字。例如，听到“脑、老”读音相同，可再询问“农—龙、男—兰、你—里、鸟—了”声母是否两两相同，如果“农、龙、男、兰”声母相同，而“你、里、鸟、了”声母不同，就可确定 n、l 拼洪音时相混，拼细音则不混[①]。

一般来说，调查汉语方言的声母，要注意分辨以下语音现象：

（1）有无浊音声母，包括浊塞音、浊塞擦音、浊擦音。

（2）/ n、l / 的分合，什么情况下 n、l 相混，什么情况下不混。

（3）/ x、f / 是否混读，哪类字混读，哪类字不混。

（4）是否区分尖团音，如“齐、棋”“酒、九”“精、京”声母是否两两有别。

（5）方言里有几组塞擦音。普通话有 z、c、s，zh、ch、sh，j、q、x 三组，其他方言可能只有一组或两组。

（6）是否有其他不常见的特殊音。

2. 《汉语方言声韵调例字》B 组例字说明

B1 行字用来询问 / p、pʰ、b、m、f、v / 等双唇音和唇齿音声母。“皮、坪”“被、鼻、白”两组字分别是中古全浊並母平声字、仄声字，要注意它们今读浊塞音 / b /，还是读清塞音 / p、pʰ / 或其他音。“门网尾”这组字里面“网尾”是中古微母字，有的方言声母可能读 / m / 。“飞灰”“冯红”这两组字在有些方言里面可能也读相同声母 f 或 ɸ。听辨这组字音的声母，尤其要注意有无浊音 / b、v / 。

B2 用来询问 / t、tʰ、d、n、l / 等齿音和龈音。要注意古全浊定母字“同、糖”“淡、豆、夺”的声母读音。注意有没有浊音 / d /，以及 n、l 是否相混。

B3 用来询问 / k、kʰ、ɡ、ŋ、x、ɣ / 等软腭音。要注意古全浊群母“葵、狂”“跪、柜”两组字的声母读音是浊塞音 / ɡ / 还是清塞音 / k、kʰ /，声调平仄与送气不送气的关系。“岸、安”分别是古疑母和影母字，“眼、演”分别是古疑母和喻母字，有些方言可能声母读 / ŋ / 或 / ȵ / 。“化、话”分别是古晓母和匣母字，有的方言这两个字声母有别。“围、危、微”分别是古影母、疑母、微母字，普通话声母相同，但有的方言三个字声母都不同。“午、舞”分别是古疑母、微母字，声母不同，注意今方言读鼻音还是零声母或 / v / 。

B4 用来询问是否区分尖团音。这几对字的前一个字都是中古精组字，后一个字都是中古见组字，今普通话声母相同，许多方言则声母两两有别，前字读 / ʦ、ʦʰ、s / 的称为尖音，后字读 / ʧ、ʧʰ、ʃ / 或 / ʨ、ʨʰ、ɕ / 的称为团音（有的读 / k、kʰ、x / ）。

① 洪音指元音开口度大，细音指元音开口度小。

B5～B7 用来询问方言里有几组塞擦音。这几组字里面包含中古的精、庄、章、知、见、晓组字。普通话和某些官话方言通常有 / ʦ、ʦʰ、s，tʂ、tʂʰ、ʂ，tɕ、tɕʰ、ɕ / 三组塞擦音，而其他方言通常是两组塞擦音，而没有卷舌塞擦音；有些方言则可能有一组硬腭塞擦音。

B8 用来询问零声母和擦音声母 / ʐ / 。这组字里包含中古日、疑、喻母字。“认、绕、若、闰、而、日、然、软”都是中古日母字，这些字在有的方言里声母读音差异很大，有的读鼻音，有的读零声母，有的读边音或近音。

3. 语言研究所《方言调查字表》声母例字说明

声母例字共 10 行。第 1 行用来询问双唇音和唇齿音声母，其中“步、别、盘”是中古全浊並母字。第 2 行用于询问齿龈或龈后音声母，其中“道、夺、同”是古全浊定母字，“难、兰”后面四组字用于了解 n、l 分合情况。第 3 行用于询问软腭音声母，其中“跪、杰、葵”是中古全浊群母字。第 4 行、第 5 行共 9 对 18 字，用于了解方言是否分尖团音，每组第一个字是精组字，第二个字是见组字。第 6～8 行 13 组共 38 字，用来询问有几组塞擦音、擦音。第 9 行和第 10 行共 18 字，用来询问古日、疑、喻母字今方言声母读音。

（三）韵母记音

1. 韵母记音方法：看元音、听介音、察鼻尾、辨塞尾

大多数汉语方言的韵母数量比普通话多。调查方言韵母应先记录单元音韵母，再记录复元音韵母；对复元音韵母，则先记开尾韵，后记闭尾韵；对闭尾韵，先记鼻音韵母，后记塞音韵母。

汉语方言几乎都有 / i、e、ɛ、a、ɔ、o、u / 这几个单元音韵母，普遍有 / -i-、-u- / 介音（韵头），以及 / -n、-ŋ / 鼻音韵尾。看元音、听介音重点是辨别有哪些特殊的元音和介音，哪些元音构成最小对立。有的方言除了基本元音外还有 / ø、œ、ʉ / 圆唇元音，有的方言有 / ɯ、ɨ、ɤ、ə /，有的方言区分 / a、ɐ、ɒ /，有的方言带 / -i-、-u-、-y- / 介音的二合元音韵母或三合元音韵母比较整齐，等等。

察鼻尾、辨塞尾就是要分辨出有几种鼻音韵尾和塞音韵尾。普通话和多数官话方言只有 / -n、-ŋ / 两个鼻音韵尾，而南方方言还有 / -m / 韵尾，有的还有鼻化韵。普通话和多数官话方言没有塞音韵尾，而许多南方方言或土话则不同程度保留了 / -p、-t、-k、-ʔ / 塞音韵尾。韵母记音比较麻烦的是塞音韵尾的听辨。汉语方言塞音韵尾都是不除阻或无声除阻，除了 / -p / 韵尾容易从口形看出来以外，其他塞音韵尾不易察觉。遇到入声字要放慢速度，留意发音人发音收尾是否急促或是否可以延长。收音急促的字音肯定有塞音韵尾，是 / -p、-t、-k、-ʔ / 哪个塞音收尾，要通过仔细观察口舌动作来辨认。

记录韵母例字读音，不能只记韵母，而应记下整个字的读音，包括声韵调。调查方言韵母，应注意分辨下面的语音现象：

（1）是否有 / a、o、e、i、u、y / 基本元音，其中 e 类元音和 a 类元音有几个，是否对立；

（2）单元音有多少成对的圆唇 / 不圆唇元音；

（3）二合或三合元音有无 / -y、-ɯ、-ɤ、-ʉ、-ø / 等特殊开韵尾；

（4）介音 / -i、-u、-y / 是否齐全，是否还有其他介音；

（5）鼻音韵尾 / -m、-n、-ŋ / 有几个，是否区分前后鼻音，有无其他鼻音韵尾，有无鼻化韵；

（6）有无塞音韵尾 / -p、-t、-k、-ʔ / 或其他塞音尾韵；

（7）响辅音 / m、v、n、ŋ / 是否自成音节，或带有这些音的成音节，如 / bm、tn、kŋ、kv / 等；

（8）二合或三合元音韵母是否有中塞发音特征，如 sietn^{12}、məkŋ^{213} 之类。

2. 《汉语方言声韵调例字》C 组字说明

C1 用来询问 / i、u、y / 等单元音韵母。C2 用来询问韵腹元音为 / a、o / 之类的开尾韵母。C3 用来询问复元音 / ai、ei / 之类的开尾韵母。C4 用来询问复元音 / au、ou / 之类的韵母。C5 用来询问主元音为 / a、e / 之类的鼻韵母。C6 用来询问带介音 / i / 的鼻韵母。C7 用来询问带介音 / u / 的鼻韵母。C8 用来询问带介音 / y / 的鼻韵母。C9、C10 用来询问带塞音尾的韵母。

3. 语言研究所《方言调查字表》韵母例字说明

韵母例字共 14 行 110 个字。第 1 ~ 4 行用来询问 i、u、y、a、o 这类韵母。第 1 行 3 字组（资组）、第 2 行 2 字组（第组）分属古止摄和蟹摄，今有的方言韵母读音有别。

第 5 ~ 8 行是古入声字。第 5 行"直、北、百"为古曾梗摄的入声字，收塞音 / k / 尾；"辣、舌、割、日"分别为古山臻摄入声字，收 / t / 尾；"合"古咸摄合韵字，收 / p / 尾。第 6 行"急、接、夹"是古咸深摄入声字，收 / p / 尾；"铁、踢"属山摄屑韵和梗摄锡韵，韵尾分别收 / t、k /；"落、鹿、绿"分属宕摄铎韵和东摄屋浊韵，收尾 / k / 。入声字要注意分辨方言读音是否有塞音韵尾。有的方言 / p、t、k、ʔ / 塞音韵尾齐全，有的方言只有一两个，而有的则无塞音韵尾，但入声字单独一个调类。

第 9 ~ 10 行用来询问开尾的复元音韵母，如 / ai、ei、ao、ou / 这类韵母。

第 11 ~ 13 行都是古阳声韵字，即鼻音韵尾的字。古咸深摄字收鼻音 / m / ，山臻摄收 / n / 鼻音韵尾，其他收 / ŋ / 尾。"三、心、林、减、检、衔、含"是古收 / m / 的咸深摄字。对这些鼻音韵母字，要注意分辨有几类鼻音韵尾。

二、扩充记录单字音

记录了《汉语方言声韵调例字》以后，应归纳方言的声韵调，初步整理一个声韵调表，接着还要继续询问《汉语方言单字记音扩充字表》里面的字。这是因为，一是有的方言声母韵母比较复杂，仅仅询问声韵调例字，可能会遗漏个别声母或韵母，只有扩充记录 2 000 多个常用字以后，才能确保问出一种方言的全部声韵调。二是扩大单字音调查，才能弄清声韵调拼合关系。

（一）准确解释字义，问清各种异读

记录扩充单字时，要向发音人通俗地解释每个字的意思，尽量用含有这个字的常用词来提示发音人，避免拿着字表让发音人照读。

要留意方言的异读现象。同一个字可能有几个读音，文白异读、新老异读、别义异读等等。文读是读书音，白读是日常大白话读音。例如，湘南土话“五”字在姓名“李五山”里多读 / vu^{51} /，平时算数则说 / ŋ^{51} /，前者是文读，后者是白读。同一个字在地名里的读音也有文白之分，雅名多文读，俗名往往白读。同一个字青年人和老年人的读音有差别，属于新老异读。同一个字在不同词语中的读音也可能不同，造成词义的细微差别，这是别义异读。调查时要注意问出各种异读。

有时某个字的读音和通常联想到的字音差距太大，很难把字和读音联系在一起，这种现象属于异常读音。它分下面两种情况：

一是训读。用同义或近义的乙字来读甲字，也就是把别字当正字来读。例如，湘方言称兄弟姐妹排行最小者为 / man^{3} /，人们习惯写成“满”字，“满崽”即小儿子，“满舅”即小舅舅。实际上“满”是别字，正确的字是“晚”。古语有“晚生”一词，“晚”即后面、末尾之意。又如，广州话表示“甩”的动作说 / fiŋ^{22} /，人们常常写成“甩”字，因为不知道正字是什么。

二是俗读和误读。最初可能是某字的错误读音类推，久而久之，误读成了约定俗成的读音，错误的成了正确的。例如，广州话“擴（扩）”读 / kʰʷɔŋ^{35} /，是把“廣（广）”作为声旁类推的误读，久而久之这个读音便约定俗成了。

对异常读音的字应做好标记，留待以后进一步考据。

（二）留意新的音位和特殊音节现象

随着记录的单字读音越来越多，可能会发现前面没有出现过的声韵调及其变体。因此，记录扩充单字时，要随时比对前面整理的声韵调表，及时补登遗漏。例如桂阳土话，当问到扩充字表的“佢 / kɯ^{11} /”“去 / xɯ^{35} /”两个字时才发现新韵母 / ɯ /。韵母例字中没有这两个字，也就问不出这个韵母。

汉语方言的音节由声母、韵母和声调构成。声母由辅音或辅音丛构成，韵母由韵头、韵腹、韵尾构成。声调是音节浊音部分的音高。声母是浊音，则声调贯穿整个音节；声母是清音，则声调只贯穿韵母。韵头一般由半元音或元音充当，韵腹一般由元音充当，韵尾可以是元音或辅音（清辅音或浊辅音）。听辨汉语方言字音时，还要注意下面的一些特殊音节现象。

鼻音 m、n、ŋ，边音 l 和浊擦音 v，在许多方言里可以自成音节，或者作韵腹。例如，广州话：m̩^{5}（唔）；桂阳土话：ŋ̍^{3}（五）；永兴话：n̩^{3}（你）；安仁话：v̩^{3}（五），西宁话：l̩^{3}（李）、西宁话：pv̩^{5}（布）；临海话：l̩^{22}（而）、n̩^{22}（泥）、m̩^{53}（母）；长汀话：fv̩^{1}（夫）。

半元音 j、w，元音 ɯ，浊辅音 v、z 等，在有的方言里可以作韵头。例如，上杭客家话：kvɛi^{5}（贵）；平遥话：nvu^{3}（女）；永兴话：pɿ^{2}（皮）。

韵尾可以是儿化音，也可以是“i 或 y或u+ 鼻音或塞音”双韵尾。例如，福州话：kaiŋ^{6}（县）、søyŋ^{1}（双）；厦门话：hmʔ^{8}（默）。

有的字音里，韵尾前面有瞬间塞音，将韵母和声调分为两段，或在鼻辅音韵尾后面带上塞音尾。例如，粤北白沙话：盖（动词）kʉ^{44}—盖（名词）kʉ^{2}ʔʉ^{23}，钱（姓）ʦʰie^{21}—钱 ʦʰie^{4}ʔe^{45}。藤县方言的低降折调，韵母中间也带有喉塞音。石塘话：钱（姓）ʦʰiŋ^{322}—钱 ʦʰiŋʔ^{32}。丽水方言中的“小”称韵尾，如“外甥儿 ŋoɒ^{6}sãŋ^{1}ŋʔ^{2}”。

三、连读变调的调查记录

连读变调是汉语方言的重要特点，记录汉语方言的语音，要弄清变调现象，找出变调规律。附录十八《汉语方言连读变调例词》用来记录方言连读变调，里面的例词按二字词的八个调类两两组合编排。使用这个例词表，应注意下面几点。

（一）避免机械照读

要注意方言里有没有例词这个说法。只有当方言说法的用字与例词的用字完全相同时，例词对调查变调才有意义。如果例词说法在方言中不存在，则应略过，不要机械照读，因为发音人直接照读自己方言里没有的词，常常会用官话音或读书音，这就不能真实反映方言的变调现象。

（二）找出变调规律

汉语方言连读变调分两种情况：一是词语中的某个字调不读它本来的声调，而读成其他调，变调仍然没有超出这个方言的调类范围。例如，普通话两个上声字组成的词，前面一个字要变调，但变调读成第二调（阳平），还是没有超出普通话 4 个声调。二是词语中的某个字调不读它本来的声调，而读成其他的调，但变调不属于该方言的单字调类范围，属于新的调类。

记录汉语方言连读变调时，应了解哪些字发生变调，以及变调和声母、韵母的关系。有些方言的变调是固定变调，变调与词内其他字调无关。例如，广州话阳平字在两字词的后面时，常常变为高调，与前字声调无关。有些方言的变调则取决于词语前字或后字的声调，这属于条件变调。例如，闽南方言漳平话，“电梯 / $\text{tiɛn}^{55\text{-}52}\text{tʰui}^{33}$ / 、电塗（电池）/ $\text{tiɛn}^{55\text{-}21}\text{tʰu}^{24}$ / ”，前字为阳去时，在阴平、阴去、阴入前的变调为 52，在阳平、阳去、阳入、阴上前变为 21。

（三）注意轻声和轻重音分布

轻声是汉语方言普遍存在的现象。轻声也可以看成是一种连读变调，只不过它还与词内音律有关。汉语方言的轻声分两种情况：一是调值和调类发生变化。朱德熙在描述北京话的轻声时说：“有些字连读时读得很短，并且失去了原来的声调。这种字调叫轻声……”读得很短，是指调值发生了变化。失去了原来的声调，是指不属于北京话四个调类中的任何调类。例如，北京话“什么东西”的“东西”，里面的“西”念轻声，调值和调类不与北京话 4 个声调的任何一个相同。二是调值和调类没有发生变化。轻声音节只是读得短而轻，音高调值并没有超出声调系统。例如桂阳土话的二字名词，后字是阴平、阳平、阴去、阳去、入声字，一律读成调值类似阴平的轻声，如：水田 / $\text{ʃy}^{52}\text{tie}^{11}$—$\text{ʃy}^{51}\text{tie}^{44}$ / ，苋菜 / $\text{ɕie}^{24}\text{ʦʰai}^{35}$—$\text{ɕie}^{24}\text{ʦʰai}^{55}$ / 。

轻声与词内轻重音分布有关。要注意轻声在二字词和三字词的位置分布，分辨前重后轻、前轻后重、中间轻两头重。轻声也可能与声母性质有关。例如娄底方言，两字词的后字变为高轻声或低轻声时，其声母逢塞擦音 / ʦ、ʦʰ / 变为 / ʣ / ，逢 / ʨ、ʨʰ / 变为 / ʥ /。

《汉语方言连读变调例词》只是初步了解方言的变调或轻声现象，这种按古代四声八调组合设计的二字词、三字词，并不能保证所有方言都有这样的说法。只有记录了几千个词语，从词语中发现变调现象，才会更真实有效。

四、整理汉语方言声韵调表

汉语方言声韵调表是对一种方言的全部声韵调的有序列表。声韵调表由两个部分组成：一是基本部分，包括声母、韵母和声调列表，连读变调和轻声。二是说明部分，包括声韵调的发音说明，记音处理和音标符号使用说明。下面介绍如何编排方言声韵调表，以及如何选择声韵调例字。完整的汉语方言声韵调表样式可参见表 3–2。

（一）声韵调表的编排格式

声母的编排。标题后面注明声母数目，声母用国际音标表示，每个音标后面列举 3 ~ 5 个方言例字。声母按唇音、齿音、龈音、腭音、喉音等发音部位从上到下依次分行排列，部位相同的排在同一行。同类部位的声母先排列单辅音声母，然后另起一行排列复辅音声母。一行之内的声母，按清音不送气、清音送气、浊音、鼻音、边音、擦音依次前后排列。声母表的每列，尽可能按发音方法对齐，如不送气、送气、鼻音、清音、浊音等。例如：

p	例字	pʰ	例字	b	例字	m	例字	f	例字	v	例字
t	例字	tʰ	例字			n	例字	ɬ	例字	l	例字
ʦ	例字	ʦʰ	例字					s	例字	z	例字

韵母的编排。标题后面注明韵母数目，先列韵母的音标，后面列举 3 ~ 5 个例字。w 韵母按单元音韵母、复元音韵母、鼻尾韵母（或鼻化韵母）、塞尾韵母（即阴声韵、阳声韵、入声韵）依次从上到下分行排列。同一行之内排列韵腹和韵尾相同的韵母，先排无韵头韵母，再按 -i-、-u-、-y- 或其他韵头依次先后排列。韵母表每列尽可能按韵头对齐，即每列都是韵头相同的韵母。例如：

ɿ	例字	i	例字	u	例字	y	例字	ɯ	例字
a	例字	ia	例字	ua	例字	ya	例字		
o	例字	io	例字	uo	例字				
e	例字	ie	例字	ue	例字			ɯe	例字
u	例字	iu	例字					ɯu	例字
ai	例字	iai	例字	uai	例字				
am	例字	iam	例字						
an	例字	ian	例字	uan	例字	yan	例字		
ap	例字	iap	例字	uap	例字				
et	例字	iet	例字	uet	例字	yt	例字	ɯt	例字

按行列对齐排列声母和韵母，可以清楚看出哪类音位整齐而成系统，哪类音位有空缺，对方言的声母和韵母分布格局一目了然。

声调的编排。标题后面注明调类数目，声调列表可竖排或横排。竖排按调名、调值、例字分 3 栏排列，横排则按调名、调值、例字分 3 行排列。例如：

A．竖排式

调名	调值	例字
阴平	55	多吧高三
阳平	11	驼爬楼红
上声	51	躲把妇姐
阴去	35	剁霸奶尺
阳去	24	稗骂旋白
入声	21	夺八麦杀

B．横排式

调名	阴平	阳平	上声	阴去	阳去	入声
调值	55	11	51	35	24	21
例字	多吧	驼爬	躲把	剁霸	稗骂	夺八

（二）如何挑选声韵调的例字

方言声韵调表的每个声母、韵母和声调后面通常要列举几个例字。例字既要便于识读音标，又要反映方言的音位特点，还要体现方言的历史音韵关系。

1．*例字要便于识读声韵调的发音*

韵母的第一个例字应尽可能挑选零声母字，这样一来，例字的读音就是韵母的读音。例如普通话 / i、an、uei / 三个韵母，第一个例字可分别用“衣、安、煨”，字音就是韵母读音。其他例字的选择，可以兼顾到不同声母的字。

声母的第一个例字，可以选择相近声母同韵同调的字，以便同相近声母形成对比，使读者容易辨读声母。例如，清浊塞音声母 / p^h 、b / ，第一个例字分别用“坡、婆”以示区别。又如桂阳土话有 / t、ȶ / 声母，第一个例字分别选“刀 / tau / 、交 / ȶau / ”，就可以形成最小对立的对比。

声调例字至少应举出一组声母和韵母都相同的字，无法找齐覆盖全部声调的同声同韵字，则应挑选声母或韵母相近的字。有声韵相同或相近的一组字就容易识读和记忆声调。例如，广州话 9 个声调举的一组例字是“诗、时、史、市、试、事、色、锡、食”，前 6 个字声母韵母相同，读 / si /，后 3 个字声母韵母相同，读 / sik / 。

2．*例字要体现常例和变例*

列举例字应先列常例，后列变例。常例和变例是从古今语音对应关系而言。常例是指古代属于某个音类的字，现在大多数读某个音。变例是指除了大多数读音之外，少数字今读另外的音。挑选声母、韵母和声调例字，应把常例列在前面，变例列在后面。例如：

桂阳土话声母 / p / 的例字可用“菠、霸、冰、婆、鼻”。前 3 字“菠、霸、冰”属于中古帮母字，中古帮母字声母读 / p / ，现在桂阳土话也大多数帮母字读 / p / ，这属于常例。后 2 字“婆、鼻”属中古並母字，而中古並母字声母读浊塞音 / b / ，今桂阳土话读不送气的清塞音 / p /，这属于变例。

又例如，声母 / m / 的例字可用“米、麻、名、网、尾”，前 3 字属于常例，后 2 字属于变例。

再如，上声调的例字用“摆、胆、满、妇、坐”。这些字都是中古上声字，其中“摆、胆”是清上字，“满”是次浊上，“妇、坐”是全浊上。从例字可以看出，桂阳土话的中古上声字不论清浊今都读上声调。

3. 异常读音字不宜作为例字

前面已经提到，异常读音的字很可能是训读或误读，读出来的可能是别字、错字而不是本字。例如，桂阳县银河土话“端东西”的“端”字读成 / man^{55} / ，它的声母读音同“端”字的声母读音差距太远，这就是异常读音。因此，可以推测，/ man^{55} / 这个音的本字不可能是“端”字，而可能另有其字，因而不宜把“端”字作为声母 / m / 的例字来列举。

（三）如何写声韵调说明

声韵调说明主要有两方面内容。一是描述某些发音。例如，方言有声母 / ŋg / ，这个音如何发音，应在说明中进行描述。又如，年轻人对韵母 / oŋ / 的发音有读成鼻化韵 / õ / 的趋势，也应给予说明。二是音标符号的使用。例如，/ e / 的实际发音是 / ε /，但记音时便于打字，统一用 / e / 表示，这些情况都应说明。

表 3–2　湖南桂阳县敖泉土话声韵调表

一、声母（22 个，含零声母）							
p	菠包婆鼻浮	pʰ	铺怕配蜂遍	m	摸米满网剥	f	飞发风放福
t	多刀桃淡啄	tʰ	梯拖汤土塌	n	脑暖难你疑	l	男农蓝农里
ʦ	左斩精抓桌	ʦʰ	坐铲清七浊	s	砂三酸数舌		
ʈ	遮装交九脚	ʈʰ	车唱巧丑焯	ɳ	惹尿牛娘弱		
ʧ	鸡京军卷绝	ʧʰ	欺秤春欠出	ʃ	蛇烧收上勺		
k	哥高家狗夹	kʰ	掐窠敲口哭	ŋ	牙鹅咬藕恶	h/x	喝哈红咸下
Ø	衣丫要屋药						
二、韵母（33 个）							
ɿ	紫子齿治四	i	衣比挤你嬉	u	胡古肚祖熟	y	淤猪举主水
a	哑霸渣茄瞎	ia	爷姐写邪锡	ua	瓦耍瓜划捋	ya	沿靴
o	网纺乱姜学	io	秧浆墙想约	uo	禾歌看欢盒	ye	远软砖六肉
e	罂板单盏色	ie	烟边钉请急	ue	湾横关杆活	ɯ	佢去
ai	欸排灾筛街	uai	挖甩赛拐坏	ei	沤杯糜来愁	uei	煨对雷摔灰
au	宝瀰照教孝	iau	绕飙料锹小	ou	周守舅收畜	iou	油留就秋修
aŋ	帮办撞忙限	iaŋ	殃辫链精枪	uaŋ	豌万钻官霜	yuaŋ	冤缘专劝鲜
oŋ	壅碰捅穷孙	ioŋ	涌用榕融荣	uoŋ	温滚菌昏横	yŋ	云永闰准春
iŋ	阴鹰本饼真						

续上表

三、声调（6个）

阴平 55	爸欢开边高三	阴去 35	霸货菜变尺客
阳平 11	耙寒毛柴糖龙	阳去 24	白汗面烂病树
上声 51	把火马淡左近	入声 21	八盒发毒辣月

四、说明

（1）声母 / ȶ、ȶʰ、ȵ / 为舌尖－龈后音，不卷舌。这三个声母只与开口度较大的洪音韵母 / a、o、ai、au、ou、aŋ、oŋ / 相拼。

（2） / h / 与合口韵母相拼时，实际发音是 / x / 。

（3）韵母 / iŋ / 与 / k、kʰ、h / 相拼时，实际发音是 / ɪŋ / 。

（4） / e / 实际发音接近 / ɛ / ，为打字方便，一律写作 / e / 。

（5） / ŋ / 可自成音节。如： / ŋ̍ / 人，唔（不）。

（6）敖泉话有两个轻声：高轻声（55）和低轻声（21）。调值相当于阴平和上声，但短而轻。双音节词第二个音节是阴平、阳平、阴去、阳去、入声时，一般变为高轻声；第二个音节是上声时，则变为低轻声。例如：菠菜 po^{55}ʦʰai$^{35\to55}$，禾田 uo^{12}tie$^{12\to55}$，今日 kiŋ^{55}ie$^{21\to55}$，雨水 yu^{51}ʃy$^{51\to21}$。

五、整理方言声韵调配合表

声韵调配合表也叫声韵调拼合表，它是用有线表格展示声母、韵母和声调的拼合关系。虽然用《汉语方言声韵调例字》《汉语方言单字记音扩充字表》的记音都有字可依，但方言中还存在有音无字现象，单纯用字表记音，难以发现那些有意义的、常用的却又写不出字的音。要找出方言的无字音，就必须制作声韵调配合表，将全部的声韵调轮流交替相拼，才能穷尽问出有意义的字音。声韵调配合表既能发现有音无字现象，又有利于识字和学习方言。

声韵调配合表的表头分两行，第一行依次列出韵母，第二行依次列出声调。表格左侧边栏按发音部位从上到下依次列出声母，声母横坐标和韵母（声调）纵坐标的交点，就是声韵调拼出的字音。凡是声韵调能拼读出来的合法音，在相应的位置上列举一个代表字，不能相拼的则空缺，有音无字的位置，用阴阳圈数字标示序号，在表格底下释义。如表 3-3 所示。

表 3-3 桂阳敖泉土话声韵调配合表

韵母 / 声调 / 声母	a	o	e	i
	阴平 阳平 上声 阴去 阳去 入声	阴平 阳平 上声 阴去 阳去 入声	阴平 阳平 上声 阴去 阳去 入声	阴平 阳平 上声 阴去 阳去 入声
p	疤耙把霸白八	菠婆伴簸　薄	扳　板❹❺百	屄皮比痹篦
pʰ	❶爬叭怕　拍	坡　扑破　泼	佩　拍	披皮痞屁
m	妈麻马❷骂麦	摸磨满❸摩木	晚　　墁脉	眯谜米咪迷
f	法	房纺放　福	翻　反　饭	飞肥吠废

注释：❶～开：两腿张开。❷～～：饭，儿童用语。❸剥（坚果的壳），剥（水果皮）：～花生，～柑子。❹双手用力拉绳索。❺～泥：烂泥、沼泽地。

六、整理方言同音字汇

同音字汇是一种汉语方言全部音节以及每个音节全部同音字的总汇，包括写不出字的音，它是按同音关系将一种方言的全部单字进行聚类排序。有了同音字汇，就可以了解方言的音节结构和分布情况。

（一）同音字汇的编排格式

同音字汇通常先按韵母顺序排列，将方言所有同音字分别归到相应韵母门下。同一韵母之内，按声母顺序排序；同一声母之内，按声调排序。有文白异读的字分别列在各自韵母门下。文白异读就是同一个字在同一种方言里有口语通俗读音，也有当地人读书识字时的方言读书音，读书音通常是受当地官话影响而用方言变通模仿出来的音。白读音下置单横线，文读音下置双横线。有音无字用方框代替，后面用小号字列举例词、说明字义。

同音字汇编排格式有两种，一种是《方言》杂志格式。将韵母作为小标题，每个韵母下面按发音部位分行列出声母，每个声母行按平上去入依次列出声调，声调符号后面穷尽地罗列由这个声调、声母和韵母拼出的所有同音字。《方言》杂志规定用五度线标示声调，如表 3-4 所示。

表 3-4 《方言》杂志同音字汇表

ʅ	tʰ ［˥］梯锑 ［˩］蹄题堤提 ［˧˩］体剔
ʦ ［˥］资姿 ［˧˩］紫纸止指子□捏，捉 姊	抄录 ［˦］替剃屉递
［˦］做制痔	n ［˩］泥疑谊 ［˧˩］你 ［˦］义肉蜺蜺
ʦʰ ［˩］辞祠糍池磁脐瓷迟 ［˧˩］耻 推	蚋，蜻蜓 ［˧˥］义□小块儿
［˦］治次滞不灵活 ［˧˥］字自柿荠雌	l ［˩］犁离梨厘 ［˧˩］李礼里理鲤履澧
s ［˥］丝思私尸司师撕诗豉 ［˩］时	［˦］利腻痒痒 励荔丽 ［˧˥］例厉痢利
［˧˩］屎始史使 ［˦］四 ［˧˥］事啮虫咬	ʦ ［˥］阳具 ［˧˩］挤 ［˦］祭阉割
i	济剂际□~~，阳具，儿语
p ［˥］陂屄 ［˩］皮枇 ［˧˩］比被	ʦʰ ［˥］凄妻 ［˩］齐 ［˧˩］□揍 □砍
［˦］痹备闭滗秘 ［˧˥］鼻箅篦避	s ［˥］西些 ［˧˩］洗 ［˦］细
pʰ ［˥］批披 ［˩］皮脾啤疲 ［˧˩］鄙痞	ʧ ［˥］机鸡芝支基 ［˧˩］纸几麂趾
劈被絮~，棉被 ［˦］屁	［˦］继计记季寄痣
m ［˥］眯 ［˩］眉谜靡 ［˧˩］米	ʧʰ ［˥］欺溪 ［˩］奇迟旗骑祁棋绮缠裹脚
［˦］秘咪饮小口 ［˧˥］迷焖	［˧˩］启起倚 ［˦］气戏器汽 ［˧˥］沏契

另一种是音节列表格式。将韵母作为小标题，每个韵母下面按声母和声调依次列出全部音节，每个音节单独占行，整个音节用国际音标符号标示出来，音节后面列出这个音的全部同音字，声调用五度数字调值标调（如表 3-5 所示）。

表 3-5　按音节排序的同音字汇表

	ɿ
ʦɿ	ʦɿ^{55}资姿之　ʦɿ^{51}子籽紫纸指止□$_{\text{捏，掐}}$　ʦɿ^{35}做制痔织
ʦʰɿ	ʦʰɿ^{11}迟词祠辞磁瓷脐糍　ʦɿ^{51}耻□$_{\text{推}}$　ʦɿ^{35}次治寺滞　ʦɿ^{24}字柿自雌牸茅
sɿ	sɿ^{55}丝尸思司师狮斯私唑嘶撕诗呲　sɿ^{11}时　sɿ^{51}死屎始使史　sɿ^{35}四试视寺□$_{\text{\~虫，毛虫}}$
	sɿ^{24} 事□$_{\text{虫咬}}$□$_{\text{猛冲}}$

（二）用软件整理同音字汇

将几千个单字记音按声韵调分门别类抄录下来，编成一个同音字汇表，手工比较耗时。目前已有软件可以完成这项工作。声飞软件数据库整合了《方言调查字表》，能按用户设定的声韵调排序对音标记音字表进行聚类，生成同音字汇表，并统计音节频率。参见第六章第二节声飞软件操作。

第二节　汉语方言词汇调查

汉语方言词汇调查有概略调查、普通调查和专题调查。概略调查一般记录四五百个常用词，粗略了解方言词汇的特点；普通调查一般记录 2 000 余条词汇；专题调查视具体需要而定，如果想编一部词典，则通常应记录七八千条词语。

收集和记录方言词汇，可以拿着词汇调查表让发音人说出方言的说法，也可以从说话人的长篇口述或对话中整理词汇。利用事先编制的词汇表来记录和收集方言词汇是最常用的方法。词汇调查表要适合特定地区的方言生活环境。调查方言词汇时，要准备记录卡片，要详细询问发音、方言字、词义、各种说法和用法。

一、 编制方言词汇调查表

词汇调查表有简略表、通用表和专用表。简略表用于词汇概略调查，通用表用于普通调查，专用表用于专题调查。目前能见到的方言词汇调查表主要是简略表和通用表。20 世纪 50 年代出版的《方言调查词汇手册》（丁声树编）有 300 余条词和若干语法例句，属于概略调查表。中国科学院语言研究所为调查河北方言而编制的《方言调查词汇表》及其修订版《汉语方言词语调查条目表》收词 3 000 余条。20 世纪 70 年代美国普林斯顿大学出版了《普林斯顿汉语方言词汇手册》，收词约 4 000 条。90 年代北京大学中文系出版了《汉语方言词汇》，收词 1 200 余条。此外，《汉语方言词汇调查手册》《中国语言资源有声数据库调查手册》《语言调查语料记录和立档规范》《语言调查词汇记录用表》等调查表都可作为参考。

不同方言区的自然环境和生活方式有所不同，也有许多不同的事物和概念，因而不能完全用现成的词汇调查表做词汇调查，而应根据不同方言区的实际情况编制出合适的调查表。编制方言词汇普通调查表应注意以下几点：

（1）事物概念词语条目的数量 2 000 ~ 2 500 条，每个条目有唯一标识编码。

（2）条目应根据常用、较常用、不常用进行分级，调查时先考虑常用的条目。

（3）条目用普通话立目，有简短的提示语以说明词义、用法和语言环境。

（4）对于难理解或少见的事物或概念，应制作图片或音频、视频作为辅助。

（5）调查表要做成 Excel 表；笔记用表按分类和常用度编排、打印，并配以记录卡片。

二、方言词汇调查的原则和方法

（一）从常用词和基本词入手

常用词是日常生活经常用到的词语，基本词是最重要、构词能力最强的词，基本词往往也是常用词。词汇调查表条目通常按事物和概念的意义范围排序，如天文、地理、时令、农事……，但询问和记录词汇时，不宜拿着调查表就“太阳、月亮、星星……”照单询问。

调查方言词汇要从常用词和基本词开始。常用词和基本词是母语人记忆最牢固的词语，随口就能说出来，而且不会说错，也容易组词造句说话。例如，一开始记录常用词“我们、你们、他们、我的、你的、他的、这里、那里、这个、那个、哪里、什么、吃饭、睡觉、喝酒、走路、做事、回家、说话、坐着、走了、今天、明天、上午、下午、晚上、现在、不是、没有”等，加上“是、在、做、有、无、要、家、来、去、走、做、吃、喝、说、茶、水、饭、酒、人”等基本词，就能组成许多日常生活语句。可见，先记录常用词和基本词，样本的可靠性和准确性较高，而且有助于一边调查方言，一边学习方言，同发音合作人说话交流，营造轻松的工作氛围。

对于语音调查时已经记录的单字，调查词汇时不必重复，重点要询问组词、用法和造句。例如，“头、人、我、你、大、打、走”前面已有记音，调查词汇时主要询问这些字组成的常用词，如“头发、额头、头脑、头子、头头、两头、锄头、开头、低头、头疼”，“男人、女人、大人、人工、客人、人口”，“打架、打猎、打枪”，等等，还要请发音人说出一些短语或短句，以便了解用法。

（二）立足本土，有所侧重

词汇调查表有通用词和常用词，但并非所有条目适用于所有方言。普通话词条只起提示作用，具体调查时还要根据方言区生活环境而有所侧重，有详有略。有的条目可简单询问，有的事物和概念则需要详细询问。地处山区的方言，山地环境和动植物词汇就丰富；江河湖边的社群，水产、渔业和航运语汇较多；草原牧区的族群，畜牧词汇也很有特色。以小麦为主要作物的方言区，面食词汇可能丰富；以水稻为主的方言区，米食词汇可能不少。因此，要立足方言本土来扩大词汇知识视野。

（三）联想引申，积累知识

收集和记录方言词汇，要善于引导发音人联想。从身体和身边事物开始，由人及物，由近及远，由具体到抽象，引出一连串相关词语和表达。联想有同类联想、连锁联想、正反联想。看到房屋旁边的竹子，联想到山上各种竹子和竹笋词汇，这是同类联想。再延伸到竹子用途、竹器、编织手艺和工具词汇，这是连锁联想。由好的、美的、善的词汇和表达，想到坏的、丑的、恶的词汇和表达，由夸奖人的词汇想到斥责骂人的词汇，这是正反联想。有些事物概念还可以通过图片、音视频来启发发音人联想和延伸。

调查过程中，问到某个事物或概念时，发音人可能会自发引申，连带说出许多相关词汇和短语。这时应及时记录下来，不要因为它们没有列入调查表就打断发音人的自发引申。当然，要注意掌控进程，避免海阔天空说下去。

除了依据词汇调查表来记录和收集词汇之外，在方言区驻留期间，调研人员对所见所闻都应积极主动地向老乡请教，对当地特有事物和珍稀事物，要及时拍摄和记笔记，在征得老乡许可的情况下，还可以采集一些实物样本。总之，要主动谦虚地向老乡了解当地的生活和环境知识。

（四）力求准确，切勿图快

方言词汇调查不是简单地拿一张普通话词表去逐条用方言对译，而是要全面记录方言词语的语音、词义和用法。词汇调查要有充足的时间和发音合作人交谈。尤其是常用词和基本词，义项多，用法丰富，需要更多时间。因此，词汇调查要力求准确全面，不能贪多图快。一般来说，记录常用词汇每天大约 50 ~ 70 条，一般词汇每天大约记录 120 ~ 140 条。有人一天记录四五百甚至上千条词汇，那只能是浮光掠影、走马观花。

（五）建立词条卡片

词汇记录表通常按两栏编排打印。这种格式的记录表用来记录一般词汇大体可用，但记录基本词和最常用词则不合适。基本词义项多、用法灵活，用“普通话—方言”对译的记录模式无法了解词的全貌。记录基本词和常用词通常要有专门的记录卡片，每张卡片正反两面各记录一个词语，把每个词的读音、音变、义项、用法、例句都记录下来。当然，现在也可以用平板电脑制作电子卡片。

三、方言词汇调查的内容

（一）词语的字音和音变

记录方言词汇时，手头应准备一份方言声韵调表，尽量记住特殊声母和韵母。要准确听辨每个词语里的每个字的读音，留意不同发音人的发音个性，用严式音标记音。

词语读音有时会出现音变现象。音变有临时音变或固定音变，临时音变是词内部音素相互影响而发生的音变，如同化、异化、增音、合并、脱落等，方言词内部的变声、变韵大多属于临时音变。例如，桂阳方言“蜈蚣蛇”说成 / uoŋ^{11}koŋ^{55}ʃa^{11} /，是同化而增音。广州话“唔好 / m^{22}hou^{35} /”连读成 / m^{22}ou^{35} /，“三十四 / sa:m^{55}sap^{22}si^{35} /”说成 / sa^{55}si^{35} /，“乜嘢

/ mat^{55}iɛ^{13} /”说成 / miɛ^{55} /，是脱落而合并。

固定音变是词内某个音节固定发生语音变化。固定音变可能有语音条件，也可能由语法或词汇意义决定。汉语方言词常见的固定音变有变调、轻声、儿化。变调有前后字调条件变调、小称变调、构词或语法变调。例如，桂阳方言“脚下”念 / ȶo^{21}ha^{51} / 时意义为下面、底下，念 / ȶo^{21}ha^{21} / 意为旁边、身边、附近。“酒桶 / ʦiou^{51}tʰoŋ^{21} /”指装酒的桶，而 / ʦiou^{51}tʰoŋ^{51} / 指嗜酒的人、酒鬼。这是词义引起的音变。

（二）音节字、有音无字和俗字

记录方言词汇，要弄清方言词里的每个音是什么字。有音无字的可用方框标示，但要问清这个音的意义，还有哪些词语也包含这个写不出字的音，同时还要提示发音人，有没有和这个同音的其他字，有没有本地人写的俗字。有音无字的词大都是方言固有词，很可能出现新的声母、韵母或音节，也很可能保留古音或古义，对此要详细询问。有些方言词写出来的字可能是训读字，有的是民间自造的俗字。例如，桂阳方言表示“捆扎、系（带子）”的动词说 / kai^{55} /，与“阶”同音，这个词很常用，民间造了一个“揩”字。类似的方言俗字，在民间记事簿、文书、墙壁上经常见到，工作期间要注意收集这类民间俗字，并拍摄照片。

（三）几种说法的意义和语用

同一个事物或概念可能在方言中有几种说法，记录词汇时要问出这些不同说法，弄清词义和语用差异。不同说法的差别通常表现在以下几个方面：（1）本土说法和外来说法，即固有词和借词；（2）通用说法和专用说法；（3）新派和老派说法；（4）成人说法和儿童用语；（5）文雅说法和粗俗说法；（6）通常说法和避讳说法；（7）褒义说法和贬义说法；（8）正式说法和非正式说法；（9）古语词和新创词。

例如，桂阳土话“棺材”有木头、料、老屋三种说法，其中“料”是通常说法，“老屋”是委婉说法，“木头”是禁忌（粗俗）说法。“鸡”是通常说法，“鹭鹭”是儿童用语，也是呼鸡用语。自行车可说“线车”“单车”，前者是老辈说法，后者是新派说法。手电筒有“电火”“手电”两种说法，前者是固有词，后者是官话词。不同说法的词义和语用差别可以用〈固〉〈借〉〈通〉〈专〉〈新〉〈老〉〈成〉〈儿〉〈雅〉〈俗〉〈婉〉〈忌〉〈褒〉〈贬〉〈正式〉〈非正式〉〈古〉〈新〉等简写符号标记。

（四）多义词的各个义项

一个词可能有几个义项，有的义项是基本义，其他义项是比喻义或引申义。尤其是基本词，要引导发音人造句和说话，弄清各个义项。例如，桂阳土话“出身”的基本词义是指一个人成长的家庭背景和生活环境，平时说“出身穷”“出身好”就是这个意义。但这个词还有出殡、安葬的意思，在“老大人好久出身”这句话里，一定是指出殡安葬。要想将方言多义词的义项都询问出来，除了调研人员善于启发之外，设计词汇调查表时就要广泛查阅方言词典和词汇资料，对可能的多义词条目做好义项提示标注。

（五）词的理据和来源

词的理据是事物得名的理由。有些方言词的意义和用法比较特殊，词义和字面义相距甚远，对这类词语要进一步了解词义理据和来源。例如，桂阳方言“落祸烟”指夜晚划破星空的耀眼陨星，民间认为陨星掉落的地方会发生灾祸，死人或瘟疫。“水泡崽崽”指一种草本植物果实，民间用这种果汁治疗水痘，俗称水泡。词语的理据往往蕴含了方言区的传统环境知识。发音合作人这方面知识是否丰富，与他的本土生活经验直接相关。

（六）地方特色词、拟声词、禁忌词

每种方言都有体现当地自然和社会文化特色的词语，如生态环境、地名人名、文化习俗等等。地名是方言词汇的重要组成部分，但在方言调查中常常被忽视。地名有俗名和雅名之分，俗名是方言口语常说的名称，雅名是官方登记的名称，地图上的许多地名在老百姓的方言口语里都有不同的说法。俗名保留了更多的历史、语言、文化和环境现象，而雅名多半是官方根据书面语对音翻译的地名。调查方言词汇，要留意当地的村寨、山川、建筑、田地、地标的方言俗名。在俗名里往往可以发现一般词汇里没有的特殊读音和字义。例如，桂阳土话地名“岔路口”念 / $\text{ʦ}^{h}a^{55}lo^{55}k^{h}\varepsilon^{21}$ /，但平时说“分岔路”念 / $\text{fiŋ}^{55}\text{ʦ}^{h}a^{55}lu^{24}$ /，显然前一个“路”保留了较为古老的读音。

通常的方言词汇调查表也常常忽略了拟声词。拟声词是模拟动植物、自然现象以及各种动作和情状的词语。每个方言都有丰富的拟声词。模拟动物声音和自然声音的词相对容易询问，而模拟情景的摹状词常常要在话语情景中才可能说出来。田野工作期间要留意日常生活的言谈话语，发现和收集这类词汇。

禁忌词是指粗话、痞话、表达不吉利意义的词语，它们也是词汇的组成部分，调查方言词汇也应适当收集常用的禁忌词语。语气较轻的粗俗词可以直接问发音人，而语气较重的粗俗词尤其是涉及性方面的禁忌词语不宜直接询问。在方言社群的日常交际中，可能会有意无意听到一些粗俗的禁忌词语，如吵架、开玩笑时可能会说出一些禁忌词语。

四、方言词汇的整理和分析

广义的方言词指方言里的全部词语，狭义的方言词主要指方言里与普通话用字不同、构词法不同或意义用法不同的词语。整理和分析方言词汇调查资料，可从以下几个方面着手。

（一）与普通话比较，区分相同和相异词

相同词指方言和普通话读音不同，但用字、构词、意义和用法都相同的词。相异词是指方言和普通话在读音、用字、构词法、意义和用法等方面有差异的词。分析方言词汇，首先要注意相异词。

第一类相异词是用字相同而词义、用法或构词不同。这类相异词分三种情形。

一是词义所指的事物和对象不同。例如，“爹爹”普通话指父亲，长沙话、扬州话指爷爷，昆明话“大爹”指伯伯。“爷”在梅县、南昌、郴州指“父亲”。“长幼”湘方言和湘南土话指妯娌。“气色”普通话指脸色、身体状况，桂阳土话指气味。“房屋”桂阳土话指大厅后面的房间。

二是义项不同，意义范围不同。普通话“外甥”只有“姐妹之子女”一个义项，而南昌、梅县、福州、桂阳方言兼指外孙（女儿的子女）。“凳”普通话只有凳子一个义项，但不少方言也兼指椅子。“毛”在眉毛、睫毛、手毛、脚毛等词语里是一个义项，而客家方言“脑毛”指头发，湘南土话“嘴巴毛”指胡须。

三是构词法不同，主要是词序或搭配不同。例如，普通话“客人”“热闹”“喜欢”，客家话、粤方言常说“人客”“闹热”“欢喜”。普通话“挖耳”是动宾结构，作动词用，桂阳土话说“买只挖耳”，是名词。

第二类相异词是用字不同而词义和用法相同。同一个事物和概念，方言和普通话说法用字有所不同。

一是方言和普通话用字完全不同。例如，太阳—日头，看—睇，走—行，锅子—鼎罐，小便—射尿，玉米—六谷，土豆—洋芋，地瓜—红薯，睡觉—眼歇，晚上—夜晡。

二是方言和普通话用字部分相同。这又分两种情形：（1）派生词的词根用字相同而词缀用字不同，或词缀用字相同而词根用字不同。例如，鼻子—鼻头，竹子—竹崽，虱子—虱婆，哑巴—哑子，骗子—拐子，瞎子—眼子。（2）合成词的部分词根用字相同。例如，生病—得病，结果—得果，生气—发气，性格—性子，体质—体势，用力—作力，经用—经牢，容易—易得，刮风—发风，结冰—结构，衣服—衣衫，喝酒—饮酒。

方言和普通话的相异词还有字数多少不同。例如，裤子—裤，稀饭—糜，困难—难，认识—识，筷子—箸，房屋—屋，蛇—蛇拐，砖头—砖头牯，等等。

（二）辨析方言创新词和特征词

方言创新词是指根据方言构词法和词根词素而创造的反映新兴事物或外来事物概念的词。例如，手电筒出现之前，乡村是用点火把或油灯照明，后来有了“电”这种新生事物，于是有的方言造出了“电火”“电油”。广州话“果粉”用来指酷爱苹果电脑和手机产品的人。普通话有“给力”，广州话也有人说“畀力”。这都是方言创新词。

方言特征词是指特定地域方言明显区别于周边其他方言的个性化词语。特征词对内有一致性，对外有排他性，方言社群常常会不自觉地依据特征词来认同方言共同体。特征词除了同一个词不同方言的个性化发音以外，最明显的是用字、构词和词义的殊异，而且大多是常用词。例如，乜嘢（什么）、点解（怎么）、边度（哪里）、遮（伞）、大佬（兄长）、唔该（谢谢），这些说法仅见于粤方言，不见于其他方言。又例如，一炮块（10元钱）、堂客（老婆）、娭毑（老大娘），是湘方言特征词，其他方言很少听到。“锤子、龟儿子”在四川官话中有特殊意义。昆明官话的句首疑问词“可”，感叹词“么么（$m\varepsilon^{55}m\varepsilon^{55}$）”，句末语气词“嘎 / ka^{35} /”，不见于其他省区西南官话。

通常，方言母语人很容易举出母语和周边方言说法殊异的特征词。编制词汇调查表时，要多了解有关方言特征词的研究成果，如《官话方言特征词研究》《山东方言特征词初探》《晋语特征词说略》《北部吴语的特征词》《徽语的特征词》《赣方言特征词研究》《湘方言特征词研究》《客家方言的特征词》《闽方言的特征词》《粤方言的特征词》等，最好记住田野工作地点的一些方言特征词。

（三）与其他方言比较，归纳共性和差异

有经验的调研者善于了解各种方言的词汇共性和差异，记住一些词语的方言说法，调查词汇时也善于同其他方言进行比较和联想，给方言发音合作人更多的启发。不同方言的词汇差异主要表现在命名、构词、词义、用法、来源等方面。

命名差异。同一事物在不同方言有不同说法，这是命名差异。同物不同名，是因为不同方言社群对事物的观察角度和命名角度不同。例如，称萤火虫为“夜火虫”着眼于夜行特性，称“蓝尾虫”着眼于发光颜色；称流星为“星屙屎”着眼于形象；称伞为“遮”着眼于用处；称棺材为“老屋”着眼于阴阳两界居室类比；称肛门为“屎穴”着眼于功能；称月食为“天狗吃月亮”则源于神话传统。

构词差异。构词差异主要表现为语素个数、顺序和词缀不同。例如，“凳子”在不同方言里有凳崽、凳头、凳婆等说法；“锅”不同方言说锅妹、锅头、锅崽。这是词缀不同。热闹—闹热、喜欢—欢喜、地道—道地、尸体—体尸、晴天—天晴，是词序不同。“月亮”说月亮光、月光光、月亮光光，“儿子”说崽、仔、子，“种子”说籽籽、崽崽、崽，是语素个数不同。

词义差异。词义差异体现在词汇意义、情感意义和语法意义。

一是语素相同，但不同方言的基本义不同。例如，“吃亏”普通话指受损失或处于不利状态，而客家方言称喝醉酒难受叫“吃亏”，湘南土语表达生活贫困也说“吃亏”。

二是语素和基本义相同，但情感义不同。例如，“上山”普通话指到山上去，而桂阳方言用来婉指“安葬”，有了附加意义。

三是语素相同，义项和意义范围不同。例如，普通话“肥”用于动物，“胖”用于人，但粤方言两者都说“肥”，称胖子为“肥仔”；而湘南土话则无论人还是动物的肥胖都说“壮”，“肥”专指肥肉，用于人则是贬称。又如，有的方言“吃”的词义范围广，吃饭、吃菜、吃水、吃茶、吃烟都用，而有的方言可以说吃饭、吃菜，但烟酒茶水就不能说吃，词义范围较窄。

四是语素相同但语法意义不同，表现为词性不同，兼类和搭配不同。例如，粤方言“讲大话”的“话”是名词，客家话“话事”中的“话”是动词，表示“说”的意思。

用法差异。相同的词不同方言用法不同，主要是句法、搭配和使用场合或对象不同。例如，桂阳土话“拿”除动词外，还说“拿门关起”，用于处置式。许多方言“好”作程度副词，意思是“很、非常”，如“好快、好滑、好黑”“说得好快”等。桂阳方言“好”可直接修饰动词，如“好说得快”“好来得早”“好吃得饱”。“舔”有的方言可用于人和动物，但湘方言“舔”一般用于人，要表达“狗舔碗、舔屁股”，则用“舐 / lia^3 / ”，将“舐 / lia^3 / ”用于人，则是贬义。

来源差异。同样的事物不同方言说法殊异，可能有不同来源。尤其是双语双方言或多语多方言或民族杂居地区以及历史和现代移民社区，各方言说法殊异的词可能各有来源，有的来自历史上的“底层”，有的借自其他民族，有的是古语词，等等。例如，粤方言“菲林、泊车、泡打粉”借自英语，闽南话有些词借自印尼语，粤方言地名常见的“滘（也写作漖）、那、朗（塱）”等是壮侗语言底层词。

第三节　汉语方言语法调查

汉语方言语法调查通常在完成语音和词汇调查之后进行。大体的语法摸底可参考方言词汇调查表里附带的语法例句，也可自拟一些例句。设计语法例句不能迁就语法特点而拟出一些口语几乎不用的别扭句子，而应通俗、常用。语法例句只能大体反映一些基本的语法现象，要全面正确了解语法，通常应记录大量的自然话语，从话语中发现和归纳语法现象。

一、方言语法调查的程序和方法

调查方言语法，可从询问语法例句、采集自由言谈或从日常用句入手。对一种陌生方言的语法进行普遍调查，最佳实践是从日常用句入手。

语法调查通常按以下步骤进行：首先记录200～300个日常生活用句，从中发现和归纳一般的语法特点，如归纳陈述句、疑问句、祈使句、感叹句等基本句类，归纳主语、谓语、宾语等基本语序，归纳比较句、被动句、双宾句等常见句式。然后再记录语法例句，进一步明晰某些特定语法现象。最后还要记录自然话语，更全面地了解其他句法现象。

（一）记录日常用句，归纳语法特点

虽然准备阶段设计了语法调查例句表，但语法调查实践操作时应避免一开始就拿着《语法调查例句表》询问。设计语法例句时考虑较多的是如何在每个句子里嵌入语法现象，因而许多例句用方言说出来会非常别扭，或者方言里压根儿就不这样说话。用语法例句表做语法调查，很容易造成发音人照着句子用方言直译，这样问出来的语法特点很不可靠。

方言语法普遍调查应从日常生活用句和工作用语入手。一种方言最主要和最重要的语法现象在日常交际语句中往往都能得到体现，因而不需要挖空心思根据某些设想的语法现象去设计一些脱离语言生活的语法例句。日常生活用句简短明确，说话人脱口而出，语调自然顺畅，不需要反复解释和启发。

例如，“你在做什么？”“吃了饭没有？”“进来坐坐”“这个人是谁？”“你家住哪里？”“我要睡觉了”“单车谁骑走了？”“搞什么鬼”等日常交流语句，还有田野工作经常用到的一些语句，如“这句话怎么说？”“这个叫什么？”“再说一遍”“我学一下，像不像？”“休息一下吧”“这个字什么意思？”等等。这些句子意思明了，语法现象具体可见。因此，首先调查记录三四百个日常用句，完全可以发现方言的基本句类、句式、虚词等主要语法特点，如陈述句、疑问句、祈使句、感叹句特点，主谓宾语序，常用助词和语气词，被动句、处置句、存在句、双宾句标记，等等。

田野工作值得提倡的是，在方言字音和词汇调查阶段，每天坚持学习六七个日常生活用句。可以只录音不作笔记，空闲时跟着录音学习，一周下来就能学会三四十个常用句。

随着记录的单字和词汇增多，日常用句和工作用语也会学得越来越好，初步形成语感。到了调查方言语法时，有了一些日常生活用句作基础，工作起来更有效率。

（二）记录词组和语法例句，拓展和细化语法观察

语法调查还应记录词组和短语，以发现日常语句中不见的和更细的一些语法现象。词组和短语的语法现象主要从两方面观察：一是词组内部的结构方式和搭配限制，二是词组内部的成分嵌入、重叠和扩展规则。具体方法如下：

利用已记录的基本词和常用词如名词、动词、代词、形容词、副词，组成各种词组。例如，名词－名词、名词－动词、名词－形容词、形容词－名词、副词－动词、动词－副词、动词－名词等，从中归纳词组结构类型，找出词组构成的限制条件。

对基本词和常用词做词素插入、重叠、添加、嵌套、换位、替换，将它扩展为词组和短语，从中发现短语的结构规则。例如，吃饭，吃两餐饭，一天吃两餐饭，吃一吃菜，吃点饭，吃了饭；三个人，我们三个人，我们家三个人，我们村三个老人；快走，飞快走，快快走，飞着走，飞起走，飞一样走，走得飞一样；等等。启发说话人用这种方法变换说话，了解哪种变换说法和表达是正确的和常用的，哪种说法是受限制的，以及在什么情况下才能使用。

记录了三四百个常用句和一定数量的词组，就能基本摸清一种方言的语法特点。把记录的语法现象分类编成清单，再与语法调查例句表作对照检查，看看还有哪些语法方面需要进一步调查，接下来就可以对事先设计的语法例句表进行修改补充，调查和询问语法例句。

（三）记录自然话语，建立语法系统

自然话语是日常生活中自然发生的个人口述、对话和会话。记录了日常用句、词组和语法例句，并不能涵盖一种方言的所有语法现象，某些复杂句、特殊句式、虚词、标记，可能要在自然话语中才有体现，韵律、句法、语义之间的关系也只有话语才能反映出来。因此，方言语法调查不能缺少自然话语。从话语中发现语法现象，常常要借助口语语料库。建设方言话语语料库涉及自然话语采录、转写和建库等工作，这需要持续的努力和积累。有了方言口语语料库作支持，才可以真正建立起一种方言的语法系统。第五章将学习自然话语采录和转写。

二、方言语法调查的内容

方言语法调查要记录哪些语法现象，这与采用的语法框架有关。语法理论有教学语法、结构语法、功能语法、格语法、参考语法、形式语法等等。方言普遍调查应以通用教学语法为框架，这是因为教学语法概念明确，特点指向清晰，属于大众语言学知识范围，易于理解和接受，也便于实践操作。下面是汉语方言语法调查的内容要点。

（一）短语结构和句子语序

短语结构有并列、偏正、动宾、主谓等结构。注意“定语－中心词”“数－量－名”结

构的语序。句子语序主要是句子成分的结构关系，包括主谓宾的语序、双宾句的语序、状语和谓语动词的语序、补语和谓语动词的语序、强调语序。注意通用语序和可接受的语序变型。

（二）句类和句型

注意陈述句、疑问句、祈使句、感叹句、否定句的语序，有没有特定的助词和其他标记，句末语气词有哪些功能。处置句、被动句、比较句、疑问句、存现句、连动式、兼语式的语序和型式，有没有特定介词、助词作标记。

（三）虚词和话语插入语的意义和功能

注意有哪些介词、连词，使用搭配有哪些特点。助词是否有动态助词、结构助词、语气助词、话题助词等。话语中有哪些提顿语、插入语，有何意义及表达功能。

汉语方言有丰富的语气词。用带有“吗、呢、啊、吧”的普通话例句询问方言语气词，难以问出方言的全部语气词，也无法详细了解方言语气词的情态和语气。有效的做法是通过记录日常用句归纳语气词，再将一句话换用不同的语气词来表达，辨析语气词的意义和用法，最后再记录一定数量的情景对话，通过分析对话进一步弄清语气词的功能。例如，记录了某方言“去喇”“去不去喇”这两个有语气词的句子，前句的“喇”表示要求或命令，后句“喇”表示疑问和询问，要进一步了解“喇”的其他意义和用法，可变换表达“我不去喇，你去喇”“你去喇还是不去喇”，由发音人判断“喇”是否使用得当，意义有何不同。

（四）语法范畴和语法手段

常见的语法范畴有人称范畴、数量范畴、性范畴、时体范畴、语态范畴、相互范畴等等。应注意方言里有哪些语法范畴，这些语法范畴通过虚词还是语序表现，或者通过某个字词语音变化即内部屈折来表现。

第四节　编写方言调查报告

完成了一种汉语方言的语音、词汇和语法普遍调查，收集和记录了一定数量的方言样本资料，接下来就要对资料进行整理分析，编写方言调查报告。本节学习汉语方言普通调查报告的编写，内容框架大体也适用于编写少数民族语言调查报告。

一、方言调查报告的分类

汉语方言调查报告分普通调查报告和专题调研报告。对方言的语音、词汇和语法特点作概要描写属于普通调查报告，对一种或多种方言的某个方面作专题描写分析属于专题调研报告。

汉语方言调查报告根据调查对象、范围和规模不同，可分为单点调查报告和区域调查报告。单点调查报告也叫方言单刊，是单地点的方言描写报告。区域调查报告是基于一种方言多个调查点或一定地理区域多种方言的描写报告。单点调查报告或区域调查报告的内容详略和篇幅可能有很大不同，但都要达到一个基本要求，就是要反映方言的基本面貌和特点。

二、单点调查报告的内容框架

单点调查报告通常分五个部分：绪论、语音、词汇、语法、语料附录。单点方言调查报告的目录提纲可参见表 3-6。

（一）绪论

绪论部分应包括以下内容：（1）调查点人文地理情况，如行政区划、人口、地理位置、地形地貌、社会经济状况等。（2）方言生态状况，如方言种类、分布和使用人口，家庭、教育、社会、媒体、商贸等领域的方言使用、传播和传承状况，方言生活、方言态度、方言活力，等等。（3）发音人和其他参与人基本情况，包括姓名、性别、年龄、文化程度、主要经历、语言背景和语言能力等。要注意保护相关人员的信息隐私，在公开发布的报告和著作中使用化名，若使用真名，应取得当事人同意授权。（4）田野工作情况，如日期和地点，团队成员和分工，基金项目和资助人，工作程序，设备器材，调查授权许可和资料存档和使用权限，等等。

（二）语音

语音部分应包括以下内容：

（1）声韵调列表及说明。列出该方言的全部声母、韵母和声调，每个声母、韵母、声调还要举出 3 ~ 5 个例字。

（2）语音特点概述。包括：i）音节（字音）结构。有哪些音节类型，韵头和韵尾有几类，有哪些成音节，有无浊辅音充当韵母，不同韵尾的韵母是否有不同的调类，声母送气不送气是否分不同调类。ii）文白异读。将文白异读字对照编排，异读字的使用条件。iii）连音变读。包括变调、轻声、儿化、声母或韵母变化，连音变读与词义、语法、韵律的关系。

（3）声韵调配合表。按照本章第一节介绍的格式和方法，编制一个声韵调配合表，穷尽地列出一种汉语方言的全部合法字音，包括有音无字的情况。

（4）同音字汇。按照本章第一节介绍的格式和方法，编制一个同音字汇表，穷尽地列出一种方言的全部同音字，包括有音无字的情况。

（5）方言与《广韵》音系的比较。将该方言的语音和中古音作对照，按《广韵》音系的声母、韵母、声调，逐个列出该方言对应的声母、韵母、声调，先列字多的音，后列字少的音。

（6）方言与普通话的语音比较。将方言的声韵调和普通话的声韵调作对照，先以方言声母、韵母、声调作为参照，列出对应普通话的声母、韵母、声调，字多的排在前面，字少的排在后面。再以普通话声母、韵母、声调作为参照，列出方言对应的声母、韵母、声调。

（三）词汇

词汇部分有以下内容：

（1）词汇系统构成。包括四个方面：i）基本词汇和一般词汇的分布，列举一些构词能力强的基本词（词根词素）和核心词。ii）描述方言特征词，列举该方言标志性和代表性的特征词，说明语音、构词、词义、用法的个性。iii）描述方言借词、古语词、文言词、底层词。iv）描述一些有特色的词汇子系统，如方言地名、人名，亲属称谓，拟声词，动植物词，禁忌词，四字词（四音格词），俗语，等等。

（2）词义系统。包括：方言的同义、反义、一词多义情况；词义扩大、缩小、转移、更替、比喻、引申；词义变化与词内音变的关系；考究方言词的本字；整理和分析民间俗字。

（3）构词特点。从构词类型、构词法、词素结构关系、构词与音变和轻重音关系等四个方面描述。构词类型有单纯词和复合词；构词法有合成、派生、重叠、逆序等；词素结构关系有主谓、动宾、偏正、并列；构词与音变和轻重音关系，如改变声母、韵母、声调可能改变词性或词义。

（四）语法

语法部分有以下内容：

（1）词类。对各类词的结构和功能作概要描述。名词：名词的分类、名词的构成、名词的重叠、名词附加成分（前加、后加）、名词的句子成分功能、名词的兼类、名词的数和性范畴。动词：动词的分类、动词的构成、动词的重叠、动词的儿化、动词的句子成分功能、助动词和动词的结合。形容词：形容词的分类、形容词的构成、形容词的重叠、形容词的附加成分、形容词的儿化、形容词的句子成分功能、三字格或四字格形容词。副词：副词的分类、副词的构成、副词的重叠、副词的句子成分功能。代词：代词的分类、代词的数范畴、代词的句子成分功能。数词和量词：数词和量词的分类、数量词的搭配关系、数量词和代词名词的搭配、数量词的句子成分功能。介词和连词：介词和连词的分类、介词和其他词类的搭配。助词：助词的分类、各类助词的句法功能。

（2）短语结构。如：联合结构、同位结构、定中结构、中补结构、状中结构等等。

（3）句类和句型。描述陈述句、疑问句、祈使句、感叹句的特点。描述各种特殊的句型。如：被动句、处置句、比较句、存现句、连动句、兼语句、判断句、否定句、紧缩句、关系子句、直接和间接引语句等等。

（4）语序和省略。如：主谓宾语序、定中语序、状语语序、补语语序，实词和虚词省略，句子成分省略。

（五）语料附录

方言调查报告还应附上方言语料样本。主要包括下面几项：

（1）方言词汇表。列举一千余条常用词语，词条可用普通话立条目，后面列出音标注音和方言字；也可以用方言立目，后面列出音标注音和普通话释义。

（2）句子和对话。按日常生活交际场合列举 200 ~ 300 个日常用句。根据方言重要的句法现象，列举 30 ~ 50 个语法例句。根据方言社区生活话题，列举 5 ~ 10 个情景对话。每个句子按 4 行转写标注，第 1 行用方言字写出句子，第 2 行用国际音标注音，第 3 行对每个方言词用普通话对应注释，第 4 行是整句的普通话意译。迄今见到的方言调查报告中，大都不见日常用句和情景对话，只见若干语法例句。这种报告模式应进行改革。

（3）长篇话语。包括用方言讲述的民间故事、日常生活叙事、民谣民俗以及传统知识等等。可列举若干个故事或日常叙事，列举一些童谣、谚语、歌词，民俗诵读篇章。每个句子至少要有方言字转写、音标注音、普通话意译。迄今见到的方言调查报告中，大都只有二三篇故事传说，题材和体裁较为狭窄。

（4）方言拼音方案。为了使方言社区普通群众都能阅读调查报告，方便方言区群众学习和书写方言，建议为该方言制定一个拼音方案。制定方言拼音方案可以参考《汉语拼音方案》，与普通话相同的音，采用汉语拼音方案的字母；与普通话不同的音，可以用 2 个或 3 个字母表示。

（5）方言社区风物图谱。附上一些有特色的、高质量的田野工作照片，方言社区有特色和文化知识价值的风土人情照片，让读者通过图片，感受方言社区的真实生活。

三、区域调查报告的内容框架

区域调查报告的内容构成与单点调查报告大体相同。不同的是，区域报告除了对每个调查点或每种方言进行描述外，还要进行多点或多方言对照。区域方言调查报告的主要内容如下。目录提纲可参见表 3-7。

（一）绪论

概述该区域人文地理和方言生态状况。绘制一幅区域方言地图。陈述发音合作人和其他参与人基本情况，调研团队和调研工作情况。

（二）分地报告

调查了多个地点或多种方言，应按行政区划分别叙述各种方言的总体情况，包括人文地理，方言种类，方言分布，方言人口和使用情况，各方言的主要特点，发音和合作，田野工作情况，等等。例如，省区范围的调查报告，通常以地州市为单位概述语言和方言情况。地州市范围的区域调查报告，以县区为单位来概述语言和方言情况。描述区域范围的人文历史和方言总体情况以后，还应列出各个调查点的声韵调系统。

（三）对比分析

根据各个调查点的方言资料，对区域内的方言做对比分析，描述它们在语音、词汇、语法上的一致性和差异性。包括以下几个方面：（1）区域方言的声母、韵母和调类的共同特征，以及某些特殊的语音特征。中古声韵调在区域方言中的共同演变或对应，以及某些特殊演变或对应。（2）区域方言的共同特征词、构词特点。（3）区域方言的共同特征句法，如语法范畴、语法手段，某些特殊的句法特点。

（四）语料附录

区域调查报告的语料附录主要是各个方言点的对照材料，包括字音对照表、词汇对照表、语法例句对照表，其中字音对照大约列举 1 500 字，词汇对照大约列举 1 200 条词语，语法例句对照大约列举 50 个例句。此外，每种方言还可以附上若干段长篇话语。

字词对照表的编排格式有条目横排和条目竖排两种。如果调查点比较多，例如十几个或几十个调查点，可采用条目横排，地点竖排。如果调查点比较少，例如四五个调查点，可采用条目竖排，地点横排。句子对照和长篇话语的编排通常不用表格，而是分行标注，与单点报告相同。

表 3-6　方言单点报告内容目录提纲

绪论	2.2　构词法
0.1　县区人文概况	2.2.1　构词成分
0.2　县区方言分布和使用状况	2.2.1.1　实义词素、虚词素、变体
0.3　方言调查工作情况	2.2.1.2　单纯词、合成词
第一章　语音	2.2.2　构词方式
1.1　声韵调系统	2.2.2.1　加缀法
1.1.1　声母	2.2.2.2　合成法
1.1.2　韵母	2.2.2.3　缩略法
1.1.3　声调	2.3　词义理据
1.1.4　声韵调说明	2.3.1　拟声
1.2　音节系统	2.3.2　隐喻
1.2.1　音节构成	2.3.3　借代
1.2.2　声韵调配合表	2.3.4　类推
1.2.3　同音字汇	2.3.5　文化
1.2.4　音节和声韵调分布（可选）	2.3.6　其他
1.3　变调系统	2.4　词义构成和词义关系
1.3.1　条件变调	2.4.1　词的义项和一词多义
1.3.2　自由变调	2.4.2　词义变化
1.3.3　声调组合分布（可选）	2.4.3　同义、反义、近义
1.4　语调系统	**第三章　语法**
1.4.1　独词句语调	3.1　短语结构
1.4.2　句子语调	3.1.1　名词短语结构
1.4.3　句子重音	3.1.1.1　单纯名词
1.4.4　语流音变	3.1.1.2　并列名词短语
第二章　词汇	3.1.1.3　限制性名词短语
2.1　词汇系统	3.1.2　动词短语结构
2.1.1　基本词汇和一般词汇	3.1.2.1　单纯动词
2.1.2　固有词汇和外来词汇	3.1.2.2　并列动词短语和连动短语
2.1.3　方言特征词	3.1.2.3　修饰和补充动词短语
2.1.4　专门类别词	3.1.3　形容词短语

续上表

3.1.3.1　单纯形容词	3.3.2.2　语气词和情态词
3.1.3.2　并列形容词短语	**附录**
3.1.3.3　限制和修饰性形容词短语	1．方言拼音方案
3.2　句子语序和句式	2．符号和缩略标记表
3.2.1　固定语序（主谓宾定状补）	3．县区语言分布图
3.2.2　特殊句式语序（比较句、处置句、兼语句、被动句等）	4．方言常用字读音表
	5．方言词汇表
3.2.3　自由语序	6．日常用句
3.3　语气和情态	7．情景对话
3.3.1　语气和情态的意义分类	8．口述语篇
3.3.2　语气和情态的表达手段	9．方言社区风土图谱
3.3.2.1　语音手段	

表 3–7　区域方言调查报告目录提纲

绪论	2.1.1　核心词、基本词和文化词
0.1　省或地州市人文概况	2.1.2　构词法
0.2　各县区方言分布和使用状况	**2.2　词汇的差异性**
0.3　各方言记录点基本情况	2.2.1　核心词、基本词和特征词
0.4　符号和缩略语	2.2.2　构词的差异性
第一章　各地声韵调系统	**2.3　各地词汇对照表（约 1 200 条）**
1.1　各调查点的声韵调（按市县排列）	**第三章　语法概述**
1.1.1　声韵调列表	**3.1　语序的一致性和差异性**
1.1.2　连读音变	**3.2　句式的一致性和差异性**
1.1.2.1　变调	**3.3　语法范畴和语法手段的一致性和差异性**
1.1.2.2　其他音变现象	**3.4　各地语法例句对照（约 50 句）**
1.1.3　音节系统	**附录**
1.2　各地字音对照表（约 1 500 字）	1．市县方言分布图
1.3　语音一致性与差异性分析	2．各调查点风土知识图谱及田野工作照片
第二章　词汇概述	3．各代表点方言日常用句
2.1　词汇的一致性	4．各代表点方言情景对话和口述语篇

一、拓展阅读

北京大学中国语言文学系：《汉语方言词汇》（第二版），语文出版社，1995年。

北京大学中文系：《汉语方音字汇》（第二版），文字改革出版社，1989年。

河北省昌黎县县志编纂委员会、中国科学院语言研究所：《昌黎方言志》，科学出版社，1960年。

黄伯荣等：《汉语方言语法调查手册》，广东人民出版社，2001年。

李如龙：《汉语方言学》，高等教育出版社，2000年。

刘叔新：《汉语描写词汇学》，商务印书馆，2005年。

罗常培：《临川音系》，科学出版社，1958年。

丁声树、李荣：《汉语音韵讲义》，上海教育出版社，2010年。

袁家骅等：《汉语方言概要》，文字改革出版社，1989年。

二、思考与练习

1. 记录自己的方言，归纳声调、声母和韵母，整理声韵调配合表。
2. 根据自己家乡方言生活情况，编制一个200句的日常用句调查表。
3. 编写自己方言的语音报告、词汇报告或语法报告。

第四章　少数民族语言调查记录

我国有 130 多种少数民族语言（以下简称民族语），分属汉藏语系、南亚语系、南岛语系、阿尔泰语系和印欧语系。民族语调查记录的程序和方法同汉语方言调查记录大体类似。但民族语结构复杂、差异很大，而且大多数民族语没有文字也无历史文献记载，民族语调查记录没有像汉语方言那样的古代字书韵书可以参考，操作起来难度更大，耗时更多。民族语普遍调查的总体步骤如下：

（1）记录常用词和基本词，用严式音标记音；

（2）初步归纳声韵调或辅音元音音位；

（3）扩充词汇记录，完善声韵调或元音辅音表，归纳音变现象；

（4）编制声韵调配合表或音节表，核实音节和音位；

（5）记录词组和短语，归纳构词和构形特点；

（6）记录日常用句，归纳基本句法特点；

（7）记录语法例句，归纳特殊句法特点；

（8）记录话语，完善音系、词法和句法。

第一节　民族语语音调查

民族语的音位种类和数量、音位组合以及音节结构总体上比汉语方言复杂，语音调查没有《方言调查字表》这样的历史音韵字表作为依据，而要从事物概念词汇入手，一开始就要全面听辨整个词的音节和音素发音，把整个单词记录下来。一般来说，记录大约 800 个常用词，可覆盖一种民族语 70% 的音位；记录 1 500 个常用词，能覆盖约 80% 的音位。要弄清一种民族语的全部音位，则至少应记录 2 500 个以上的词语，有的可能要三四千个词语，个别音位甚至在自然话语中才能发现。这是民族语和汉语方言语音调查的最大不同。

一、语音调查的注意事项

（一）了解亲属语言的语音特点和特殊语音现象

我国境内少数民族聚居地的语言都有过普查，出版了语言简志、调研报告或专著。对于没有调查过的民族语，在准备阶段要充分阅读相邻或相关语言的文献资料，获得相关语音知识，这对于实地调查时辨音记音会很有帮助。例如，我们计划去湖南省常宁、桂阳、新田、祁阳四县交界区调查瑶族语言，但该地瑶语至今未见记录资料。怎么办？首先，可查阅相隔不远的江华瑶族自治县的瑶族勉语资料，了解江华勉语的语音特点。其次，这四县交界区是汉语土话区，因此还应查阅这一带的汉语方言调查资料，了解土话的语音特点。通过查阅目的调查点相邻和相关地区的语言和方言资料，不但对当地勉语和汉语方言的语音现象有了总体的认识，而且还形成了对某些特殊音的敏感，实地调查过程中遇到特殊语音就可以参考对比。

（二）预先接触录音或真人发声，获得感性认识

目前我国还没有公开使用的大规模的民族语语音库①。民族语研究者除自己调查记录的语言外，对其他民族语语音的了解大都来自书本，缺乏真实的语音感知。但是，随着数字录音机的大众化，大多数民族语文工作者都收藏有一些民族语录音资料。在田野工作准备阶段，应搜集一些录音资料来听一听、辨一辨，获得感性认识。例如，在学校找几位少数民族同学录制一些常用词和常用句来听辨，或者跟发音合作人电话联络时顺便问几个特殊发音，做好电话或微信录音。总之，去民族地区做语言田野工作之前，要尽可能先获得一些真实语音的听感印象。

（三）求准不求快，笔记为主，全程录音

民族语的语音调查从词汇入手，比汉语方言单字记音难度更大。记音必须实地进行，发音、辨音和记音问题都必须同发音合作人实时解决，不能先用录音机录下几百上千条词汇，再回到学校听录音来转写记音。

民族语的语音调查应求准而不图快。开始几天工作节奏要慢，每天记录几十到一百条词汇。记音时仔细观察发音动作，对细微发音现象用严式音标在记录表上标记出来，疑难发音要详细记录发音状态。询问和记音过程可开启录音机全程录音。疑难发音最好有发音人正面发音录像。

（四）将语言调查和语言学习相结合

学会一种民族语不但有利于深入调查和研究语言，而且能培养民族情感，扩大知识视野，增强在民族地区的社会行动力。语言田野工作者要以学习者的态度开展语言调查，而不是急于完成个人的调研任务。语言田野工作是学习民族语的好机会，开始两三天可以不

① 国家语言资源保护工程展示平台现在可查看部分民族语言的词汇录音资料，网址：https://zhongguoyuyan.cn/。

做记录，专门学习一些日常用语，学会一些日常用语以后再开始调查，效率会更高。有的人虽然写出了民族语的学位论文或研究著作，却不能用这种语言同语言社群进行简单交流，这对语言田野工作者来说是不应该的。

二、语音调查的程序和方法

民族语语音调查的操作程序是：先记录大约800条最常用词，初步归纳基本音位系统；再扩充记录约2 000条词汇，完善音位；编制音节词汇表，按音节对同音词汇进行类聚，利用音节词汇表进一步核对音位和查漏补缺。最后，归纳和描述词内重音、连读音变等现象。

（一）从询问常见事物入手，严式音标注音

常用词大多表示日常生活的具体事物和概念，如人称代词、身体部位、吃喝拉撒、家禽家畜、房屋用具等等，母语人对这些事物和概念很容易理解和表达，发音说话不会出错。生活中常见的事物和概念大都是单音节词或双音节词，音节少的词容易听辨发音。附录十二《语言调查500常用词》都是常见的事物和概念，民族语大都有相应的单词和表达，其中多数可能是单音节词或构词能力强的词根。汉藏语系语言大都有声调（个别羌语支语言除外），词汇记音要记下每个音节的声韵调和变调。南亚语系、南岛语系和阿尔泰语系语言大都没有声调（个别南亚语言除外），词汇记音要记下每个音节的元音、辅音及其变体，以及重读音节、弱读音节和其他音变现象。

民族语的音节结构和音位组合比较复杂，有二合、三合辅音和二合、三合元音。复辅音可在音节首或音节尾，基本辅音和基本元音的发音常常伴有发音部位和发音方法的细微差别。记录民族语的词语发音，要仔细观察和听辨口形开合、圆展、松紧，以及舌、喉、声门等部位的动作和伴随现象，用严式音标标注全部发音特征。附录二《27种少数民族语言音系》列举了我国一些民族语的音位，可作为记音参考。

民族语的辅音发音主要从以下几方面听辨：

（1）塞音、塞擦音、擦音是否声带振动，有无清浊之别；塞音、塞擦音有无送气和不送气之别；发擦音时，是否有明显送气特征。

（2）塞音是否伴有同部位鼻音特征，是否有鼻音或边音除阻现象；音节尾塞音与音节首塞音的发音是否不同，音节尾塞音是否除阻。

（3）塞音除了常见的p / t / k外，有无卷舌ʈ / ɖ、龈腭ȶ / ȡ、硬腭c / ɟ、小舌q / ɢ、声门ʔ等塞音。

（4）塞擦音ʦ / ʣ（齿龈）、ʧ / ʤ（龈腭）、tʂ / dʐ（卷舌）、ʨ / ʥ（硬腭）保留了几组，互补还是对立；有无pɸ、bβ、pf、bv、tɬ、dɮ、cç、ɟʝ之类塞擦音；或t^{j}、$d^{ɣ}$、x^{j}之类的腭化塞音。

（5）鼻音和边音除常见的m、n、ŋ、l外，有无ɱ、ɲ、ɳ、ɳ̊、ɴ、ɭ、ɭ̊、ʎ、ʟ等其他鼻音和边音；鼻音或边音有无清化现象，如果有，送气还是不送气。

（6）有无复辅音，复辅音中哪个是基本辅音，哪个是前置或后置辅音。音节首和音节尾的复辅音是否发音有别；复辅音是否自成音节。

（7）基本辅音的发音，有无腭化、唇化、卷舌化、咽化、齿化等伴随发音现象。

（8）有没有颤音或闪音现象，如果有，是独立的音位还是变体。

（9）浊辅音、边音、鼻音是否自成音节。

（10）韵腹有没有只有浊辅音而听不到元音的发音现象。

民族语的元音发音主要从以下几个方面听辨：

（1）单元音除常见的 a、o、e、i、u、y 外，还有其他哪些单元音。

（2）元音实际发音与基准元音的发音，发音部位是否有偏高、偏低、偏前、偏后、偏圆、偏展等特征。

（3）是否音位上区分长短元音、松紧元音。

（4）双音节或多音节词，次要音节的元音是否弱读或脱落合并。

（5）元音是否发生清化、鼻化、儿化、卷舌化现象。

（6）二合、三合元音是前响型还是后响型；前响型开尾元音，是否有弱化现象。

（7）音节主要元音如松元音、紧元音、长元音、短元音，是否伴随固定的音高变化，是否紧元音常常有高调，松元音常常有低调，或是否长元音有高调，短元音有低调，等等。

（8）双音节或多音节的主要元音是否有和谐变化。

有声调的民族语还应注意听辨以下声调特征：

（1）调型和调值；音节声调是固定还是不固定，有无变调，变调是条件变调还是自由变调。

（2）调值高低是否与声母清浊或送气有关。例如，清声母音节是否常有高调，浊声母音节常有低调。

（3）调值高低是否同韵母元音高低、前后、圆唇、长短、松紧有关。

（4）调值高低是否与音节重音和非重音、次要音节和主要音节分布有关。

对上面列举的各种语音现象要心中有数。手头可放一张《国际音标表》和相关语言音系表备查。记音过程也是熟悉音标符号、建立音标和真实语音关联记忆的过程。

（二）减少发音次数，避免盲目模仿

课堂上学会的音标发音是刻板的基准音，而实际语言生活中的发音往往是综合的或偏离基准音的变体。某些民族语的特殊发音，即使受过国际音标训练的人也未必就能即时准确地听辨和模仿。要避免随意模仿发音，一定要辨清发音部位和发音方法，确认自己发音器官能够调节到位再模仿发音。模仿三次还不正确，就应停止模仿，做好标记，留待后面学习。记音时，每个词语可以请发音人用慢速和正常速度各说一遍，用录音机录下来，以免一个词让发音人反反复复多次发音。曾有人在调查民族语时就一个音反反复复发音和模仿几个小时，弄得发音人愤然离开，这是违反工作伦理的。

（三）弄清词内的音节语素

记录了词的发音，还要询问词义和用法。词内音节单独发音没有意义的词是单纯词，否则就是合成词。对于合成词，要弄清每个词素的意义以及结构关系。简单的方法是，每

个音节逐个询问发音人是什么意思。例如，纳木义语 / $ha^{31}la^{53}$ /（猫），傣语 / $ko^{53}hu^{53}$ /（布谷鸟），景颇语 / $pai^{21}nam^{55}$ /（羊），阿昌语 / $k^{h}ə^{31}li^{55}$ /（青苔），是双音节的单纯词，因为每个音节单独说都没有意义。

如果发音人能单独将词内的音节分离，并说出这个音的意义，是不是就可以断定这个词就是合成词呢？也不一定。这要看这个音表示的意义是不是和整个词义相关，如果相关就是合成词，否则只能是与另一个词同音。

对于合成词，还要记下每个音节语素的意义，包括词汇意义和语法意义。词汇意义是词语表示的事物和概念的意义，语法意义是语素表示的语法功能意义。例如，阿昌语 / $in^{33}tʂo^{55}$ /（家 + 人 = 主人）、/ $zi̥t^{55}mɔ^{ʔ31}$ /（割 + 刀 = 镰刀），傣语 / $lam^{53}ta^{33}$ /（水 + 眼睛 = 眼泪），勉语 / $gai^{31}k^{h}ot^{55}$ /（屎 + 洞 = 屁股）、/ $tɕɛːŋ^{31}n̥o^{24}$ /（门 + 乳房 = 门钹），是由两个语素构成的合成词。

注意分辨派生词。派生词的词内音节有词根和词缀之分。有的词缀表示语法意义，有的表示虚化的词汇意义。例如：傈僳语 / $ɑ^{55}ɣɑ^{55}$ /（鸡）、/ $ɑ^{55}t^{h}a^{31}$ /（刀子）、/ $ɑ^{55}ʤu^{33}$ /（箸，筷子）、/ $so^{44}su^{44}$ /（学生）、/ $mɑ^{55}su^{44}$ /（教师）、/ $do^{33}du^{33}$ /（饮料）、/ $ze^{31}du^{33}$ /（工具），其中 / $ɑ^{55}$ / 是前缀"阿"的进一步虚化泛化，/ su^{44} / 相当于汉语动词后面的"者（人）"，/ du^{33} / 是附加在动词后面、构成名词的语法词缀，类似汉语"吃的""用的"等词中的"的"。

汉藏语系语言、南亚语系语言的词汇以单音节词根和双音节合成词为主，记录时可按上述方法询问词语的音节和语素意义。

南岛语系、阿尔泰语系是黏着型语言，词根可能是单音节或多音节，词重音有的在末尾音节，有的在首音节。对于这些语系的双音节词，要分开询问重读音节和非重读音节是否单独有意义。三音节词可以先分成前两个音节和末尾音节两个部分，分别询问两部分是否单独有意义，然后再分成前面一个音节和后两个音节来询问。四音节词可以将首、末、中间三个部分分开询问，看每个部分是否单独有意义。

例如，南岛语系台湾巴则海语 mabara（刮风），可分解为 ma-bara、maba-ra、ma-ba-ra 几个部分来询问，发音人容易区分 bara（风）、ma（刮，吹）两个部分。后面问到"笑（mahatan）"这个词，就可直接问 ma-hatan 两个部分是否各有意义。再往后问到"穿衣（masiatu）""喝醉酒（mabusuk）"这类词就可以初步断定 ma- 是前缀，泛指动作、行为或状态。

（四）相互比对，辨别异同

记音时要一边记录一边浏览前面记录过的语音现象。每记录 8 ~ 10 个词，应浏览一遍前面记录的词语，查看前面有没有记录过相同或相近的音。应注意比对前后记音相同或相近的音节，请发音人确认读音是相同还是不同。

例如，记录了独龙语 / $nɑm^{53}luŋ^{55}$ /（太阳）、/ $nɑm^{53}ɯŋ^{53}$ /（风）、/ $nɑm^{53}nɔɹ^{53}$ /（露水）等词后发现都有 / $nɑm^{53}$ /，应向发音人确认这三个词的 / $nɑm^{53}$ / 是否同音。后面记到 / $zuň ŋ^{55}nɑm^{53}$ /（冬天）、/ $pɯ^{21}nɑm^{53}$ /（野猪）、/ $nɑm^{53}n̥ɑŋ^{55}$ /（白天）时，也要回头与前面

的词语作对比，确定前后词语里的 / nɑm^{53} / 是否同一个语素。后面遇到 / tɑm^{21}bɔŋ^{55} /（玉米）、/ k^{h}ɑm^{55} /（竹子）时，也要和前面的 / nɑm^{53} / 比对韵母，判断元音 a 是否发音相同，结果发现“玉米、竹子”的 / ɑ / 和 / nɑm^{53} / 的 / ɑ / 发音不同，前者是短元音 ɑ̆，后者是长元音 ɑ。经过这样比对，辨音和记音才会逐渐准确。民族语的语音听辨和记音难以一步到位记准，需要边听辨、边记录、边记忆、边比对。这是一个渐进的过程，要营造轻松缓慢的工作氛围，不能急于求成。

（五）用软件整理和检查资料

第一章已经强调，每天的调查记录资料一定要当天整理完毕。民族语的调查更要强调这一点，因为它首先记录的是词汇资料，内容较多，整理和分析起来比汉语方言的单字音分辨难度更大。

整理记音资料有下面几项工作：（1）归纳声韵调或元音辅音，编制当天记录资料的音位汇总表；（2）编制音节词汇表；（3）审听录音，对照音位表和音节表核对。

开始几天的速度大约每天记录 90 ~ 110 条词汇。晚上整理资料通常工作 2 小时，具体内容有：（1）将笔记资料录入电脑；（2）将所记词汇里的声母、韵母、声调提取出来归类排序；（3）将所记录词汇按音节分类排序；（4）复听录音并核对笔记，找出音位最小对立和相同或相近的音节词汇；（5）学习和记忆一些单词。这些工作单凭手工抄录是无法在二三小时内完成的，因此要利用软件工具来提高效率。声飞软件可以对音节、声母、韵母、声调进行检索和对比，生成 Excel 声韵调列表和音节词汇表。软件操作请见第六章。

三、编制音系表和音节词汇表

（一）编制民族语的音系表

民族语的音系表分为两种：一是声韵调表，适用于有声调的语言。大多数汉藏语系语言和汉语方言一样，音节可用声韵调分析，整理音系就是编制声韵调表。二是元音辅音表，适用于无声调的语言。阿尔泰语系和南岛语系诸语言，以及南亚语系多数语言是无声调语言，整理音系就是编制辅音和元音汇总表。

民族语的声韵调表包括两个部分：（1）声韵调列表和例词。排列格式和汉语方言声韵调表有所不同。汉语方言声韵调表列举的是单字，一行可以排几个声母（或韵母）和例字。民族语声韵调表列举的是单词，一行之内无法排列几个声母（或韵母）和例词，只能采用竖排。每个声母和韵母单独占一行，版面够的话也可以排两栏。（2）发音说明。民族语的实际语音较为复杂，一个音位可能有几个变体，有的发音较为罕见，新派和老派存在差异，对此都要描述和说明。有些语音描述和音标符号需要简化处理，也要在音系表里说明。

民族语的辅音和元音表包括四个部分：（1）辅音和例词列表。辅音按唇音、齿音、龈音、卷舌、硬腭、软腭、小舌、咽、喉等发音部位顺序排列，先排列单辅音，后排列复辅音。（2）元音和例词列表。元音一般先排列单元音，后排列复元音。每个音位一般列举 2 ~ 3 个例词。（3）发音和记音说明。描述某些特殊发音，说明记音符号的变通使用。

（4）其他语音现象描述，如音素、音节组合规则，重音规则，元音和谐，等等。

下面分别列举了一种有声调的民族语怒苏语的声韵调表（表 4–1），一种无声调的民族语达斡尔语的元音辅音表（表 4–2），作为整理民族语音系表的参考样本。

表 4–1　怒苏语声韵调[①]

一、声母（共 60 个，包括单辅音声母 45 个，复辅音声母 15 个）

（一）单辅音声母

		双唇	唇齿	舌尖	卷舌	舌面前	舌后	喉
塞音	清 / 不送气	p		t			k	ʔ
	清 / 送气	pʰ		tʰ			kʰ	
	浊	b		d			g	
擦音	清 / 不送气		f	s	ʂ	ɕ	x	h
	清 / 送气		fʰ	sʰ	ʂʰ	ɕʰ		
	浊		v	z	ʐ	ʑ	ɣ	
塞擦音	清 / 不送气			ts	tʂ	tɕ		
	清 / 送气			tsʰ	tʂʰ	tɕʰ		
	浊			ʣ	dʐ	ʥ		
鼻音	清	m̥		n̥		ɲ̊	ŋ̊	
	浊	m		n		ɲ	ŋ	
边音	清			ɬ				
	浊			l				
近音					ɻ			

单辅音声母描写说明如下：

1. 送气塞音、塞擦音的送气成分很重，与后高元音相拼时，还带有舌根摩擦，如［pʰ］实际音值为［pʰx］，［kʰ］实际音值为［kʰx］。

2. 出现在卷舌元音前面的［t、tʰ、d、n、l］等舌尖中音，音值近似［ʈ、ʈʰ、ɖ、ɭ］。

3.［tʂ、tʂʰ、dʐ、ʂ、ʐ］等卷舌部位的声母，其实际音值接近［ʧ、ʧʰ、ʤ、ʃ、ʒ］。出现在复辅音［xɻ］中的［x］，音值近似［ʂ］。卷舌音声母与高元音［i］相拼时，音值接近舌面音［tɕ、tɕʰ、ʥ、ɕ、ʑ］等。

4. 擦音送气不送气有区别意义作用。送气擦音在听感上与塞擦音相近，但不同的是塞擦音先闭塞后摩擦，送气擦音不闭塞。送气擦音出现频率不如不送气的高。

5. 元音起首的音节，前面带不带喉塞，有区别词义作用。此外，喉塞音还能和鼻音、边音组成复辅音。因此，喉塞音应作为独立的音位。

① 摘自孙宏开、刘璐《怒族语言简志（怒苏语）》，民族出版社，1988 年。个别文字和编排格式略有改动。

6. 清化鼻音发音时，有很强的气流从鼻孔呼出，除阻时带有破裂音，音值近似［m̥pʰ、n̥tʰ、ɳ̊ʈʰ、ŋ̊kʰ］。

7. 舌面塞擦音发音时舌面靠后，音值接近［cç、cçʰ、ɟʝ］等。

8. 鼻音 m 还可自成音节。

9. ［h、x］是不同音位，发［h］时气流较轻，但［h］出现频率较低。

10. 半元音［ɻ］的摩擦极轻，音值接近舌尖卷舌元音［ʅ］。

单辅音声母举例：

p　pɑ^{31} 邀请；pi^{31}ɑ^{31} 闭

pʰ　pʰɑ^{53} 租借；pʰi^{35} 骗

b　ba^{35}（助词）；bio^{31} 断（绳子）

m　mɑ^{55}ɑ^{31} 莽撞；miɯ^{35} 咽（口水）

m　mɑ^{35} 不；mi^{53}ɑ^{31}（嫩）

f　fu^{55} 倍（量词）；f ɔ̃^{55}tʰiɔ^{31} 粉条

fʰ　fʰɑ^{35}kʰe^{55}ɑ^{31} 罚；fʰɑ^{35} 宽

v　vu^{55} 竹子；vi^{55} 屁

ʦ　ʦɑ^{53} 养；ʦu^{35} 沸

ʦʰ　ʦʰɑ^{35} 头发；ʦʰi^{53} 撕（纸）

dz　dzɑ^{55} 吃；dzɔ^{53}ɑ^{31} 倒塌

s　iɑ^{31}sʰɑ^{31} 伞；sʰi^{35} 吹

sʰ　sʰɑ^{53} 声音；sʰuɑ^{35} 海

z　zɑ^{55} 儿子；zu^{55} 大蒜

t　tɑ^{55}ɑ^{31} 放置；ti^{55}ɑ^{31} 相信

tʰ　tʰɑ^{55} 别（副词）；tʰi^{53} 一

d　dɑ^{53} 个（量词）；dɔ^{35} 退

n̥　n̥ɑ^{35} 穗；n̥iɑ˞^{31}tʰɑ^{55} 闻

n　nɑ^{35} 病；ne^{55} 纺（线）

ɬ　ɬɑ^{31} 月；ɬiɑ̠^{53}tɑ^{55} 贴

l　lɑ^{55} 老虎；li^{35} 也

tʂ　tʂɑ̠˞^{55}（向下）伸；tʂə˞^{35} 酸

tʂʰ　tʂʰɑ̠˞^{31} 牵，引；tʂʰuə̃˞^{53} 暗

dʐ　dʐɑ˞^{53} 瞎；dʐʅ^{31}ɑ^{31}su^{35} 瞎子

ʂ　ʂɑ^{35}ʦi^{35} 衫子；ʂɑ^{53} 阉

ʂʰ　ʂʰɑ^{35} 麦子；ʂʰə^{35}e^{31}dɯ^{55}kɑ˞^{55} 今后

ʐ　ʐɑ˞^{35}ʐɑ˞^{35}tɑ^{35} 瘦瘦的；ʐi^{55}ɑ^{31} 大

ɻ　ɻɑ^{35} 地方；ɻe^{55} 笑

ʨ　ʨɑ̠^{55} 尖，顶；ʨi^{35} 斤

ʨʰ　ʨʰɯ^{35} 甜的；ʨʰi^{55}ʨʰɑ^{31} 自家

ʥ　ʥɑ̠^{53} 有；ɑ^{31}ʥi^{31} 都

ɳ̊　ɳ̊ɑ^{31} 捏；ɳ̊i^{53}nɑ^{35} 嫉妒

ɳ　ɳɑ^{53} 裁（衣）；ɳi^{35} 住，坐

ɕ　ɕɑ^{35} 休息；ɕi^{35} 千

ɕʰ　ɕʰɑ^{35} 百；ɕʰu^{55} 喝（水）

ʑ　ʑɔ̃^{55} 大象；ʑi^{55} 尿

k　kɑ^{35}ʂʰə^{35} 规矩；kɯ^{55} 箍（名词）

kʰ　kʰɑ^{31}uə̃˞^{53}tʰɑ^{35} 总共；kʰuɑ^{35} 蹄子

g　gɑ^{55} 衣服；gɯ^{53} 抱

ŋ̊　ŋ̊ẽ˞^{35} 嗅；ŋ̊iɔ^{53} 低

ŋ　ŋɑ^{55} 鱼；ŋu^{55} 卖

x　xɑ^{31}ʨɯ^{53}ɑ^{31} 哈欠；xe^{55} 汉族

ɣ　ɣɑ^{55}muɔ˞^{31} 荞麦面；ɣɔ^{35} 南瓜

ʔ　ʔiɑ̠^{53} 拥挤；ʔĩ^{31}lɔ^{53} 心脏

h　hɑ^{31}（助词）；hĩ^{55} 臭（味）

（二）复辅音声母

复辅音声母有 15 个，可分为两类：一类是由前置辅音加基本辅音构成，一类是由基本辅音加后置辅音构成。充当前置辅音的是喉塞音 / ʔ /，它和鼻音、边音组合成 4 个复辅音 / ʔm、ʔn、ʔɳ、ʔl /。这个先喉塞音影响整个音节，从听觉上看，好像带先喉塞复辅音的整个音节喉头肌肉都是绷紧的。充当后置辅音的是半元音 / ɻ /，它和双唇、唇齿、舌根三个部位的塞音、部分鼻音及擦音组合成 11 个复辅音 / pɻ、pʰɻ、bɻ、mɻ、m ɻ、fɻ、vɻ、kɻ、kʰɻ、gɻ、xɻ /。

以上两类复辅音结合得都比较紧。在部分词里，前置辅音 / ʔ / 有脱落趋势。

复辅音声母举例：

pɻ　pɻi^{35} 搜　　phɻ　phɻi^{35}khɻɑ^{31} 解开　　bɻ　bɻi^{35}ɑ^{55} 泪

mɻ　mɻɑ^{ɹ53} 眨　　mɻ　mɻi^{55}mɻi^{35} 土　　fɻ　fɻɑ^{35} 舌头

vɻ　vɻɑ̱^{53} 陡　　kɻ　kɻɑ̱^{53} 抓，梳　　khɻ　ɑ^{31}khɻɑ^{35} 分开

gɻ　gɻɑ^{53} 冷　　xɻ　xɻɑ^{35} 找　　ʔm　ʔmɯ^{35} 深

ʔn　ʔnɑ^{35}bɑ^{35} 明天　　ʔn̥　ʔn̥o^{55} 他　　ʔl　ʔlɑ^{53} 揭开

二、韵母（85 个，其中单元音韵母 38 个，复元音韵母 47 个）

（一）单元音韵母分以下几类

1. 基本元音 11 个：i、e、ɛ、ɑ、o、ɔ、1、ɯ、ə、ɿ、ɵ

2. 紧喉元音 8 个：i̱、e̱、ɛ̱、ɑ̱、o̱、ɔ̱、u̱、ə̱

3. 鼻化元音 10 个：ĩ、ẽ、ɛ̃、ɑ̃、õ、ɔ̃、ũ、ə̃、ɿ̃、ɵ̃

4. 卷舌元音 3 个：ɑ^{ɹ}、ə^{ɹ}、ɔ^{ɹ}

5. 鼻化卷舌元音 4 个：ẽ^{ɹ}、ɑ̃^{ɹ}、ũ^{ɹ}、ə̃^{ɹ}

6. 紧喉卷舌元音 1 个：ɑ̱^{ɹ}

7. 鼻化紧喉卷舌元音 1 个：ɑ̱̃^{ɹ}

单元音韵母描写说明如下：

1. 元音 / i / 出现在舌后和喉音后面时，音值接近 / ɪ / 。元音 / e / 的实际音值介于 / e / 和 / ᴇ / 之间，出现在唇音后面时接近 /ᴇ / 。元音 / ɛ / 的实际音值为 / æ / 。元音 / ɑ / 实际音值接近 / ᴀ /。/ u / 元音出现在唇音、舌尖音、舌后音后面时，有明显的唇化作用，音值近似 / v / 。元音 / ə / 的发音稍后稍高，接近 / ɤ / 。元音 / ɯ / 的音值稍开稍靠前。

2. 紧元音出现的音节，如声母为鼻音、边音、浊擦音等时，整个音节都读得比较紧。但不分紧元音词在语流中，有时则读为松元音。

3. 元音 / y / 主要出现在汉语借词中。

4. 凡以 i、u 元音起始的音节，元音均稍带摩擦，音值近似 / j、w / 。

5. 舌尖元音 / ɿ / 出现在 / tʂ、tʂh、dʐ、ʂ、ʐ、ɻ / 和以 / ɻ / 作后置辅音的复辅音后面时，实际音值为 / ʅ / 。

6. 元音 / ɔ / 在一部分词语中，可以和 / u / 互换。

7. 出现卷舌元音的音节，末尾都带有一个轻微的 / ɻ / 韵尾。

8. 鼻化元音多半出现在汉语借词中，部分固有词中的鼻化元音，在语流中有时读成非鼻化元音。

单元音韵母举例：

i　pi^{55} 盖　　e　phe^{53} 遍（量词）　　ɛ　phɛ^{55} 劝告

ɑ　pɑ^{31} 请　　o　po^{53}nɑ^{35} 伤口　　ɔ　pɻɔ^{55} 手茧

u　phu^{53} 翻　　ɯ　pɯ^{35}ɑ^{55} 船　　ə　ʔmə^{55}（程度前缀）

ɿ　sɿ^{55}ɑ^{31} 鸟窝　　ɵ　pɵ^{35}fu^{35} 包袱　　y　y^{55}xɛ^{31} 雨鞋

i　pi^{53}ɑ^{31} 弹（指头）　　e　kɑ^{31}pe^{53} 弩扳机　　ɛ̱　ɑ^{31}ʔmɛ̱^{53}thɑ^{35} 小窟窿

ɑ̱ kɑ̱^{35}ʐɿ^{55} 烧酒	o po^{55}su^{35} 苍蝇	ɔ̱ pɻɔ̱^{53} 保人
u̱ bu^{53}lɑ^{31} 炸	ə̱ sə̱^{53}tʰɑ^{55}ɑ^{31} 敷（药）	ĩ pĩ^{55}tʰɑ^{31} 冰糖
ẽ ɕu^{31}sẽ^{35} 学生	ɛ̃ kʰɑ^{55}tɕɛ̃^{31}pu^{35} 卡其布	ɑ̃ ɣɑ̃^{35} 青菜
õ kõ^{35}tsʰɛ̃^{53}tɑ̃^{53} 共产党	ɔ̃ phɔ̃^{31} 铁锅	ũ hũ^{35} 责备
ə̃ nə̃^{31}bə̃ʴ^{55} 上唇	ɿ̃ ʂɿ̃^{53}ĩ^{31} 磨牙	ɵ̃ gɵ̃^{35} 只（量词）
ɑʴ mɑʴ^{53} 吹（火）	əʴ tʂəʴ^{35} 酸	ɔʴ kʰɔʴ^{55}ɔʴ^{31} 犁（名词）
ẽʴ ŋẽʴ^{31}tʰɑ^{55} 闻	ɑ̃ʴ hɑ̃ʴ^{35} 霜	ũʴ sũʴ^{55} 擦（桌）
ə̃ʴ phə̃ʴ^{35} 碗	ɑ̱ʴ tʂɑ̱ʴ^{55}（向下）伸	ɑ̱̃ʴ ʔɑ̱̃ʴ^{53} 鸭子

（二）复元音韵母

复元音韵母分为四类，分别由四个介音构成。

i 介音构成的复元音韵母（20 个）：ie、iɛ、iɑ、io、iɔ、iu、iɯ、iɵ、iɛ̃、ie、iɑ̃、iɑʴ、iɑ̃ʴ、iɑ、iɔ̃、iɔ̱、io、iũ、iu̱、iə̱

u 介音构成的复元音韵母（18 个）：ui、ue、uɛ、uɑ、uɔ、uẽ、uɛ̃、uə̃、uɑ̃、uɑʴ、uɔʴ、uɑ̃ʴ、uɔ̃ʴ、uə̃ʴ、ue、uẽ̱、uɛ̱̃、uɑ̱

y 介音构成复元音韵母（7 个）：yi、ye、yɛ、yɑ、yɛ̃、yɑ̃、ye

ɯ 介音构成的复元音韵母（2 个）：ɯi、ɯe

复元音韵母描写说明如下：

1. 知之罗话复元音韵母只有后响的，没有前响的。汉语前响二合复元音读成单元音。

2. 部分带鼻化的复元音韵母主要出现在汉语借词中，如：yɛ̃、uɛ̃、uə̃、uɑ̃ 等。

3. 部分有介音 i 起首的复元音韵母，其介音可以和复辅音中的后置辅音 ɻ 自由变读。例如：fɻɑ^{35}—fiɑ^{35}（舌头），mɻɑ^{55}—miɑ^{55}（耕，动词），kɻɑ^{33}nɑ^{53}—kiɑ^{55}nɑ^{53}（乌鸦）。

4. 部分高元音和高元音结合的复元音韵母，如 ui、iu、iɯ、ɯi、yi 等，将前面的元音处理为介音，后面的元音处理为主要元音，因为后一元音比前一元音读得重，读得响亮。

5. 韵母 ɯi、ɯe 主要出现在双唇音声母后面。

复元音韵母举例：

ie pʰie^{53} 变化	iɛ pʰiɛ^{35} 瓢	iɑ liɑ^{53}（一）夜
iɔ miɔ^{53} 锯（动词）	io pʰio^{53} 改变	iɑʴ phiɑʴ^{35} 片，张
iɯ ɑ^{31}iɯ^{31} 咱们	iu pʰiu^{55} 泼（水）	iɵ piɵ^{53} 画（动词）
iɛ̃ ɻi^{31}iɛ̃^{35} 水塘	iɑ̃ iɑ̃^{55} 绵羊	iɑ̃ʴ iɑ̃ʴ^{31}bə̃ʴ^{31} 淹
iɔ̃ tsʰɑ^{31}pʰiɔ̃^{35} 布	iũ ʔiũ^{55}tʰɑ^{35} 凸	ie̱ ʔie̱^{53}ɑ^{31} 歪嘴
iɑ̱ iɑ̱^{53} 狐臭	iə̱ ʔiə̱^{53} 打冷噎	iɔ̱ liɔ̱^{53} 盘（绳）
io̱ pio̱^{35}pio̱^{53}tʰɑ^{35} 花的	iu ʔiu̱^{53}ɑ^{31} 男子	ui kʰui^{55} 狗
ue ue^{55} 左	uɛ kuɛ^{31}tɕʰi^{31} 国旗	uɑ ɻuɑ^{35} 下（雨）
uɑʴ suɑʴ^{35}nɑ^{35} 晚上	uɔ uɔ^{31} 容易	uɔʴ kuɔʴ^{31} 玩耍
uɔ̃ʴ kʰuɔ̃ʴ^{53} 拐弯	uẽ ʔuẽ^{53}kʰue^{35} 耙子	uɛ̃ iɑ^{31}uɛ̃^{55} 洋瓷碗
uə̃ tsʰuə̃^{55}tsɑ̃^{55} 村长	uə̃ʴ uə̃ʴ^{53} 牲畜	uɑ̃ iɑ^{31}mɯ^{35}tʂʰuɑ̃^{55} 杨梅疮

uãɻ	tʂuãɻ^{35} 卷	ue̠	ue̠^{53} 抱（量词）	uẽ̠	suẽ̠^{55} 拧
uɛ̠	kʰuɛ̠^{53}ɛ̠^{31} 调皮	uɑ	kʰuɑ̠^{53} 打架	yi	yi^{35} 鬼
ye	ye^{53}nɛ̃^{31} 越南	yɛ	mɻi^{31}yɛ^{53}lɛ^{53} 稀泥	yɑ	ʥyɑ^{53} 遗传
yɛ̃	yɛ̃^{31} 元钱	yɑ̠	mi^{31}ʨʰyɑ̃^{53} 后妻	ye	ʥye^{55} 破烂
ɯi	mɯi^{55} 汗毛	ɯe	mɯe^{55} 芋头		

三、声调（4个）

1. 高降调（53）大部分紧喉元音出现在这个声调，出现紧喉元音时，调值为54。

2. 高平调（55）实际调值为44。

3. 高升调（35）实际调值接近24。

4. 低降调（31）出现在单音节的实词中，调值接近21；出现在部分构词、构形前加成分中，调值接近11；有时读轻声；出现在多音节的实词中，调值接近22。

声调举例：

序号	调类	调值	例词
1	高降	53	ɬɑ^{53} 闪电；vɑ^{53} 斧子
2	高平	55	ɬɑ^{55} 裤子；vɑ^{55} 竹子
3	高升	35	ɬɑ^{35} 矛；vɑ^{35}（脚）掌
4	低降	31	ɬɑ^{31} 月亮；vɑ^{31}lɔ^{53} 肚子

单字调的读音比较稳定。虚词的声调常随前后音节的影响发生变化。将在有关章节专门介绍。

本书除变调表示一定语法意义外，一律标本调。

汉语借词的声调读音，其对应关系大致是：阴平调读高平调，阳平调读低降，上声调读高降，去声调读高升。例如：

1 阴平：kɔ^{55} 歌；ʦʰo^{55} 葱　　2 阳平：yɛ̃^{31} 元；pʰi^{31}ʨʰɵ^{31} 皮球

3 上声：tɑ̃^{53} 党；ɕɔ^{53}ʦu^{53} 小组　　4 去声：ɕĩ^{35} 信；ʦʰue^{35} 寸

表 4–2　达斡尔语元音辅音表①

一、元音

达斡尔语有14个单元音，8个复元音。单元音中有6对是长短相对的：a-aa、o-oo、ə-əə、u-uu、e-ee、i-ii。另外还有yy长元音。yy、ïï只出现在借词里，按其性质属于长元音。

复元音中有6个是前响的：ai、oi、əi、ui、au、əu；2个是后响的：ya、ye。后响复元音只出现在借词里。

22个元音举例如下：

a	ʧas　雪	sagəl　胡须	aa	ʧaas　纸	sanaa　心意
o	ʧos　血	hosugw　山阴	oo	ʧoos　簸箕	ʧoloo　石头
ə	χər　怎样	χələg　肝	əə	χəər　草原	guʤəə　胃
u	ʤur　方向	mugur　妻子	uu	ʤuur　孢子	xuʤuu　脖子

① 引自孙宏开、黄行、胡增益《中国的语言》，商务印书馆，2007年。

续上表

e	erii 好唠叨的	təmʧer 斗争	ee	olees 白杨树	aneekee 客人
i	imaa 山羊	bajin 富足	ii	ʧiiŋkj 胯骨尖	ʃii 冰窟窿
yy	ʧyydəŋ 取灯	ʤyy 局	ïï	sïïljəudii 自留地	baudʐïï 报纸
ai	ail 乡村	dalai 海	oi	ois 桦树皮	ʧokoi 石灰
əi	əimər 这样的	uwəi 没有	ui	ui 骨节	xaruŋgui 暗
au	aul 山	dau 声音	əu	əus 草	dəu 弟弟
ya	yanʂye 元帅	daŋyan 党员	ye	yebiŋ 月饼	

二、辅音

达斡尔语有23个单辅音，按发音部位和发音方法分列如下：

发音部位 / 发音方法	双唇	唇齿	舌尖	翘舌	舌叶	舌面	舌后/小舌
清塞音	b		d				g
清送气塞音	p		t				k
清塞擦音				dʐ	ʤ		
清送气塞擦音				tʂ	ʧ		
清擦音		f	s	ʂ	ʃ		
浊擦音				ʐ			χ
鼻音	m		n				ŋ
边音			l				
颤音			r				
半元音	w					j	

其中r不出现在词首，ŋ只出现在元音后，f、χ、dʐ、tʂ、ʂ、ʐ只出现在音节首，f、dʐ、tʂ、ʂ、ʐ只出现在借词里。g 在词中或词末的实际读音是［ɣ］。

除了单辅音外，还有11个腭化辅音、11个唇化辅音、47个复辅音。例如：

bj	bjalləŋ 秃头的	lj	χəlj 舌头	pj	pjarləŋ mjag 手把手
rj	garj 手	mj	mjard 豹子	gj	gjad 矛
dj	djallə 迟	kj	kjaatər 栅栏	tj	tjabgər 黑桦树
xj	xjaut 窄	nj	njommus 眼泪	bw	bwəgən 丘陵
ʤw	ʤwaartən 夏至	mw	mwəgw 蘑菇	ʧw	ʧwəən 少
dw	dwatər 里面	gw	gwarəb 三	tw	twarʧ 纽扣
kw	kwart 尖刀	sw	swar 跳蚤	xw	xwal 炕
lw	lwaaʧ 俄国	bt	dabt- 轧	rm	χwarm 下摆
bʤ	ʤebʤ 嘴角	rd	dard 摇篮	bʧ	kabʧ 夹子（狩猎用）

续上表

rdw	kurdw　车轮	bk	ʤabk　破绽	rt	bakərt　木耳
mp	kwalimp　铃铛麦	rtw	kurtw　男棉长袍	ms	sums　灵魂
rs	ars　皮肤	mʤ	njamʤ　骑马乱跑	rʤ	darbərʤ　马口鱼
mʧ	kimʧ　指甲	rʧ	larʧ　叶子	nd	dwand　中间
rʃ	sarʃ　冰碴子	ndw	ʧandw　土匪	rk	ʃirk　筛子
nt	want-　睡	rkj	aurkj　肺部	ns	kans　稻子
rkw	murkw　圈儿	nsw	χunsw　草木灰	ɡd	tərəɡd　在车上
mʤ	səmʤ　器物的把儿	ɡʤ	məɡʤ　母猪	nʧ	kanʧ　袖子
ktw	boktw　孤峰	ld	ald　庹	kʧ	kokʧ　蜗牛
ldw	baisəldw　快乐	ŋtw	loŋtw　笼头	lt	sarimelt　眉毛
ŋs	ʤəŋs　冒顶子	ls	ols　麻	ŋʧ	koluŋʧ　（李子树）虫
lsw	xulsw　汗	ŋɡw	ɡaŋɡw　扁担钩	lʤ	dalʤ　关系
ŋk	kəŋk　瓜	lʧ	xargulʧ　浆糊	ŋkj	ʧiiŋkj　胯骨尖
lkw	bulkw　镜子	ŋkw	loŋkw　瓶子	rp	sarp　筷子

三、音节

达斡尔语的音节按其组成的情况可分为 4 种类型：

1. 元音单独构成音节（仅词的首音节有此类型）。例如：u-nee 乳牛，oo- 喝，əu-lən 云。

2. 辅音 + 元音。例如：χu-kur 牛，χə-ʤee 何时，mal-gai 帽子。

3. 辅音 + 元音 + 辅音。例如：nar 太阳，niŋ-gəən 薄，ʤaus 鱼。

四、重音

达斡尔语词重音在词的第一个音节。

五、元音和谐

（略）

六、语音变化

（略）

（二）编制声韵调拼合表和音节词汇表

整理了音系以后，对于声调语言，可以根据词汇记音资料编制声韵调拼合表和音节词汇表。

声韵调拼合表用来表示声母、韵母和声调之间的拼读关系，也可以通过这个表来发现漏记的声母、韵母或声调。声韵调拼合表常用二维表，结构类似前面第三章所说的方言声韵调配合表。不同的是，方言声韵调配合表的单元格里举了例字，而民族语声韵调拼合表的单元格里只标示能否相拼，通常用“+”号表示能够相拼。如表 4–3 所示。

表 4–3　民族语声韵调拼合表

韵母	a										e									
声调 声母	1	2	3	4	5	6	7	8	9	10	1	2	3	4	5	6	7	8	9	10
p	+	+	+	+		+		+	+		+	+	+	+		+	+	+	+	
p^h	+	+	+	+		+	+	+	+		+		+		+	+				
m	+	+	+	+		+	+	+	+		+	+	+	+		+	+	+	+	
f	+	+	+	+		+	+	+	+		+		+		+	+				
v	+	+		+	+	+								+		+		+	+	
r	+	+		+	+	+					+		+		+	+				

民族语的声韵调拼合表可以直观地展示声、韵、调之间能否互相拼合成音节，但要弄清民族语的音节分布，以及音节所代表的语素义，还需要编制音节词汇表。

民族语的音节词汇表与汉语方言同音字汇类似。许多民族语没有文字，因而没有“同音字”之说，只能说某些词里面包含有某个同音的音节。民族语的音节词汇表就是按音节对词汇进行类聚，列出该语言的全部合法音节，每个音节后面列出含有该音节的全部词汇。音节词汇表能全面展示声韵调的拼合关系，元音和辅音的组合规律、音节结构和词内音变。

由于调查民族语的语音只能从词汇着手，而不少词又是双音节或多音节词，因而准确听辨每个词的每个音节发音和语素意义，有着相当的难度。因此，编制音节词汇表就成了检验民族语记音是否有遗漏、是否准确的一个必用方法。通常，即使记录了一种民族语的 3 000 余条词汇，也不能确保穷尽该语言的全部合法音节，而只有编制音节词汇表，才能发现遗漏的音节和词语，才能对比分辨语音的细微差别，发现记错的音节和音素。例如，几个单词里的某个音节读音是相近还是相同，哪个是本音，哪个是音位变体，只有在音节词汇表里才能得到全面的比对和辨认。编制民族语的音节词汇表还有助于扩大记录词汇量，因为同一音节下面列举了包含该音节的单词，容易提示发音人想到其他包含此音的词语。

编制民族语的音节词汇表，是语音调查不可或缺的工作环节。但是，一个非民族母语的语言调研人员要想问出一种民族语的全部音节是十分困难的。例如，侗语全部声韵调拼合在一起有 2 万多个音节，尽管实际合法音节没有这么多，但要弄清哪些是侗语真正合法的音节，非得把全部声韵调轮番拼读一遍才能穷尽。这项工作只有同熟练母语人一起才能完成，而且非常耗时。我国民族语调查报告中很少见到音节词汇表，这无疑是一个缺憾，但也说明编制音节词汇表难度很大。

整理音节词汇表应注意两点：一是要辨清每个音节后面列出的词语中，这个音节的发音是否完全相同，是否为同一个语素。二是除了音节后面列出的词语外，是否还有别的词语也包含这个音节。

民族语音节词汇表的编排格式通常采用竖排式。有声调的语言，每个音节单独一行，音节排序先以韵母为序，韵母之内按声母排序，声母之内按声调排序。罗列词汇时，先列单音节词，后列双音节和多音节词。无声调的语言，每个音节占一行，音节排序先以元音为序，每个元音之内以音节首辅音为序，开音节在前，闭音节在后。具体排版格式可参见第三章表 3–5“按音节排序的同音字汇”，不同的是，民族语每个音节后面列出的是单词，单词之间用逗号分开。现在也有一些电脑软件可以处理民族语的词汇音标注音资料，自动整理音节词汇表。要善于搜索和利用技术工具来处理语言调查记录资料。

四、描写民族语的语音系统

语音系统由音位系统、音节系统、连音变读系统、语调系统和特殊语音现象等五个子系统构成，民族语的语音系统可以从这五个方面进行描述。

（一）音位系统

汉藏语系语言的字音（词素音节）通常可以分析为声母、韵母和声调。声母分为单辅音声母、复辅音声母，韵母分为单元音韵母、复元音韵母、辅音尾韵母。汉藏语系语言的音位系统一般从两个方面描述：一是列出有区别意义作用的声母、韵母、声调，并列举例词。二是对于某些特殊音位的发音特征进行描述，说明有哪些不同发音类别的声母、韵母、声调，如：塞音、塞擦音分几组，元音松紧对立有几组，长短元音有几对，等等。

阿尔泰语系、南岛语系、南亚语系和印欧语系诸语言，音段的最小分析单位是元音和辅音，超音段特点主要是轻重音。这类民族语的音位系统从两个方面描述：一是列出全部元音和辅音音位，并列举例词。二是对某些特殊辅音和元音的发音特征进行描写，并说明有哪些不同发音类别的元音和辅音，如：清浊辅音有几类，元音长短、松紧有几对，阴性、阳性、中性元音有几组。

（二）音节系统

词可以分解为音节单位，音节包括音段成分和超音段成分。音段成分是构成音节的元音和辅音音素，超音段成分指声调、轻重音。音节系统主要从音素组合关系、音素和超音段成分的分布和组合关系等方面来揭示。具体有以下几项内容。

1. 声韵调的拼合关系或元音辅音的拼合关系

哪些辅音或元音可以自成音节。例如，许多民族语的鼻辅音 m、n、ŋ 可以自成音节。对于声调语言，哪些声母、韵母、声调可以拼合成合法音节；对于非声调语言，哪些元音辅音可以拼合成合法音节。将该语言的声母、韵母、声调轮流拼读，穷尽拼合音节，整理一个《声韵调拼合表》（类似汉语方言声韵调配合表）。有习惯调而没有音位调的语言也应编制一个声韵调拼合表，如羌语支某些语言。对于非声调语言，也可以编制一个元音（包括复元音）和辅音（包括复辅音）拼合表。除了编制音位拼合表之外，还要对拼合关系进行描述。

2. 频率、分布和结构类型

对词汇进行统计，可得出声韵调或元音辅音在词汇系统中的出现频率，并进行频次排序。例如，声母、韵母、声调或元音、复元音、辅音、复辅音在全部词汇中的出现频率，全部能拼合的音节在整个词汇中的出现频率。

不同语言的音素和音节组合分布不一样。例如，壮侗语族和苗瑶语族语言，不送气清塞音、塞擦音，或清鼻音、边音，常出现在单数调；而浊塞音、浊塞擦音常出现在双数调。有些元音或辅音只出现在音节的首、中、末等特定位置。苗瑶、壮侗语族语言的韵尾辅音只能是鼻音、塞音，而藏缅语族羌语支语言还有 -s、-r、-l 等辅音。有些辅音可组成复辅音，有些则不能。有些元音可组成复元音，有的则不能。二合、三合复辅音各个位置的单辅音也有分布限制。例如，羌语复辅音充当后置辅音的只有 z、ʐ；而嘉戎语复辅音 -r、-l、-w、-j 都可作为基本辅音的后置辅音。

语音单位的分布还表现为音素组合序列和数量，即音节结构类型。例如，V 型、CV 型、VC 型、CVC 型（V 为元音，C 为辅音）是所有语言都有的音节结构类型。汉藏语系藏缅语族嘉戎语还有 CCCV 型、CCCVV 型、CCCVC 型、CCVC 型等复杂音节结构。

（三）连音变读系统

多音节词常常出现词内音变，称为连音变读。连音变读有的是固定音变，有的是临时音变。主要有以下几种情况：

变调和轻声。汉藏语系语言都存在不同程度的连读变调或轻声，有的是自由变调，有的是条件变调。条件变调与前后音节的声调、声母或韵母有关。例如，苗语川黔滇方言惠水次方言的变调，都是前面音节引起后面音节变调，且与声母有关，同时声母也发生音变，如：/ $t^{h}o\eta^{43}$ /（桶）、/ $t\text{l̥}e^{31}$ /（水）→ / $t^{h}o\eta^{43}dl^{ɦ}e^{13}$ /，其中“水”变调又变声。

重读音节和弱读音节。阿尔泰语系和南岛语系语言都有词重音，其中突厥语族语言的双音节和多音节词重读落在末音节，如：西部裕固语 / mu'lɑ /（孩子）→ / mulɑ'lɑr /（孩子们）。满-通古斯语族语言的词重音落在首音节，如：赫哲语 / 'amə /（父亲）。台湾南岛语系的邹语，词重音落在倒数第二音节，如：/ pəka'ako /（逃跑）。

变声、变韵，或辅音、元音变读。这主要是相邻音互相影响而出现同化、异化、弱化、增音、减音现象。例如，阿尔泰语系语言的元音和谐主要是部位和谐，前后音节的元音要么同是圆唇或展唇，要么同是前元音或后元音，或同是长短音。例如，乌孜别克语 / me'wæ /（水果）→ / mewæ'lær /（许多水果），撒拉语 / tiʃ /（牙齿）→ / ti'ʃim /（我的牙齿），土族语 / kɛː'lɛ /（肚子）、/ xɔː'lɔ /（喉）。又如，汉藏语系的景颇语 / ɑ / 在词首音节时，也有弱读现象。

（四）语调系统

语调是语言交际活动的一个话语单位的韵律信息，它不只是通常说话的升调和降调，还包括轻重、快慢和语气。一个词、一个短语、一个句子只有赋予了语调信息才能成为交际言语，才真正像话、成话。记录和描写一种语言的语音，不能忽视语调特征。然而，迄今几乎所有的语言调查报告和著作里列举的句子和语篇都没有标示语调发音特征。这是一个大的缺憾。

交际言语中最常见的语调特征有轻重、快慢、长短、高低、升降等。一个词、短语或句子，带上了这些特征就成了交际言语。每种语言的语调特征分布也会表现出个性。例如，有的语言说话语句的音高整体较高，有的语言则整体偏低。有的语言交际语句整体节奏较缓，而有的语言则节奏较快。目前这方面的调查研究还非常薄弱。

记录短语和句子时，除了记录每个字词的读音外，还应记录整句话的语调信息。用标注符号标记语句的轻重、快慢、长短、高低、升降等语调特征。关于话语的标注，将在第五章学习。

（五）特殊语音现象

一种语言的特殊语音是与其他语言比较而言，指该语言特有的、不见或罕见于其他语言的语音。对民族语来说，凡是普通话和汉语方言没有或罕见的现象就是它的特别之处。

语音的特殊性既体现在音位数目、音位性质和类别上，也体现在音节结构和连音变读方面。例如，台湾南岛语言大都有颤音或闪音（颤音有时发成闪音），这是它的语音特殊现象。汉藏语系藏缅语族语言有丰富的复辅音、腭化辅音、唇化辅音，元音普遍分长短或松紧，辅音韵尾也较多，塞音、塞擦音、擦音普遍有清浊对立，鼻音、边音的清浊对立也很普遍，这些都是它的特殊之处。汉藏语系语言一般有 2 套塞擦音，而羌语支语言有 4 套或 5 套，这是它的特别之处，都应详尽描述。

五、中国各语系语言主要语音特点概要

我国境内的民族语分别属于汉藏语系、南亚语系、南岛语系、阿尔泰语系、印欧语系。其中阿尔泰语系和印欧语系分布在东北三省以及内蒙古、甘肃、宁夏、青海、新疆等省区，南亚语系分布在云南省和广西壮族自治区，南岛语系主要分布在海南岛和台湾岛，汉藏语系分布在全国各地。下面对各个语系的主要语音特点作简要描述。

（一）汉藏语系的基本语音特点

汉藏语系包括藏缅语族、苗瑶语族、壮侗语族。主要语音特点有：

（1）多数语言的音节有音位意义的声调。声调主要用来区别词汇意义，但在有的语言（如藏缅语族）中还有语法形态意义。苗瑶语族、壮侗语族的语言，声调数目一般 6 ~ 12 个，多的达 15 个。藏缅语族声调较少，一般 2 ~ 4 个，羌语、藏语支个别语言没有声调。

（2）大多数语言区分长元音和短元音。壮侗语族的长短元音较为普遍。长短元音往往与声调有对应关系。苗瑶语族、藏缅语族少数语言也有长短元音。藏缅语族彝语支、缅语支、景颇语支的语言还区分松元音和紧元音。

（3）许多语言的声母辅音区分清浊。塞音、塞擦音和擦音普遍区分清浊，清浊对立的塞音、塞擦音，大多是不送气音。不少语言的鼻音、边音也区分清浊。声母清浊与声调、送气不送气、元音松紧都存在不同程度的对应关系。

（4）各语族都有一部分语言保留复辅音声母，以二合复辅音居多。藏缅语族复辅音声母较多，有的语言有三合、四合辅音，其次是苗瑶语族语言。

（5）有丰富的辅音韵尾。常见辅音韵尾有鼻音和塞音韵尾 / -m、-n、-ŋ、-p、-t、-k、-ʔ /。藏语支、羌语支还有 / -r、-s、-l / 单辅音韵尾和 / -st、-zd、-rb、-xs、-ʂp、-ɣl、-ʁz /

等复韵尾。

（6）各语族都有部分语言有连读变调。苗瑶语族普遍有变调，其次是壮侗语族、藏缅语族缅语支语言有连读变调，彝语支、藏语支、羌语支也有少数语言有语流变调。

（二）南亚语系的基本语音特点

我国境内属南亚语系的民族语有佤语、德昂语、布朗语、克木语、克蔑语、京语、莽语、布芒语、布兴语、巴琉（徕）语。其中，佤语、德昂语、布朗语和克木语属孟高棉语族，京语、莽语、布芒语、布兴语、巴琉语属越芒语族。我国南亚语系的主要语音特点有：

（1）塞音普遍分清浊，清塞音大多是送气的。

（2）鼻音、边音多数区分清浊，或区分送气与不送气。

（3）不同程度地存在由塞音、塞擦音和边音、颤音组成的复辅音，如 / pl、pʰl、bl、br、tl、tr、gl、gr、sl、tɕl / 等，或由塞音、塞擦音带同部位鼻冠音，或由鼻音和塞音结合的二合辅音，如 / ŋk、mp、nd、mpr、ŋgr / 等。

（4）单元音较丰富，可组成丰富的复合元音，其中以二合元音较普遍。

（5）大多数语言的元音分长元音和短元音，少数语言的元音还分松元音和紧元音。

（6）普遍有鼻音和塞音韵尾 /-m、-n、ŋ、-p、-t、-k、-ˀ /，少数语言有韵尾 / -h、-r、-l /。

（7）一般没有音位意义的声调。孟高棉语族多数语言没有声调，或仅有简单声调；越芒语族少数语言没有声调。

（三）南岛语系的基本语音特点

我国境内的南岛语系语言属印度尼西亚语族，主要分布在台湾岛，包括排湾语、阿美语、布农语、鲁凯语、赛夏语、卑南语、邵语、赛德克语、邹语、沙阿鲁阿语、卡那卡富语、雅美语、回辉语等十几种语言。其中，台湾境内高山族语言分为泰耶尔、邹语、排湾 3 个小语群，雅美语属于菲律宾巴丹语支。大陆只有海南岛的回辉语属于南岛语系。南岛语系属无声调语言。我国境内南岛语系有以下主要语音特点：

（1）属于多音节黏着型语言，常用词大多是双音节或多音节。

（2）音节的辅音以单辅音为主。

（3）有清塞音和浊塞音，没有送气塞音。

（4）大多数没有塞擦音，个别语言有 / ʦ、ʣ、ʧ、ʤ / 其中的一两个，清塞擦音是送气的。

（5）大多数语言没有唇齿清擦音 / f /，只有个别语言有浊擦音 / v /。

（6）大多数语言有舌尖边音 / l / 和卷舌边音 / ɭ /。

（7）大多数语言有舌尖颤音 / r / 或闪音 / ɾ /。

（8）元音大多为 / i、e（或 ə）、a、u / 4 个。

（9）音节没有声调。有词内重音，重音一般落在词末音节或倒数第二音节。

（四）阿尔泰语系的基本语音特点

我国境内阿尔泰语系主要分布在东北、内蒙古和西北，包括突厥、蒙古、满－通古斯 3

个语族，属无声调语言。

突厥语族的主要语音特点有：（1）元音一般有 8 ~ 9 个，有 / ɑ-ɛ、ə-i、o-ø、u-y / 前后、圆展对立的 8 个元音。（2）辅音一般有 23 ~ 24 个，普遍有舌尖颤音 / r /，小舌塞音、擦音，如 / q、χ、ʁ /。（3）塞音、塞擦音分清浊，清音一般送气，浊音不送气。（4）音节首辅音一般都是单辅音，音节末尾可以是复辅音（辅音丛）。（5）多音节或单音节词加上附加成分后，有元音和谐律；附加成分也有辅音替换（类似元音和谐）现象。（6）多音节词的重音一般落在最后一个音节，附加成分可以无重音。

蒙古语族的主要语音特点有：（1）一般有长短元音，有些语言有短元音而无长元音，或有长元音而无短元音。（2）多数语言元音和谐律趋于消失后变得不严格，蒙古语、达斡尔语、东部裕固语有元音和谐律，土族语、东乡语、保安语、康家语没有元音和谐律。（3）普遍有舌尖颤音 / r /，有小舌塞音和擦音 / q、χ、ʁ /。（4）塞擦音一般是清音，区分送气和不送气。（5）词重音有词首重音或词末重音。蒙古语、达斡尔语、东部裕固语为词首重音，其他为词末重音。（6）词首重音词的末音节往往元音脱落，形成词末复辅音；词末重音节词的首音节元音往往脱落，形成词首复辅音。

满－通古斯语族的主要语音特点有：（1）一般 7 ~ 8 个单元音，/ a、ə、i、ɔ、u / 是所有语言共有的元音。（2）有的语言区分长短元音，一般为 18 ~ 20 个，复元音少。有的语言无长短元音，复元音多，一般为 14 ~ 18 个。（3）多数语言保留 / a、ə、ɪ、i、ɔ、o、ʊ、u / 阴阳匹配格局，元音和谐律主要体现在阴性元音和阳性元音排斥，即同一个词里一般只出现同类元音。（4）普遍有舌尖颤音 / r /，小舌塞音和擦音 / q、χ、ʁ /。（5）塞音、塞擦音一般为清音，分送气和不送气。（6）词重音出现在第一音节。

印欧语系的基本语音特点。我国境内印欧语系语言有塔吉克语、俄罗斯语、葡萄牙语、英语。英语和葡萄牙语主要分布在香港和澳门。说俄罗斯语的人口较少而且分散。塔吉克语主要在新疆维吾尔自治区。印欧语系语音特点可参阅附录二。

第二节　民族语词汇调查

汉语方言词汇调查通常在弄清声韵调以后进行，民族语的语音调查要从词汇入手，语音调查同时也是词汇调查，二者无法分开。为了学习的方便，本章专门介绍民族语的词汇调查。

一、编制民族语的词汇调查表

民族语的词汇调查也要编制词汇调查表作为蓝本，但不能把汉语方言调查词表拿来即用。国内有过几种民族语的词汇调查表，如：《分类编码词汇调查手册》（喻世长编）有 4 600 余条目，《藏语词汇调查大纲》（瞿霭堂编）有 3 000 余条目，《藏缅语调查词汇表》

（黄布凡编）有 1 800 余条目。20 世纪 80 年代出版的“中国少数民族语言简志丛书”附录有统一的词汇表。《少数民族语言调查研究教程》（高华年等编著）附有一个 2 000 多条目的词汇调查表。“中国新发现语言研究丛书”（孙宏开主编）附录也有统一的词汇表。此外，斯瓦底希《207 核心词表》、马提索夫《汉藏语言 200 词》、新西兰《南岛语基本词汇数据库 200 词表》、郑张尚方《华澳语言比较 300 词表》，都可作为参考。

（一）编制民族语词汇调查表的基本要求

编制民族语普通调查词表应注意以下几点。

1. 事物概念条目的选择

民族语词汇调查表的事物概念条目应不少于 3 000 条，能基本满足人们日常交际和学习语言的词汇量需求。条目所指的事物和概念要明确，涵盖各民族生活中最基本的、常用的共有事物、概念和知识范畴。词汇调查表的条目应能覆盖大多数语言的音位和构词法，对于音节结构复杂的民族语，要能够覆盖大多数音位、全部构词法和词汇特点。

2. 条目按常用度分级

民族语的词汇调查，先记录哪些词汇，后记录什么词汇，应在条目筛选和编排上体现出来。事实表明，任何语言的绝大多数语音和词汇现象能在常用词汇中得到体现。词汇调查表的条目可按通用词、常用词、特征词和一般词汇分成一至四级。

第一级通用词是各民族生活都有的事物和概念，如人体主要器官、重要动作、地理环境、日常生活行为、基本计数、基本时空、人称指代、主要血缘关系、事物基本属性、人的基本心理情感等。任何语言都可能有“头、眼、鼻、口、耳、手、手指、足、心、皮、毛、血”等单词，但未必有“肠、腿、肺、脾”这类单词。任何语言都可能有数词 1、2（双）、5，而未必都有其他数词，因为人类计数从手指开始，眼、耳、鼻孔、手、脚都是 2 个，手指有 5 个。父母、子女、兄弟、姐妹是最重要的血亲，这些亲属词最重要、最通用。通用词有不少是单音节词，构词能力也很强。应指出的是，通用词可能包含某些核心词，但核心词未必就是通用词。例如，美国语言学者斯瓦底稀编制的核心词表有“冰、雪”，而从不下雪结冰的地方，人们的语言里就可能没有对应的单词。

第二级是常用词，如日常衣食住行、生产劳动、人际交往和娱乐方面的词汇。通用词有不少是常用词，但有些常用词不是通用词。“电视机、手机、摩托车、打电话”这些词在当代社会很常用，但不是通用词。

第三级是特征词。它反映各民族生活、环境、历史、文化传统和语言习惯，有一定使用范围，有些特征词也很常用。关于特征词，请阅读第 56 页的叙述。

第四级是一般词汇，这些词语表示的概念和事物同人们日常生活言语交际的密切度不如通用词、常用词和某些特征词。

调查表中的通用词比例应保证 500 ~ 600 条，常用词比例应有 700 ~ 900 条，特征词比例大约 30 ~ 50 条，一般词汇约 600 ~ 800 条。通用词和常用词合计约 1 500 条，这是日常言语交际的通常词汇量。民族语的词汇调查，应首先确保记录 1 500 个高频词，再扩大到一般词汇。

3. 条目应分类编号

词汇调查表的条目通常按天文、地理、时间等义类编排。这里介绍一种二级分类法[①]，将事物和概念分为31个大类，每个大类下分若干小类。大类如下：

1. 天文，2. 地理，3. 地点 / 方位，4. 时令，5. 农业，6. 植物，7. 动物，8. 房屋 / 建筑，9. 器具 / 用品，10. 称谓 / 姓氏，11. 亲属，12. 身体，13. 医疗，14. 服饰，15. 饮食，16. 红白事 / 信仰，17. 日常生活，18. 人际交往，19. 商贸 / 交通 / 通讯，20. 行政 / 讼事 / 军事，21. 教育 / 科技，22. 文体活动，23. 行为、动作，24. 人称 / 指代 / 疑问，25. 性状 / 情态，26. 副词，27. 数量，28. 介词 / 连词，29. 虚词，30. 拟声词，31. 禁忌语。

词汇调查表的每个条目还要有唯一编号。编号不是简单地给全部条目依次编上0001、0002、0003这样的序号。上述二级分类法采用7位数字和字母组合给条目进行编号。例如：

V01A001 太阳

V是词汇标识码，01是“天文”大类代码，A是小类代码，001是小类下面的条目序号。这种编码可容纳的事物概念条目可达到100×26×1 000=2 600 000条，而且任何增加条目都可以增补在相应的小类下，并顺次赋予条目编号。当然，条目编号也可以考虑按上述通用度和常用度进行标识，赋予相应的分级标识码。例如，用字母A、B、C、D分别表示通用词、常用词、特征词、一般词汇，也可以将分级码组合到条目编号中。有科学编号的词表容易导入数据库，便于检索、类聚、排序、信息提取和词汇信息处理。

4. 条目有提示语或提示短句

词汇调查表的条目，尤其是通用词和常用词，应有词义提示或注明词语的语言环境。例如，“公鸡（阉过的）”。调查询问时还可以举一些短语或短句，引导发音人说出各种用法。对于动词条目，提示语可列举动宾短语、带时态的动词短语、动补短语、使动短语、被动短语等；名词条目可列举“形－名”短语、“指－量－名”短语、主谓短语、动宾短语、领属短语等。例如，“皮”可提示“牛皮、树皮、剥皮、蛇蜕皮、皮很厚、两张皮”等。“吃”提示“吃饭、吃水、吃不吃、很好吃、正在吃、吃完了、吃过了、吃饭了、你吃吧、吃一口”等等，把可能联想到的语义范围、用法、搭配包含进来。提示语对词条所指事物和概念的词义及语言环境作出界定，有助于发音人准确理解条目意义，又为调查询问提供指引，便于掌控记录进程。提示语既要有代表性，又要多样化、通俗化，同一意义和用法举一个例子即可。例如，提示语有“牛皮”，就不必再举“羊皮、猪皮”等词。

（二）《语言调查500常用词》说明

词汇调查表通常按天文、地理、时间等义类顺序编排条目，这种表可用于阅读参考或作为原始电子表保存，但实地调查记录表则不宜按这种编排打印。否则，先问天文词汇，完了再问地理词汇，再问时间词汇……依次下去，工作了四五天还不知道“我、你、他、吃饭、睡觉、做、什么、是、不是”怎么说。遇到时间紧迫，工作匆忙结束，结果可能是

① 范俊军：《语言调查语料记录和立档规范》，暨南大学出版社，2010年。

收集的语言资料连最基本、最常用的词语都没有。拿着分类词表机械地逐条询问记录，这种习惯做法既不科学也无效率。

附录十二《语言调查 500 常用词》按事物和概念与日常生活密切度排序：先记录代词，然后记录衣食住行常用动词，再记录数量词等。这种排序可作为实践操作顺序，能保证最先记录日常生活最重要和最常用的词汇，能运用这些词即时造句说话。这个表列出的条目大部分是常用或通用的事物和概念。条目中还列出了若干提示语和提示句，实际记录时可酌情取舍。一个工作周就可记完这几百个词，问出 80% 的音位，学会用这些词组成一二百个日常用句，达到将词汇记录、语言学习和语言运用实时统一起来的效果。

二、民族语的词汇调查方法

民族语的词汇调查记录可以采用翻译法、引导法、自由谈话法。

翻译法也叫对译法，它是指记录人员按词表说出汉语词，民族语发音人说出母语的对应词。这种方法操作简单，容易掌控进度，但有几点不足：一是发音人如果对普通话词语理解不到位，就会说错，张冠李戴。二是发音人说出来的词，可能只表达了其中的一个词义和一种用法，不能全面体现母语对这个条目的多个表达。这就是说，普通话某个词，在民族语中可能对应几个词；普通话的几个词，可能对应民族语的一个词。尤其是通用词和常用词，义项较多而且用法丰富，简单的一对一翻译远远不够。三是有些事物和概念在民族语中找不到对等词，或发音人一时想不起来怎么说，就很可能照普通话生硬地造出一个不存在的词来。

引导法，也叫启发式。词表只作为参考，实际操作中还要通过问话、解说、动作演示等方法引导发音人说出母语中的对应词和表达。引导法的关键是要掌握提问和谈话艺术，启而得法。条目解释应通俗易懂，贴近生活，从现场和身边看得见、摸得着的事物入手进行询问和引导。利用图片、音频、视频解释和提示身边无法见到的事物。引导和激发发音人说出自己的知识和经验，如本土生活、生产、狩猎、环境等方面的词汇和表达。例如，问到动物类词语时，可以提示当地山上有什么野兽，发音人见过或猎获过什么野兽，激发发音人把所见所闻说出来。

自由谈话法。这种方法可以脱离调查词表，现场看到什么就问什么，记录什么。例如，在发音人家里做调查记录，可以将房屋里的人或物逐个指点出来：门、桌、凳、杯、桶、茶、水、妻子、儿子、小孩、老人、鸡、狗等等。自由谈论也不能完全放任自由，要注意有序地指点现场的事物，最好从日常器具、身体部位和穿着入手。

自由谈话还可以采用音视频提示，播放预先制作的视频短片或一组连环图片，让发音人就看到的内容自由说话。例如，从《舌尖上的中国》选取几个视频片段播放，让发音人观看以后自由谈话，记录他们的言谈话语，从中归纳和整理词汇。这种方法对记录人员的记音能力要求较高，而且必须之前已经有一定的词汇记录作基础。在词汇调查的初始阶段，可能不宜使用这种方法。

民族语的词汇调查既要利用调查词表，又不能拘泥于词表，要综合运用各种方法。意义和用法比较单一的词语或不常用的词语可采用对译法。通用词和常用词则主要采用引导法，辅以自由谈话法。引导是核心，如何才能引导成功，有赖于调查人员的知识和经验，尤其是说话和问话的技巧。

三、民族语词汇调查的内容

词汇调查记录，词形是基础，词义是核心，用法是保证。每记录一个词语要弄清以下四项内容。

（一）区分单纯词、复合词、合成词、同音词、词组

发音人说出来的每个词语，要弄清是单纯词、合成词、派生词，还是词组或短语。汉藏语系语言的单纯词以单音节居多，多音节单纯词较少。阿尔泰语系和南岛语系的语言，一个词常常有二个或几个音节。记录多音节词，要问清每个音节单说时有没有意义。母语人一般能自然地将多音节词按音节逐个分开发音，知道哪些音有意义或无意义，这是语言本能和直觉。例如：

仙岛话：pum^{33}fui^{52} 豺狼　　布依语：zo^{31}na^{13} 认识　　勉语：tɕwo^{31}dʑjɛ^{31} 妯娌
山　狗　　知道 脸　　伯母 叔母

布朗语：ka^{ʔ21}au^{35} 天　　ka^{ʔ21}mu^{ʔ33} 石头　　ka^{ʔ21}ta^{ʔ35} 尾巴

西部裕固语：mal-tʂi 牧民　　t^{h}erɣen-tʂi 车夫　　uzuq^{h}-tʂi 说假话者
牲畜　　大车　　假的

台湾阿美语：ma-fali 刮风　　ma-umah 干活　　ma-warak 中毒
风　　田地　　毒

ni-nanum 喝水　　ni-tamaku 抽烟　　ni-futiŋ 捕鱼
水　　烟　　鱼

上面的例子中，仙岛话、布依语和勉语的词是由两个词根构成的合成词，布朗语、西部裕固语、阿美语是由词根和词缀构成的派生词，其中 ka^{ʔ}、ma、ni 是前缀，tʂi 是后缀，ma、ni 泛指某些动作行为，tʂi 表示某类对象，而 ka^{ʔ} 的意义更虚化。有时发音人认为单词中某个音节有意义，也可能只是同音异义，二者碰巧同音，并不是同一个语素。

调查词表有些条目所指的事物或概念，普通话用一个词表达，民族语可能没有对应的单词，而是用短语或词组来表达，也要弄清每个词、每个音节的意义和作用。

（二）了解义项、词类、搭配、用法

常用词一般有几个义项，构词能力强，普遍有兼类，对这些特点要全面询问和记录。基本原则就是，词不离句，通过组词造句来了解词的义项、搭配和用法。

例如，黎语称“叔叔”为 fo:i^{55}，可进一步询问：与父亲年龄相当的男子是不是都可以叫 fo:i^{55}，还有什么人可以叫 fo:i^{55}。最后得到两个义项：①叔父；②继父。

仙岛话“打枪”的“打”用动词 pɤk^{33}，要了解这个动词与名词的搭配，可进一步询问

“打人”“打野东西”可不可以说 pɤk^{33}，还有哪些东西可以说 pɤk^{33}，这样可以引出一组词。

又如，表示“吃”的动词在许多语言中都有“吃、喝、吸”等义项，可询问“吃”是否可以用于“吃饭、吃菜、吃水、吃茶、吃酒、吃奶”等概念。

（三）收集同义词、近义词、反义词

同义词是意义相同而形式不同的词。同义是相对的，没有绝对的同义词，同义词之间总有一些差别，如感情色彩不同、搭配不同、来源不同、使用场合或交际功能不同等等。例如，彝语 ni^{31}mo^{31} 和 ni^{31}ma^{55} 都指妹妹，前者用于男性称自己的妹妹，后者用于女性称自己的妹妹，二者同义但交际功能不同。

通用词和常用词中的某些表示基本属性的形容词常常成对出现，如大小、长短、黑白、轻重等，应注意询问这类常见的反义词和反义表达。有的语言用不同的词表达反义，有的用否定词表达反义，还有的语言用否定词缀表达反义，或几种方法兼用。例如：

汉语	景颇语	怒苏语	德昂语	阿依语
大	ko̠^{31}	ɹ̩^{35}	daːŋ	uɑɖɯŋ^{31}
小	ti̠ˀ	mɛ̠^{35}	diat	tɕʰilɑ
好	ke^{51}	me^{31}	man	sɿ^{31}la^{33}
坏	tʰen^{21}	mage^{31}	lu	m̩^{31}sɿ^{31}la^{33}
黑	noˀ^{31}	na̠^{31}	vaŋ	ɳɑŋ
白	pʰʒu^{51}	ba^{31}	blɔːˀ	bɛ^{55}

（四）区分固有词和外来词

固有词是民族语词汇系统的传统词，反映了传统环境知识。外来词是从汉语或其他民族语借入的词。通用词、特征词大都是固有词，常用词有许多是固有词，但现在也有不少外来词，如电视、电话、手机、摩托、上网等。新近借词容易判断，早期借词和同源词不易区分。一个词的语音形式不符合该语言的历史演变规则，或与其他亲属语言的对应关系不相符，就可能是外来词。

四、如何描写民族语的词汇

词汇包括单词和固定词组（短语），词汇的形式、意义、构造、来源、变化、搭配、用法和关系构成一个有机系统。收集和记录一定数量的词汇以后，要对词汇进行整理和分析，编写民族语的词汇描写报告。

（一）从词汇分类考察和描写词汇系统

从词汇的功能作用来看，可分为基本词汇和一般词汇。对基本词汇和一般词汇的数量比例进行统计，列举一些基本词汇。统计基本词汇作为构词词素在一般词汇中的出现频率，说明基本词汇在词汇中的构词能力及重要性。

从词汇指称的事物类别看，可分为动植物、人体、农业、饮食、地名、亲属等专门类别。统计基本词汇在各义类中的分布，了解基本词汇主要是哪些事物类别的词；统计一般词汇在各个义类中的数量分布。

从词汇使用频度看，可分为最常用词、常用词、非常用词。统计基本词汇和一般词汇中最常用词、常用词、非常用词的比例，描述词汇常用度差异与当地社区生活的关系。

从词汇来源和产生方式看，可分为固有词、借词、特色词、创新词。描述基本词汇和一般词汇中哪些是固有词和借词，哪些反映了文化特色和语言特色，哪些词反映了语言创新。

从词汇反映语言特征看，可分为特征词、特色词、传统环境知识词。民族语特征词主要是特色词和传统环境知识词。列举该语言有哪些特征词，其特征在语音上的殊异，特征词词义及所指事物和概念与特定地域和传统环境知识的关系。解释和描述为什么这些特征词代表了该语言的词汇特征，体现了词汇特色，反映了哪些传统环境知识。例如，有的语言某类植物词多，反映当地生态环境特点和自然知识；某类食品词丰富，反映了当地气候、种植、饮食习惯和食品制作条件和传统，等等。

从使用人群看，可分老派用语、新派用语、儿童用语、女性用语等等。有些词汇反映老年人生活，为老年人惯用；有些词汇反映年轻人生活，为年轻人惯用；有的词是儿童或女性使用。这些都可以分类描述。

从使用域看，可分为口语词、书面词、戏曲用语、宗教用语、行业用语、行话词、黑话词、秘密语、文雅词、礼貌词、褒义词、粗俗词、禁忌词、贬义词等等。语言社区的不同阶层、不同行业使用的词汇也可能有些不同，信奉宗教者会经常使用一些宗教词汇和习惯用语，道士、巫师和术士有行业词汇和用语，猎人有指称动物和捕猎活动的行话秘语，商贩有一套内部使用的暗语。词义常常反映感情色彩，用于不同交际对象和场合。有的词含褒义，显得文雅、礼貌；有的词有贬义，显得粗俗。对这类词也要分类描述。

从特定词汇子系统看，有地名系统、姓名系统、亲属称谓系统、颜色系统、方位系统等等。地名、姓名、亲属称谓是重要的词汇子系统，集中体现了语言的词汇特色。地名系统包括雅名和俗名。不同语言的地名常常有一些特有的通名。地名的命名方式和理据也自成特色。例如，云南德宏傣族景颇族自治州有不少带“弄”“芒”“勐”“姐”的地名，傣语意为“塘”“村”“地方”“集镇”。地名还反映当地环境和文化历史。

姓名系统反映了族系和人伦制度关系。不同的民族语，其姓氏用字往往有特色。例如，景颇族的姓氏有木染（汉姓为尚家、杨家）、木日（汉姓为彭家、李家）、恩昆（汉姓为岳家）、勒蚌（汉姓为王家）、勒托（汉姓为童家、徐家）、米洞（汉姓为董家）、达石（汉姓为石家），名字常带“麻 / mai /”。傣族名字中常有“岩 / ai / 某某”“玉某某”，这两个字代表男女性别。阿昌语的名字中有“腊 / la /”，表示长幼排行。

亲属称谓系统可以从通用称谓和专用称谓，背称和面称，父系和母系亲属称谓，直系、旁系和姻亲称谓，长辈、平辈和后辈称谓，男性和女性称谓等方面来考察和描述。

此外还有一些特殊的词汇子系统。例如，住在山上的瑶族土郎中都有一套自己的医药词汇，猎人有一套表示山地及森林方位和地点的词汇。

（二）从词义关系考察词汇系统

从词义相同、相近和相对关系看，可分为同义词、近义词、反义词。应列举语言中的同义词、近义词和反义词，辨析同义词之间的差别，如词义范围差异、用法差异、感情色彩差异、交际功能差异等。列举反义词的类型，如极性反义词、对立反义词，一个词的正反义项等。

从词义的包含关系看，可分为上位词、下位词、同族词。有的语言概类词（统称词）丰富，每个概类词下面包括众多成员词。例如，“竹子”是概类词，下面是表示各种具体竹子的词。概类词是上位词，具体的成员词是下位词。有的语言某些概念只有下位词，没有上位词。例如，不少语言没有表示统称的“垃圾”。有的语言没有“箩筐”统称词，但有不少表示各种具体箩筐的词。有的词根还可以构成词义相关的一串词，组成同族词，形成一个词族。对词族应进行列举，揭示词族关系。

从词义变化关系看，可分为多义词、同音异义词、同源词。可列举语言中的多义词，解释和描述多义词义项之间的词义变化，原始意义、比喻义和引申义。列举同音异义词，列举有同源关系的词，描述形式和词义之间的同源和演变关系。

（三）从构词考察词汇系统

从构词的音节成分看，分为单音节词、双音节词和多音节词。可列举语言中的单音节、双音节和多音节词，描述单音节词、双音节词和多音节词在词汇系统中的分布比例。

从构词成分的性质看，可分为单纯词、派生词和合成词。列举单音节单纯词和多音节单纯词；列举派生词类型，如附加派生词（含词根和词缀），屈折派生词（改变读音）；列举合成词类型，如并列合成词、重叠合成词、偏正合成词、支配合成词、补充合成词、主谓合成词。

从词语的结构模式看，可分为单词、成语、熟语。列举不同类型的成语：四音格成语、多音格成语，描述这类成语的结构和语音韵律规则。列举不同类型的熟语、谚语、歇后语，描述其意义和结构特点。

（四）从造词考察词汇系统

造词可从造词法和造词理据两方面考察和描述。造词法是产生新词的方法，造词理据是指造词的缘由，也叫词义理据。常见造词方法有：比喻造词、类推造词、引申造词、借壳造词、外借造词、缩略造词、翻译造词、拟声造词。

造词理据各种各样，有的来自自然环境和社会环境，有的来自文化传统和生活习惯，有的来自人的生理肌体和人伦关系，有的来自人的思想和精神。一般可以分为环境理据、文化理据、人伦理据、精神理据等。

（五）跨语言考察词汇系统

除了从语言词汇系统内部考察以外，还可以与其他民族语的词汇系统进行比较，揭示不同词汇系统的共性和个性。跨语言词汇系统的比较和描写，要着眼于以下几个方面：（1）统计和比较不同语言词汇系统的基本词汇和一般词汇的分布和使用频度。（2）列举和描述不同语言的同源词、关系词和异源词。（3）列举和描述不同语言构词法和造词法的共同点和不同点。（4）列举和描述不同语言词汇的词义对应和差异。（5）列举和描述不同语言词汇的语音对应和差异。

民族语的语法调查通常也是在语音和词汇调查完成之后进行。语法调查的操作程序大致和汉语方言语法调查类似。由于民族语的语法结构比汉语相对复杂，有些语法现象不容易分辨，因此民族语的语法调查通常要预先编制语法要点提纲，具体操作时则从短语和简单短句入手。

第三节　民族语语法调查

一、编制民族语语法调查大纲

编制语法普遍调查大纲应注意以下几点：（1）认真研读前人调查报告，全面了解亲属语言和邻近语言的语法特点。（2）采用通用的语法概念术语，拟订一个语法点清单，避免使用非通用、深奥或新奇的语法框架、范畴和术语。（3）语法提示例句要通俗易懂、简短易说，尽量列举相关的多种表达。（4）每个语法例句只包含一个语法项。（5）语法例句和语法项按先易后难、先词组后句子的顺序编排，先列显性语法项，再列隐含语法项。（6）较复杂的例句应配图片或视频，应尽量避免复杂的语法例句。

二、语法调查的程序和方法

（一）民族语语法的调查程序

民族语语法调查可分为三个阶段：第一阶段是培养初步语感，第二阶段是调查主要语法现象，第三阶段是查漏补缺。

词汇调查阶段已经记录和学习了一些工作用语和日常生活用句。可先对这些熟悉的语句进行语法分析，归纳语法现象，形成基本的语感。例如，基本语序是 SVO 还是 SOV，有没有宾语介词标记，哪个是常用否定词，疑问句末多用哪个语气词，等等。

语法调查通常分三步：（1）先记录语法调查大纲的提示词组和短语。（2）根据日常用句归纳的语法项，记录语法调查大纲中的相应语法例句。（3）记录调查大纲的其他语法例句。

完成了上述三步以后，就可以整理语法例句记录资料，归纳和编制语法特点清单；对遗漏的语法点，或材料不充分、表现不明显的语法点，则进一步拟订例句，以便询问和记录。要全面了解一种民族语的语法尤其是句法，最终还需要记录一些自然话语，这样才能更准确和更系统地发现和理解语法现象。自然话语的记录将在第五章学习。

（二）民族语语法的调查方法

按图索骥法。依照语法调查大纲，询问和引导发音人用母语说出相关语句，从中判断和归纳语法现象。这种方法能快速了解一种语言的常见语法现象，但也有几点缺陷：（1）例句用汉语表达，难以兼顾民族语可能存在的多种语法变式。（2）如果发音人对句意的理解出现偏差，说出来的句子就不会出现预期的语法现象。（3）发音人说出来的语句只反映某个语法点的一种表现形式，其他表现形式容易遗漏。(4)发音人可能仿照提示例句造出生硬的、不合母语标准语法的句子。

日常用句归纳法。这种方法也是按例句询问，不同的是提示例句都是日常生活用句。设计时主要考虑这句话表达是否通俗和常用，而不考虑例句包含某个语法点。这种方法的好处是，发音人能脱口而出，对同一例句可说出几种表达，语句自然顺畅，不会出现理解偏误和生造语句。不足之处是，日常用句大多简短，包含的语法内容可能较为有限。

自然话语分析法。这种方法不依赖语法例句表，而是通过记录和分析日常生活言谈叙述、情景会话，从中分析和归纳语法现象。自然话语能真实反映语法现象以及语法和语音、词汇、语用之间的关系。这是调查记录民族语语法的最佳方法，但这种方法实施难度较大，要记录到内容题材丰富、体裁多样的自然话语并非易事。调查人员通常要直接参加或实地观察各种话语事件，进行实时录音，这需要时间，而且涉及说话人隐私问题。此外，逐词逐句转写自然话语录音，也是一项耗时费力的工作。这种方法适合在记录一定数量的日常用句或语法例句以后，作为补充手段来使用。

多媒体演示引导法。根据语法例句反映的语法现象，制作一些小片段视频，播放给发音人观看，让他们用母语描述看到的内容。例如，询问动词的主动、被动、使动，可以设计一个窗子自然打开、人为打开、被风吹开的画面。询问存在句，可设计桌子上放着苹果或墙上挂着草帽的画面，等等。欧洲马普研究院设计的《梨子电影》就是一个很好的例子。这种方法的好处是情景直观、说话自然，但设计和制作视频动画很耗时，有些语法现象无法通过视频来直观表现。

三、民族语语法调查的内容

调查民族语的语法，首先应阅读有关语族和语支语法现象的文献，了解已有著作在描写民族语语法特点时用了哪些分类框架、语法概念和名词术语。民族语的语法普通调查应以通用语法框架为基础，同时吸收民族语特有的语法范畴。下面是民族语语法的内容要点。

(1)短语/词组结构。并列结构、偏正结构、动宾结构、主谓结构，定语中心词结构、数量名结构、指代数量名结构，名词词组、动词词组、形容词词组、介词词组、数量词组的结构类型和限制条件。

(2)句子结构和语序。主语和谓语的顺序，述语（动词）和宾语的顺序，动词和双宾语句的顺序，状语和谓语的顺序，补语和谓语的顺序，定语和中心词的顺序，强调语序。

(3)语法范畴和语法手段。人称范畴、数量范畴、性范畴、时态范畴、体范畴、语态范畴、限定范畴、格范畴、趋向范畴、使动范畴、示证范畴。表征语法范畴的语法手段，如语序、虚词、重叠、形态、屈折等。

(4)词类、搭配和句法功能。名词、动词、形容词、副词、代词、数量词、连词、介词以及不同词类之间的搭配使用；各个词类充当句子成分的功能。

(5)句类和句型。陈述句、疑问句、祈使句、感叹句；处置句、使动句、被动句、比较句、疑问句、存现句；等等。简单句和复杂句，复杂句中的主句和子句的关系，语法标记。

（6）虚词和话语插入语的意义和功能。介词，连词。动态助词、结构助词、语气助词、话题助词、方位助词等。语篇中的提顿语、插入语、发语词等。

四、如何描写民族语的语法

描写民族语的语法应注意几点：（1）语法描述所用的概念、术语是定义明确、通用的术语。（2）个别语法现象没有通用术语，如果自创，则应定义、解释和举例说明。（3）描述语法特点，应采用大众语法知识能理解的理论框架，尽量不用新创、时髦的语法理论。（4）描述语法特点的理论框架应贯穿始终，不要混杂几种语法框架。民族语语法描写的内容主要有以下几个方面。

（一）构词法

对构词法进行分项举例描述，如词根合成法、附加法（加词头、词尾）、重叠法、内部屈折法等。对短语和词组的构词法进行举例描写，如并列式、重叠式、偏正式等。

（二）词类和语法范畴

按名词、代词、数量词、动词、形容词、数量词、连词、助词、叹词等分别描述。词类描写有以下几个方面：

（1）按词义和功能分类进行描述和列举。例如，名词分为具体名词、专有名词、抽象名词、可数名词、不可数名词等。动词有及物动词、不及物动词。根据语法功能不同，有的民族语还有其他分类，如存在动词、引称动词、复动词、助动词等。助词有结构助词、语气助词、格助词等。结构助词又有不同的语法功能，如表示主语（施事）、受事（宾语）、话题、领属、地点、方位、定指等。

（2）描述语法范畴和语法手段。例如，名词有无单数、双数、复数、阴性、阳性范畴，语法手段是用助词、词缀、形态还是屈折变化。人称代词有无主格、宾格、领属格（所有格）、位置格等格范畴，语法手段是词缀、词头、形态、虚词、词根重叠还是内部语音屈折变化。动词有无人称、数等语法范畴，语法手段是加前缀或后缀、形态或屈折变化。

动词时、体、貌、语态、格、式、趋向范畴等。如：现在时、过去时、将来时；一般体、进行体、完成体、未完成体、持续体、经历体、开始体；自动态、被动态、使动态、互动态、共动态；祈求式、命令式、意愿式、放任式、疑问式、否定式；平行向、上游向、下游向、趋近向（向心）、趋远向、正向、侧向，等等。表达这些范畴的语法手段是虚词，还是用词头、词尾或内部屈折。

形容词的级范畴。如原级、较弱级、较强级、比较级、最高级等。

（三）句子成分和语序

句子成分有主语、谓语、宾语、定语、状语、补语、同位语等。

句子语序。“主语－谓语－宾语”语序有 SVO、SVOO、SVOC 等，其他语序有“谓语－主语”（VS），“谓语－主语－宾语”（VSO），“谓语－宾语－主语”（VOS），“主语－

宾语－谓语”（SOV）等。状语和谓语动词的语序，定语和中心语的语序，补语和中心语的语序，等等。

句子语序是否和助词、形态变化配合使用。

短语结构有主谓结构、支配结构、补充结构、限定结构、修饰结构、助表结构、同位结构、并列结构等。

（四）句类和句型

句类有陈述句、疑问句、祈使句、感叹句；句型有存现句、比较句、被动句、处置句、倒装句等等。

（五）单句和复句

复句的类型有并列、递进、条件、因果、让步等关系。表达主从复句的句子关系的语法手段，用助词还是语序，或者格标记。言语交际话语的语篇标记。

第四节　编写民族语调查报告

完成了一种少数民族语言的语音、词汇和语法普遍调查，收集和记录了一定数量的样本资料，接下来就要对资料进行整理分析，编写调查研究报告。

民族语的调查研究报告也分单点报告和区域报告，内容框架大体和汉语方言调查报告类似。民族语的单点调查研究报告通常以传统的教学语法为框架，对语音、词汇、语法特点进行描写，后面附上一个词汇表和若干口述语篇材料。就国内公开出版的大多数民族语调查研究报告而言，语音部分几乎都没有编制声韵调拼合表和音节全表，这是难度很大的缘故。但作为民族语的单点报告，编制声韵调配合表和音节全表，对于系统和准确地描写语音，都是不可缺少的组成部分。表 4–4 是民族语单点调查研究报告的内容提纲。区域调查报告可参考第三章汉语方言区域调查报告框架。

表 4–4　民族语单点调查研究报告

绪论	1.1.1　单辅音和复辅音
0.1　县乡及语言社区人文概况	1.1.2　单元音和复合元音
0.2　县乡及语言分布和使用状况	1.1.3　元音辅音说明
0.3　语言调查记录工作情况	1.2　音节系统（适用于声调语言）
第一章　语音	1.2.1　音节构成
1.1　声韵调（适用于声调语言）	1.2.2　声韵调拼合表
1.1.1　声母	1.2.3　音节全表
1.1.2　韵母	1.2.4　声韵调和音节分布频次（可选）
1.1.3　声调	1.2　音节系统（适用于非声调语言）
1.1.4　声韵调说明	1.2.1　音节构成
1.1　音位系统（适用于非声调语言）	1.2.2　元音辅音拼合表

续上表

1.2.3　音节全表	3.1.1　名词短语
1.2.4　音位和音分布频次（可选）	3.1.1.1　单纯名词
1.3　连读音变	3.1.1.2　并列名词短语
1.3.1　连读变调（声调语言）	3.1.1.3　限制性名词短语
1.3.2　其他语流音变（弱化、连读等）	3.1.2　动词短语
1.4　重音系统（非声调语言）	3.1.2.1　原型动词
1.4.1　固定重音	3.1.2.2　连动和并列动词短语
1.4.2　自由重音或次重音	3.1.2.3　带修饰或补充成分的动词短语
1.4.3　元音和谐以及其他词音现象	3.1.3　形容词短语
1.5　语调系统	3.1.3.1　单纯形容词
1.5.1　独词句语调单位	3.1.3.2　并列形容短语
1.5.2　句子重音和句末语调	3.1.3.3　带修饰成分的形容词短语
第二章　词汇	3.2　语序和句式
2.1　词汇系统	3.2.1　固定语序（主谓宾定状补语序）
2.1.1　基本词汇和一般词汇	3.2.2　特殊句式语序（处置、被动句等）
2.1.2　固有词汇和外来词汇	3.2.3　自由语序
2.1.3　特征词或特殊类别词汇	3.3　助词和形态
2.2　构词法	3.3.1　助词的功能和语义分类
2.2.1　构词成分	3.3.1.1　结构助词
2.2.1.1　实语素、虚语素、变体	3.3.1.2　语气和情态助词
2.2.1.2　单纯词和合成词	3.3.1.3　叹词
2.2.2　构词方式	3.3.1.4　话语助词
2.2.2.1　合成法	3.3.2　形态
2.2.2.2　派生法	3.3.2.1　形态的范畴意义
2.2.2.3　缩略法	3.3.2.2　形态标记
2.3　造词法和词义理据	附录
2.3.1　拟声	1．拼音方案或字母表
2.3.2　隐喻	2．符号和缩略标记
2.3.3　借代	3．县市语言分布图
2.3.4　类推	4．词汇表
2.3.5　文化	5．日常用句
2.3.6　其他	6．语法例句
2.4　词义构成和词义关系	7．日常对话
2.4.1　词的义项和一词多义	8．口述语篇
2.4.2　词义变化和演进	9．风土人情和环境知识图谱
2.4.3　同义、反义和近义关系	
第三章　语法	
3.1　短语结构	

一、拓展阅读

罗常培:《语言与文化》，语文出版社，1989年。

孙宏开、黄布凡等:《藏缅语语音和词汇》，中国社会科学出版社，1991年。

孙宏开、黄行、胡增益:《中国的语言》，商务印书馆，2007年。

张永言:《词汇学简论》，复旦大学出版社，2015年。

“中国少数民族语言简志丛书”，民族出版社，1980年。

二、思考与练习

1. 请一位少数民族同学作为发音人，记录附录十二《语言调查500常用词》，归纳音位系统。

3. 请一位少数民族同学作为发音人，记录其语言的亲属称谓词，绘制谱系树。

4. 以自己母语词为例，解释比喻造词、类推造词、缩略造词、拟声造词。

5. 请一位少数民族同学作为发音人，记录日常用句，归纳一些句法特点。

第五章　自然话语采录和转写

前面几章学习的语言田野工作实践主要是收集和记录字、词、短语和句子样本资料。字、词、句样本属于孤立和离散的语言资料，不是活态的交际言语。只有人们在日常生活交际中说出来的字、词、短语、句子、语篇才是有交际功能的话语。语言普遍调查除了通过记录单字、词汇、句子来了解语音、词汇和语法以外，还必须记录交际环境中的自然话语，缺少自然话语的语言调查还不是完整和科学的调查。

第一节　采录日常交际语句

了解一种语言或方言的句法通常是通过分析一些短语和句子来实现。传统的做法是按预先设计的语法例句进行句法调查，主要关注句子里是否有某个句法现象，如主谓宾的语序、被动标志、时态范畴等等，句子的语音也只是记录句子里每个字词的发音。这是基于句法分析的句子记录。采集语言样本，应区分面向句法的句子记录和面向交际的语句记录，后者不只是记录每个字词的发音，还要记录言语交际情景的语调现象，如轻重、快慢、高低、停顿、语气、情态等等，这样记录下来的语句才是生活中的鲜活话语。缺少语调特征的句子还只是材料，而不是话语。

一、编写日常交际语句

记录日常交际语句，通常先编写一个交际语句集作为参考。编写日常交际语句应注意以下几点：

（1）了解语言社群的言语交际域，根据语言社区生活环境和生活方式拟定若干交际主题，如问候和道谢，问路和找人，饮食，走亲访友，赶集，农业生产，狩猎，生意，手工艺，等等，每个主题相当于一个言语交际域。如果语言社区在城镇，那么城镇生活主题居多；如果在乡村，则以乡村生活主题为主；住在山区的语言社群，则有更多的山地生产和山地生活的主题。每个主题用普通话编写 20 ~ 30 个交际语句，内容尽可能涵盖更多的日常交流事件。例如，编写赶集语句，要考虑询问赶集日、讨价还价、挑选物品、过秤验秤、零卖整卖、帮人代买物品等方面的赶集行为事件。这样编写的语句才会内容丰富，才能适应语言生活的实际需要。

（2）语句的样式应多样化，既有询问句，也有回答句，还有陈述句和感叹句。

（3）尽量用简单句，日常交际语句很少有复杂的长句，往往比较短小、简明。

（4）编写简短对话。单个语句表示的言语交际内容和事件有限，因而可以围绕交际域的某些重要交际事件，编写一些二人或三人对话。例如，以“在集市上买肉”交际事件编写一个顾客和屠户之间的对话，大约几句短话就可以完成这个买卖事件。

二、日常语句的记录程序和方法

记录日常交际语句，包括单个语句和简单对话，可以在室内安静环境进行。记录单个语句，可按主题先请说话人浏览一遍语句提纲。普通话编写的语句提纲只给说话人作为提示和参照，关键是向发音人讲清楚每个语句的交际情景，在什么情境下说这样的话，让发音人用母语说出提示语句的各种表达，而不是照着提示语句用母语念出这句话。例如，许多语言没有普通话“您早”“谢谢”这类用语，但有问早、问好和感谢的各种表达，如“你起得早啊”“你好早啊”“来得早啊”“多亏你啊”“幸亏碰到你”“好彩有你们帮忙啊”等等。总之要问出语句在交际情境下的各种说法。

记录日常交际语句应先录音后做笔记。每句话请发音人按平常说话方式先说一遍，再逐字逐词慢说一遍，有几种说法的，每种说法说两遍。调研人员同时要录音，以免让发音人多次重复说一句话和前后不一致而出现混淆。录音之后再回放录音，请发音人听录音来解说语句，调研人员对每句话的每个字词读音和词义要做详细记录。

交际语句的转写和注释应包含以下内容：（1）用国际音标标注每个字词的发音，用特定符号标示整句话的轻重、快慢、高低、停顿、升降等语调信息（见表5-1）。（2）每个字词的意义用普通话对应翻译和注释，整句话用普通话翻译，并标明情景意义和感情色彩。

表5-1 常见的语调特征标记符号

重读	▼	长读	（::）	升调	↗
轻读	▽	短读	=	降调	↘
重到轻	>	慢读	<::>	整句高	↱
轻到重	<	快读	<p>	整句低	↳
停顿或呼吸	（..）	助词	［ew］	语气词	［mw］

下面是语句的转写和标注示例：

［语调］ ▼（::）（..） ▽ ▼p▽ ▽<p> ▼▽<p>
01XM： ta^{35}wei^{52}， ni^{24} ɕi^{52}ŋ^{55}ɕi^{52} xɯ^{35} kuo^{52}ɕy^{55} a^{0}?
［词素］ 大伟， 你们 系唔系 去 赶圩 ［mw］
［句意］ 大伟，你们是不是去赶集啊？

［语调］　▼▽=（..）　▽▼（::）▽=　▼▽　==

02DW:　ɕi^{52}kɛ^{21}，　ni^{52}xɯ^{35}　ȶʰou^{21}　ʦʰo^{52}ʃo^{52}lei^{55}ɛ^{0}

［词素］　系嘅，　你 去　就　坐上来［mw］

［句意］　是的，你去就坐上来吧。

［语调］　▼▽=　▼p（..）▽==　▼▽=

03XM:　tiŋ^{52}ha^{55}　ŋo^{52}lo^{21}，ŋo^{52} huaŋ^{24}　ji^{55}sai^{55}ȶa^{0}.

［词素］　等 下　我 咯，我　换　衣衫［mw］

［句意］　等我一下吧，我换衣服（才来）。

第二节　采录自然话语

自然话语是日常生活自然发生的独白、对话和会话活动。收集和记录汉语方言和民族语的字、词、句资料通常在室内进行，发音人根据字表、词表、句表进行发音或说话，没听清可以说慢一点，说错了可以再说一遍，调查过程中的询问、提示、笔记、录音等工作环节，调查人员都能自主掌控。自然话语则不然，它发生在日常交际活动中，调查人员无法掌控。采集日常生活中的自然情景会话，不可能像询问字词句那样按部就班地录音和做笔记，而只能是遇到话语事件就即时采录，事后再对音像资料进行转写标注。

一、自然话语的分类

自然话语发生在语言社区生活交际的各个领域和场所，话题广泛丰富，风格各种各样，采录自然话语应尽可能收集内容和体裁具有代表性和典型性的样本。自然话语大体分为十类：

（1）日常对话。日常生活中自然发生的、至少有两人参加的言语交际活动。典型的对话如交谈、商量、座谈、采访、咨询、聊天、争吵、问候、道别等。

（2）戏剧对话。话剧、喜剧小品中表演者的对话。这种对话是按照事先编写的台词脚本表演出来的。表演时有剧情依托，表演者的对话也属情景对话，具有自然性。

（3）礼仪俗套话语。宗教仪式的祷告，民间民俗活动的套话，婚姻仪式的祝愿、誓言等等，这类话语事件一般有多人参加，但不由说话人自由发挥，而是一种习惯套话。

（4）玩笑话语。这类话语至少有两人参加，如开玩笑、逗乐，某些说话人之间心照不宣的秘密话语，等等。

（5）演说话语。演说是特定情境下的说话人个人独白，其中可能有听众问话。公共演讲、竞选演说、牧师布道讲经、教师课堂授课、公开辩论、会议自由发言等等，都可以归入演说话语。

（6）叙述话语。叙述话语属于个人独白，由一人口述历史、事件、经历、故事、传说、神话等等。

（7）程式话语。口述介绍事物的原理、方法、过程、结果等，这类话语也是个人独白，但先说什么，后说什么，有固定的内容和顺序。例如，厨师边做菜边讲解烹饪法，医生边看病边讲述病症，师傅边操作机器边给学徒讲解，这都是程式话语。

（8）报道话语。对某些事物或事件进行报道、公告、解释和说明。例如，新闻记者的现场报道、会议专题发言和专题报告等。

（9）演唱话语。演唱里的歌词唱词也是一种特殊话语，包括独唱、领唱、合唱，还有吟唱、唱读、齐诵等形式。

（10）费解话语。无法用正常话语解释和翻译的话语。如巫师、术士、道士做法事时说出的某些话语或喃喃自语，或自称鬼神启示话语，其中不乏一些怪异难懂的发音和说词。

二、话语采录方法

（一）采录日常生活情景对话和独白话语

上面所说的10类话语事件有些较为常见，有些只能在特定时间和地点才能遇到。要采录内容丰富、种类多样的话语样本，除了时间和耐心外，还要参加生活实践，通过多种途径发现话语事件和各种话题。附录十九《话语记录参考话题》可供参考。下面介绍一些采录自然话语的方法。

（1）话题引导对话。虽然在语言社区可以随机采录自由言谈，但效率和质量不高。有效的做法是，根据近两三年社区或周边发生的事件以及社区生活的一些重要事务，设计若干话题，从语言社区挑选七八个不同年龄的人，两人一组就各自熟悉或关心的话题自由交谈，并同时录音。

（2）临时指认话题。这是就现场出现的人和事物即兴说话。例如，看到某个村民从门口路过，可让说话人介绍他的情况。见到房屋里摆着某个器具，可说说它的用途和制作。不过，这种即兴指认的对象带有随机性，不好把控。语言田野工作期间应留心观察当地环境、事物和生活事件，根据观察到的现象，有目的地选择话题。

（3）多媒体引导话题。利用贴近语言社区生活的视频或组图作为话题对象，激发人们的谈论兴趣。例如，演示一组相关图片，让观众谈论其中的人和事；播放一段游戏，让人们讨论里面的游戏规则、游戏过程和结果。播放某个事件声音，让他们描述听到的事件情节。视频和组图的话题内容要符合社区生活。譬如，当地种植马铃薯，就可以制作一个马铃薯栽培、收获、食品制作的小视频，让说话人观后讲述。素材可从某些专门网站（如动植物网）或电影电视中截取[①]，既可以是真人真实场景，也可以做成卡通动画，画面人物以

① 国外马克斯·普朗克研究院语言资源档案有视频片段可下载，网址：https://tla.mpi.nl/resources/。

三四人较为合适，情节简明清晰，避免将陌生的事物和画面作为素材。语言田野工作期间还应该主动搜集和拍摄当地的事物和生活题材。

（4）参与社区语言生活。语言田野工作者驻留语言社区期间，应适当参加当地生产劳动和各种民间活动，可以在劳动和活动现场实时摄录，也可以在人们茶余饭后经常串门聚集和聊天休闲场所进行定点摄录。这样就能获得内容丰富的情景会话。不过，缺陷是无法摄录到某些季节性事件以及摄录者不能亲自在场的话语事件。

（5）群众自行采录。让语言社区几个家庭的成员全天候佩戴录音机采录自己的话语交流活动。还可以在语言社区物色几位志愿者，进行录音训练，给他们配上设备，将他们纳入课题成员，支付工资，使他们一段时间不外出务工，留在当地采录话语。志愿者也是信息联络员，一旦社区有重要活动和事件，还可以通知语言学者赶赴现场。志愿者还可充当翻译，并协助转写录制的话语资料。

（6）通讯引导对话。预先设计几种对话事件，挑选一两位对话人，其中一位通过手机或电话引导他人在不知情的情况下完成对话事件，实时录音。例如，甲方打电话约乙方吃饭，要求乙方找一家餐馆，电话里谈到地点、路线、环境、菜肴等。这种方法要求主动通话方具有延续谈话的能力。

（7）地图引导对话。对话双方是熟人，一方持详细地图，另一方持删减部分路名和建筑物名的简略地图，持详图一方依序引导持简图方到达几个地点。中国台湾地区“新世纪语料库”部分语料的录制就采用了这种方法①。

采集自然话语，实际工作中可能遇到许多细节问题，应根据不同情况灵活采用各种方法。

（二）基于文字脚本的话语记录和录制

采录语言社群日常生活的即兴对话和个人口述有相当的难度，而且很耗时间。如果田野工作是七八天短期调研，通常不适合通过在语言社区随机采访录制的方法来获得话语样本资料，因为这样录制的话语资料，语句数量少、音质杂乱、内容也不丰富。因此，对于短期语言田野工作，这里提出一种基于文字脚本的话语采录方法。

1. 采录脚本模拟对话

调研人员根据语言社区生产生活的实际观察，围绕若干生活事件情景，例如，问候和感谢、问路找人、赶集购物、种植收割、走亲访友、出门办事、饮食、家庭生活等等，编写一二十段小对话。每段对话的对话人为 2 ~ 3 人，话轮 8 ~ 12 次，也就是每段小对话的总语句数量控制在 8 ~ 12 句。录制对话时，先向说话人讲解脚本，让他们记住各自的话语角色和语句，演练一次，熟悉台词之后再脱稿对话，调研人员同时进行录音。表演对话时，对话人可以有所发挥。这就是说，有文字脚本做依据，但又允许对话人根据自己的生活交流习惯进行改变和发挥，这种“演练”出来的情景对话，也有较强的自然性。

每录完一段情景对话以后，再一句一句播放录音，请对话人用慢速和正常速度把每句话各说一遍，并逐词逐句地翻译和解释，调研人员同时操作录音，详细做好笔记。

---

① 详见中国台湾地区“中央研究院”网址：http: // mmc.sinica.edu.tw/。

2. 采录脚本独白话语

调研人员先提出一个话题，如制作本地某个特色食品，请口述人用普通话或当地通用汉语方言讲述内容或过程梗概，然后根据口述拟写一个内容完整的文字脚本，再请口述人参考脚本，脱稿口述。调研人员中间可以插话提示，同时做好录音录像。尤其是程序或工序较强的事件和知识讲述，最好按脚本口述，其他题材则采用自由口述。话题可参考附录表十九《话语记录参考话题》。录完一段独白话语，请口述人对录音逐词逐句翻译解释，记录员做好笔记，并全程录音。

第三节　自然话语的转写标注

一、转写和标注

采录的自然话语样本还要进行转写和标注，只有经过转写和标注以后才能成为有用的语料。

转写也叫转记，是用文字将话语录音按话语顺序逐字逐词地对应记录下来，成为视觉阅读的文本。普通话和汉语方言的话语录音可用汉字转写，有拼音方案的方言（如广州话）还可以用拼音字母转写。我国有十多种少数民族语言有传统文字或新创拉丁字母文字，如藏语、维吾尔语、傣语、彝语、侗语、景颇语等等，这些语言的话语录音可以用本民族文字转写。但是，大多数少数民族语言没有文字，话语转写只有两种选择：一是用国际音标转写话语录音，二是设计拉丁字母拼音方案和正词法。国际音标只有语言学者才能读懂，话语音像资料要想让更多人能看懂，就应该为没有文字的语言制定拼写方案和正词法。

标注也叫标记、编码，是用符号对话语的词义、句意、口语现象、言语行为和语言特点进行翻译、注释、说明和标记。标注有两种形式：一是用文字对转写文本进行翻译、解释或说明。例如，一段用藏文转写的藏语对话录音，还要用普通话对藏文进行逐词逐句翻译，这些翻译文字就是标注。二是用特定符号代码对话语的某些现象进行标记。例如，用符号“@”表示话语里的笑声，用“S”表示语句的主语，这些也是标注。转写和标注含义不同，但实际使用时常常用其中之一来统称。

用文字将话语记录下来是必不可少的最简单转写，但仅有这样的转写还不够。通常来说，汉语方言话语的转写应包含下面几项内容：

（1）用音标或拼音转写语音和非语音人声（如叹气声、啧嘴声、笑声等），空格分词。

（2）用汉字转写话语的每个字音，有音无字的用同音字、近音字或造字。

（3）用普通话逐个对应注释方言词。

（4）用普通话逐句意译。

（5）有特定地域文化意义的词语应注释说明。

民族语自然话语的转写有下面几项：

（1）用民族文字或拼音字母转写语音和非语音人声（如叹气声、啧嘴声、笑声等），空格分词。

（2）用普通话逐词或逐个语素翻译民族语的字词。

（3）用普通话逐句意译。

（4）有特定民族文化意义和本土知识的词语应注释说明。

除了以上转写项以外，还可以有语法标注和多模态标注，这是更高精度的综合复杂转写标注。

二、转写规则

转写规则是指转写所用的符号、标记和规则集。转写遵循规范和标准，资料才能广泛共享。否则，转写员各搞一套，其他人可能无法阅读，也无法做到数据共享。国外一些主要语料库都有转写规则，其中有些规则具有通用性。例如，美国英语口语语料库《话语转写规则》（DT2），德国语言研究院的德语口语语料库转写规则（GAT2），维也纳－牛津国际英语语料库《转写规则》（VOICE），美国宾大语言数据联盟的汉语广播口语语料库转写规则，我国台湾“新世纪语料库”的转记规则。目前国内还没有作为规范或国标的汉语方言和民族语口语转写规则。

三、转写工作流程

转写有两大任务：一是用文字或符号对录音进行转写；二是将转写文本和录音同步链接。转写是一项细致而艰巨的工作，必须按程序进行才能保证质量。具体流程分五个阶段。

（一）准备事项

个人采集的少量语料通常可以单独完成转写，但超过 5 小时的话语录音就应组织三人以上的团队分工协作，最好集中进行。工作前要做好以下准备：（1）建立责任登记，以便对转写员的工作文件和进程有效管理。（2）将原始音像资料数字化，每个完整的话语事件单独制作副本文件。（3）制定文件命名规则，按命名规则对原始资料和副本文件命名归类。（3）制定转写标注规则，确定转写层次精度目标，是最简单转写还是基本转写，或综合复杂转写。（4）指定用于转写的专用电脑。

（二）学习试验

先对转写员进行培训，学习转写规则。再挑选一个话语音频文件，由转写员按规则各自独立转写。最后汇总转写员的转写，共同点评，发现问题，取得共识。

（三）正式转写

正式转写包括下面几项工作：

一是话轮分割。两人或多人会话录音，应先将每位说话人各自话轮的起点和终点设置断点。个人独白录音则直接进入下一步语句分割。

二是分割语句（语调）单位。将每位说话人的话轮按语句单位进行分割。转写软件对音频流选段、定位、打时间戳、控制播放速度，都有快捷操作键。

三是输入转写标注文本[①]。转写和标注分开进行，先转写后标注。转写是将每句话、每个词、每个音用文字或拼音记录下来。例如：民族语转写，第一轮用民族文字转写，没有文字则用拼音或音标转写，然后用汉语逐词对译和逐句意译；汉语方言转写，第一轮用汉字转写，然后用国际音标记音，再用普通话对译或意译。转写完毕，再标记话语的非言语声音、噪声、词类和语法等。在转写软件中，转写文本按层（也叫轨道）录入，每个转写项的文本和标记分别记录在不同的层，有多少转写项就有多少层，这由准备阶段确立的转写层次精度目标而定。

（四）互查验证

一旦转写标注完毕，转写员应交换各自的转写文件进行互查，发现别人的转写“错误”，不要直接在软件上“更正”，而应告诉转写人，经讨论达成共识以后才能修正。校对人和转写人无法确定的，应召集全部转写人集体讨论，任何疑难点都必须达成一致的处理意见。

（五）数据转换

初步完成转写任务之后，应将转写文件转换成通用数据文件格式。不同软件的转写文件后缀不同，为了数据共享，应将转写文件转换为纯文本格式、xml 格式和 html 网页文件格式，转写软件提供了导出这两种文件格式的功能。此外，还要备份 doc 格式和 PDF 格式保存。

四、转写软件工具

以往的录音转写是一边反复播放录音，一边用笔和纸做记录，或用 Word 文字编辑器打字录入转写文本，录音和转写文本是分离的。随着多媒体技术的发展，现在已有许多专门的转写软件，如 Transcriber、Transana、Xtran、Anvil、CLAN、ELAN[②]、EXMARaLDA Partitur、Anvil 等等。转写软件大都支持音频和视频转写标注，可同时播放音像和录入文字，并将文本和音像同步对齐链接。ELAN、EXMARaLDA Partitur、Anvil 是应用较广的免费软件，有持续的技术支持和版本更新，官方网站还提供源程序、教程和训练资料下载。

转写软件的数据结构和工作方式基本相同，都采用非线性轨道模式。操作行为包括以下几项：

（1）设置转写（轨）属性。不同软件略有不同。例如，ELAN 先要定义语言学类型、层属性和说话人。Partitur 则先要输入说话人和元数据信息。

---

① 有的转写员习惯于一边切分音频一边录入转写文本，有的则习惯全部切分完毕以后再录入转写。这里推荐后一种操作。

② 官方下载网址：http: //tla.mpi.nl/tools/tla-tools/elan。

（2）创建转写层。根据说话人数和转写项，创建多个转写层和标注层。

（3）切分音像段。将话语录音录像以交际语句为单位切分为许多音段，每个语句之下还可以切出字词，看需要而定。切分音段实际上是在时间轴上给每个语句打上首末时刻标记。

（4）对音像段进行同步转写，录入文字或标注符号。

（5）输出可视化页面文件，如网页文件，或输出其他格式的数据文件，如文本文件、字幕文件等。

（6）对话语转写标注文本进行检索、统计、分析，如词频统计、话语特征统计、语言特征统计等，导出分析统计结果。

一、拓展阅读

John W. Du Bois. Representing Discourse（表征话语）. 圣巴巴拉加州大学语言学系：http://www.linguistics.ucsb.edu/projects/transcription/representing。

OLAC. OLAC Discourse Type Vocabulary.（话语类型词汇）[2012-02-04]. 开放语档联盟网：http://www.language-archives.org/documents. html#Standards。

莱比锡大学、马克思•普兰克研究院：《莱比锡注释规则：隔行语素标注规则》（The Leipzig Glossing Rules: Conventions for interlinear morpheme-by-morpheme glosses），2015年5月修订版。网址：http://www.eva.mpg.de/lingua/resources/glossing-rules.php。

范俊军、彭志峰：《多媒体语料转写标注教程》，广东高等教育出版社，2017年。

二、思考与练习

1. 汉语方言的录音资料一般要有哪些转写项？

2. 少数民族语言的录音资料一般要有哪些转写项？

3. 为什么要有口语录音录像资料的转写规则？

4. 用录音机录制一段3分钟的汉语方言对话，参照本章第一节的语句转写示例，用ELAN或EXMARaLDA Partitur软件转写标注。

第六章　录音设备和数据建档

第一节　录音设备及操作

采录声音样本是语言田野工作的一项重要任务。采录设备有录音机、麦克风、声卡、摄像机等。本节介绍录音设备的一些基本操作。

一、数码录音机

录音质量与录音环境、设备及软件相关，其中设备是关键。语言田野工作常用的录音设备有两种：一是笔记本电脑配外置麦克风和声卡，适用于室内环境采集语料。二是专业数码录音机，适用于各种场合采录。随着电声技术的发展，录音机质量不断提高，价格更便宜，如马兰士（Marantz）、罗兰（Roland）、塔斯甘（TASCAM）、索尼（Sony）、祖姆（Zoom）、奥林巴斯（Olymbus）等品牌录音机。

（一）录音机技术指标和功能

专业录音机采用线性录音技术，音频格式为 wav，同时支持 mp3 格式。wav 是广泛应用的非压缩音频格式，有三项主要参数：采样率、位精度和声道数。采样率是每秒从连续信号中提取并组成离散信号的采样个数，单位为赫兹（Hz）。声音是波，1 秒内采样次数越多就越逼近原声。采样频率有 44.1 kHz、48 kHz、96 kHz 或更高，位精度有 16 位、24 位、32 位等等，声道有单声道和双声道。wav 文件占用字节空间较大，计算公式是：（采样频率 × 位精度 × 声道数）× 时长（秒）/ 8。

mp3 音频文件有两项主要参数：采样频率、比特率（码率）。比特率是每秒传送比特数的速度，单位为 kbp/s，简作 kb/s（位 / 秒）。mp3 采样频率有 44.1 kHz、48 kHz、96 kHz，比特率是 32 kb/s 的整数倍，如 64 kb/s、96 kb/s、128 kb/s、320 kb/s 等。采样率和比特率越高，音质就越好。人耳能听到的频率范围是 20 Hz ~ 20 kHz，声波一次振动需要两个采样点，因此要满足人耳听力需求，每秒需要 2 × 20 k=40 k 次采样。人声频率范围通常在 90 Hz ~ 3 kHz，低于或高于这个频段的很少。

音频格式有非压缩格式和压缩格式。非压缩格式是无损音频格式，不丢失音频信号，如 wav、ape、flac、wv、tta 等。压缩格式是有损音频格式，丢失了一些信号，如 mp3、ogg、wma、mpc、au 等。普通录音笔主要是 mp3 格式。语料采样录音应采用非压缩音频格式。

信噪比是信号和噪声的比率。专业录音机有较高信噪比，如索尼 PCM D-100 和祖姆 H6 的信噪比都在 100 dB 以上。

专业录音机内置了高灵敏度 XY 制式拾音头，可采录 120 度和 90 度范围的声源，同时配置外接平衡线的麦克风端口和线路输入端口。平衡线路能防止长线缆产生的噪声干扰，通常说的卡农线（XLR）和大三芯（TRS）都是平衡线，大二芯（TS）和莲花线是非平衡线。

专业录音机有高通滤波、压限幅、预录音、快慢速播放、文件标记等功能。高通滤波也叫低频削减，可降低微风或空调的背景噪声。压限幅器可防止瞬间信号过大而出现人声失真。预录音功能可录下按键前 2 ~ 5 秒的声音，避免错失紧急声源。播放速度可在 -50% ~ +150% 范围调节而不失真。文件标记功能可在长时间录音中打上分段标记，便于检索。专业数码录音机都支持高容量存储卡，能连续录制几十个小时。此外还有音效、混音和编辑功能，可当作独立声卡或调音台使用。

（二）祖姆录音机基本操作

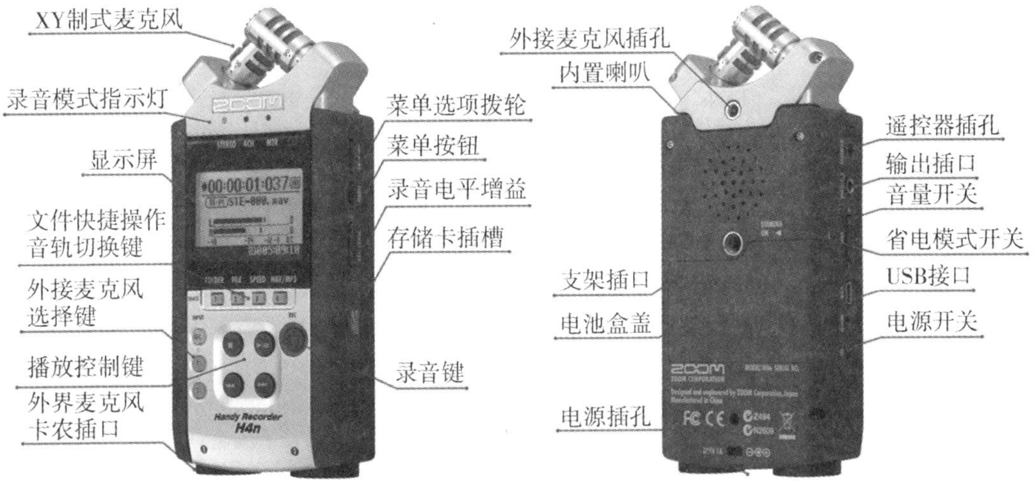

图 6-1　祖姆录音机组成及按键

祖姆录音机有 H4n、H5、H6 三种型号，这款录音机带 XY 拾音头。操作步骤如下：

——打开后盖，安装电池，再安装把手。

——旋动麦克风至 90 度，朝向说话人，距离小于 25 厘米；插上耳机。

——开启电源，屏幕立体声模式（STEREO）红色指示灯亮。

——按菜单键，拨动选项轮盘，选录音项（Rec），设置录音格式；按菜单键返回。

——按录音键（Rec），红灯闪烁，进入录音待命状态。

——按右侧录音信号增益按钮（reclevel）“+”调到最大，屏幕显示最大值 100。

——对着麦克风说话，一边监听，一边按“-”键调节录音输入信号至合适值。

——按左侧输出音量开关（VOL），将耳机音量调至合适位置。

——再次按录音键，红色指示灯亮，停止闪烁，开始录音。

——录制一段话语以后，按停止键；再按播放，监听录音效果。

如果外接麦克风录音，应先关掉录音机电源，再将麦克风卡农线插入录音机底部的卡农端口，开启电源，按下面板上相应麦克风编号按钮。

（三）菜单功能简介

1. 录音模式

祖姆录音机有四种录放音模式：立体声模式、省电模式、四声道模式、混轨模式。默认立体声模式。省电模式开关在电池盒里，省电模式也是录制立体声，但只能录制 44 kHz / 16 bit 的 wav 或 mp3 格式，该模式下 2 节电池最长可录 11 小时。

采录室内座谈、小型会议发言、个人演讲、室外聊天，可启用立体声模式，拾音头调至 90 度。多位说话人并排站立或坐着说话，可调至 120 度广角。四声道模式可同时使用 2 个内置拾音头和 2 个外接麦克风，适合录制群体活动。混轨模式可启用音效，进行演唱和配器合成。

2. 菜单功能

菜单操作步骤是：先按菜单键（Menu），拨动菜单选项拨盘，选择菜单项；再按下拨盘，确定选项，或进入下级子菜单。最后按菜单键，返回上级菜单。

祖姆录音机主菜单有：文件夹（FOLDER）、文件（FILE）、输入设置（INPUT）、录音设置（REC）、预录音（PRE-REC）、自动录音（Auto-Rec）、录音格式（RECFORMAT）、工具（TOOL）、系统设置（SYSTEM）。

文件夹用于存放录音文件，系统预设了 10 个文件夹。按录音机面板的文件夹按钮可直接查找文件夹。

文件菜单是对录音文件进行操作，如选中文件、查看文件信息、文件命名、将录音文件转换为 mp3、规整文件、分割文件、移动文件、标记列表、删除文件。规整功能是自动调整已录音频的音量，增强音质和保真。分割功能是将长文件分割为多个小文件。标记列表是显示长文件分段标记。

输入设置有：高通滤波、压幅 / 限幅、监听、输入电平自动调整、单混、中 / 侧立体指向、幻象电源、插件。开启高通滤波器，录音时将自动滤去低频，菜单提供了 80 ~ 237 Hz 等 10 个低频选项。在消除低频噪声的同时，人声中该频段也同时削除。录制话语时，有些低频声可能构成话语情景，启用高通滤波要根据说话人声音状况和场景噪声状况来确定滤掉哪些低频。限幅器是对输入信号的瞬间高电平进行衰减压幅，菜单提供了两个选项：一是普通压限幅，二是人声压限幅。当输入信号超过预设值 6 dB 时，系统会自动用新值调整。单混是将左右两声道混合成单声道，它只在立体声模式和省电模式下有效。中 / 侧立体声矩阵转换，是将指向中间和一侧的两个麦克风信号转换为立体声。幻象电源用于给外接电容麦克风供电，有 48 V 和 24 V 两个选项，大多数电容麦克风用 48 V。如果麦克风里面装了电池，则关闭幻象供电。监听功能用于开启或关闭耳机监听。

录音设置操作有录音文件命名和设置录音格式。文件命名有两种方式，缺省方式是“录音模式－编号”。例如，STE-001.wav 表示立体声模式录制的第一个音频文件。另一种是“年月日－编号”，例如 211223-001.av 表示 2021 年 12 月 23 日录制的第一个文件。录音格式是设置采样频率和比特率，菜单提供了 19 种采样频率 / 比特率的 wav/mp3 格式。语言调查录音通常可设置为 44.1 kHz/24 bit 的 wav 格式。

自动录音是预先设置一个起始电平值（Start LVL），当说话声音信号电平达到这个预置值时，录音机自动开启录音，低于预置值则停止录音。语言田野调查建议关闭这个功能。

预录音是指按下录音键时，录音机会自动录下按键前 2 秒的声音。

工具菜单提供了下面一些工具：（1）调音器，用于各种乐器输入的调音。（2）节拍器，用于音乐配上节拍效果。（3）循环，用来设置循环播放段。（4）速度，用来设置快速或慢速播放。（5）内存录音，表示启用录音机内存保存和备份录音。（6）播放模式，用来设置播放单个文件还是全部文件。（7）系统工具，用来设置日期和时间、电池、对比度、屏幕背景灯、恢复出厂设置等。（8）存储卡工具，可查看存储卡剩余空间、格式化存储卡。

USB 功能有两个选项：一是存储选项，把录音机当作 U 盘使用，将录音文件下载至电脑；二是音频接口选项，把录音机作为独立声卡使用，通过 USB 接口与电脑或混音器或录音机连接。

二、麦克风

麦克风俗名话筒，学名传声器、拾音头。麦克风可分为人声麦克风和音乐麦克风，前者适合录制人声，后者适合录制乐器演奏。语言调查应使用人声麦克风。

麦克风从外形上可分为台式、手握式、头戴式、领夹式、悬吊式等。常见分类是动圈话筒和电容话筒。动圈话筒构造简单，经济耐用，能承受高声压，不易受极端温度或湿度影响。电容话筒比动圈话筒更灵敏，但较娇贵。森海塞尔（Sennheiser）、铁三角（Audio-technica）、舒尔（Shure）、得胜（Takstar）等品牌都有专业麦克风。

（一）麦克风主要技术指标

麦克风技术指标有指向性、灵敏度、频率响应、输出阻抗、等效噪声、最大声压级、信噪比、动态范围等，其中重要的是指向性和灵敏度。

指向性也叫麦克风的极性，它指拾取来自不同方向的声音的能力。一般分全向型、心型、超心型、8 字型。全向型也叫无方向型，对各个方向的声音有相同灵敏度［图 6-2（a）（b）］。心型属指向型，前端灵敏度最强，后端灵敏度最弱［图 6-2（c）（d）］。超心型麦克风的拾音区域比心型更窄，但后端也会拾取声音［图 6-2（e）（f）］。8 字型分别从前方和后方拾取声音，但不从侧面（90 度角）拾音［图 6-2（g）（h）］。

灵敏度指麦克风在某个声压级下产生的电信号强度。灵敏度越高，麦克风音量越“响”，但灵敏度过高会产生啸叫或声音忽大忽小，灵敏度稳定即可。高阻抗的麦克风灵敏度高，但易受外界信号干扰，一般用低阻抗麦克风即可。

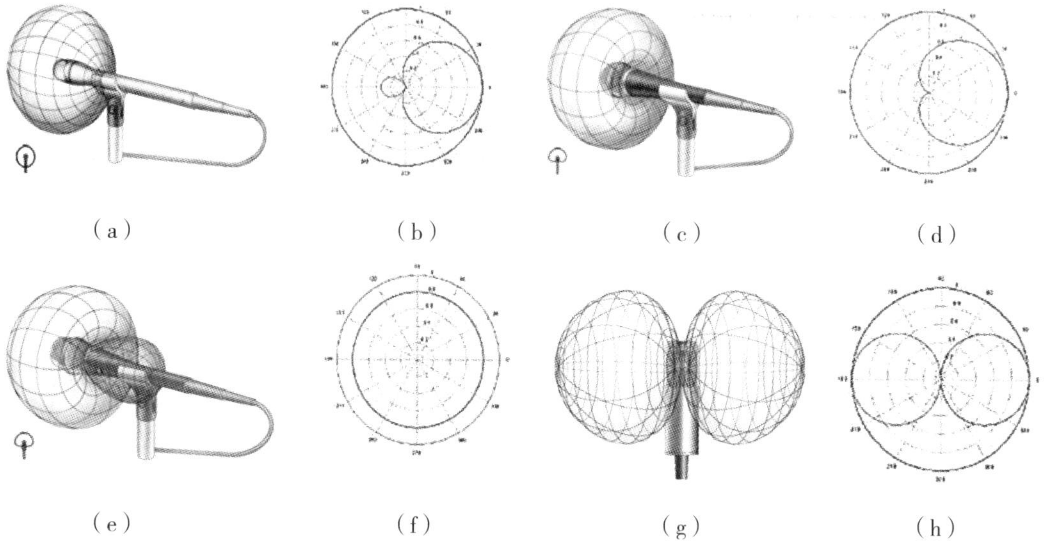

图 6-2　麦克风的不同类型批向

灵敏度单位有两种表示法：一是毫伏 / 帕（mV/Pa）；二是分贝 / 帕（dB/Pa）。动圈麦克风的灵敏度一般为 1.5 ~ 4 mV/Pa，电容麦克风的典型值是 20 mV/Pa。分贝表示的灵敏度都是负值，–40 dB 比 –50 dB 灵敏度高。有的麦克风厂家还在灵敏度后面定义了 0 dB 的条件，例如，得胜 SGC 678 采访麦克风的灵敏度指标是 –45/3 dB ± 3 dB（0 dB=1 V/Pa at 1 kHz），含义是用 1 kHz 的声波测得的灵敏度值。一般麦克风的灵敏度为（–56 ± 3）dB，可见该型号话筒的灵敏度较高。

麦克风的灵敏度随声音频率的变化而变化，对于不同频率的输入信号，输出信号会随着输入频率的变化而发生放大或衰减。二者关系通常用频率响应曲线表示，麦克风说明书上通常有频率响应曲线图。频率响应是麦克风对声音频率的灵敏度范围。理想的麦克风应当是对人耳能听到的声音频率范围 20 Hz ~ 20 kHz 的声音信号保持均衡响应，但实际上由于麦克风机械性能和电气性能的限制，只有极少数麦克风能达到此要求。

频率响应分为平坦频率响应和特定频率响应。平坦频率响应指麦克风能同等拾取所有可听见的频率（20 Hz ~ 20 kHz），对所有可听见频率的输出电平相同。理想的频率响应曲线应当是一条水平线，表明输出信号能真实呈现原始声音特性，但这种情况不易达到。平坦响应曲线的麦克风，适用于不可改变或修饰的录音。特定频率响应是对某些频率有不同的输出电平，通常用于特定情况下强化声源。例如，麦克风在 2 kHz ~ 8 kHz 范围内可能有个峰值，提高现场人声的清晰度。平时正常说话语音频率在 100 Hz ~ 1 kHz 之间，频率响应曲线表这段曲线平滑，则说明该麦克风适合录制说话声。

输出阻抗指麦克风的交流内阻，通常用 1 kHz（千赫）的声波来测量。麦克风输出阻抗分高阻抗和低阻抗，低阻输出阻抗一般为 200 ~ 600 Ω（欧），高阻输出阻抗在 10 kΩ（千欧）以上。高阻抗麦克风对日光灯、马达等产生的电磁干扰比较敏感，而且连接线不能太长，所以高质量麦克风一般采用低输出阻抗。动圈话筒典型的阻抗值为 150 Ω、200 Ω 或 300 Ω，作为经验法则，设备输入阻抗应至少是麦克风阻抗的 3 倍。

等效噪声级和最大声压级这个指标对电容麦克风也很重要。声波的声压作用在麦克风上所产生的输出电压，同麦克风本身固有噪声产生的输出电压相等，该声波声压就等于麦克风的等效噪声级。单位是 dB（分贝）。电容麦克风的等效噪声级要求小于或等于 26 dB（A）。例如，铁三角 C214 电容麦克风的本底噪声参数是 13 dB（A），得胜 GL-200 麦克风的等效噪声级为≤ 12dB A（IEC 581-5）。

噪声和灵敏度直接相关，灵敏度越高，噪声越大。例如，同样一个 3 μV（微伏）的噪声对于灵敏度 30 mV/Pa 的麦克风来说，等效噪声级只有 14 dB，这是很小的，但对于 10 mV/Pa 的麦克风来说，等效噪声级 23.54 dB 就算高的了。

最大声压级（max SPL）也叫过载声压级，即电容麦克风能承受的最高声压级（SPL），高于此参数的声压级会导致输出信号严重失真。电容式麦克风工作状态的最大声压级一般为 126 dB 左右。

谐波失真（HD）指输出信号比输入信号多出的谐波成分。1 kHz 频率处的总谐波失真最小，不少产品都以这个频率的失真作为指标。总谐波失真小于 1%，人耳分辨不出来，大于 10% 就可以明显听出失真成分。数值越小，音色更纯净，麦克风品质越高。一般产品的总谐波失真都小于 1%（以 1 kHz 频率测量）。例如，铁三角 AT4040 麦克风最大声压级为 145 dB SPL（1 kHzat 1% THD），得胜 GL-200 麦克风最大声压级为 130 dB（THD ≤ 1.0% at 1 kHz）。

除上述指标外，有的麦克风还标明了动态范围、信噪比等参数。动态范围是麦克风输出最小有用信号和最大不失真信号之间的电频差。动态范围小，会引起声音失真，音质变坏，因此要求足够大的动态范围。信噪比（S/N）用传声器输出信号电压与传声器内在噪声电压比值的对数值来衡量，优质电容麦克风的信噪比为 55 ~ 57 dB。

（二）麦克风的使用

语言田野工作中不能指望一支麦克风就能用于所有场合，而应根据语料类别、用途、录音环境和发音人声音状况，使用不同性能和外形的麦克风。

语料类别是指哪类语言样本，单字、词汇还是句子，个人独白还是情景对话。语料用途是指录音资料将用于语音实验还是用来学习语言，或者只是用来听听。录音环境是城镇还是乡村，室内还是室外，情况差别很大。发音人生理条件也有关系，有的人音色好，声音清脆响亮；有的人可能声音较弱，不够清脆。

室内位置较固定的发音、叙述、聊天、唱歌，用手握或台式麦克风较为合适。录音室或安静房间里可用电容麦克风。周边环境欠佳的临街房间或有回声的房间，则动圈麦克风较为合适。

户外二三人说话，如果说话人不走动，可用枪式麦克风。如果说话人边干活边说话，还不停走动，可随身携带录音笔。群众集会和其他活动的主要说话人，可配带录音笔或领夹麦克风，或用无线麦克风，还可以在场地上空悬吊麦克风。录制几个人说话，应安排说话人围着麦克风站立或就座，使用全指向麦克风。说话人肢体动作容易碰到麦克风引线而产生噪声，因此要将引线固定好。

麦克风不能靠嘴巴太近，否则会增加低频响应，声音听起来模糊。通常距离是 15 ~ 20 厘米，不超过 25 厘米，从下方或上方对准嘴巴，不要直线对准嘴巴，以防喷麦。室外录音要给麦克风套上防风罩，减少微风低频噪声。录音前要对麦克风的摆放角度和位置进行测试。如果录音现场音效差，就要将麦克风靠近声源最响部分，或者为声源隔音。麦克风要远离光滑和坚硬的桌面、墙面、地板，以避免声音反射而产生回声。

三、声卡和调音台

声卡是音频接口，连接麦克风或其他音频设备和电脑的硬件。简单的声卡是一个模 / 数（A/D）转换器，将麦克风的模拟信号转换为数字信号。声卡有板载声卡和独立声卡，板载声卡集成在电脑主板上，独立声卡可插在电脑主板插槽里，也可外置，通过接线与电脑连接。笔记本电脑的主板集成声卡属于普通档次的声卡。语言调查录音应配备专业录音机、笔记本电脑配外置声卡和麦克风。

（一）声卡的种类和选用

选择声卡主要看三点：一看音频信号输入输出接口类型和数量，二看声卡与电脑的接口类型，三看采样率和位精度。接口分两类：模拟输入输出和数字输入输出。输入接口主要用于外接拾音设备，输出接口用于外接播放或扩音设备和监听耳机。

声卡按接口类型可分为 PCI 声卡、USB 声卡、IEEE1394 声卡、PCMCIA 声卡、Thunderbolt 声卡。PCI 声卡插在电脑主板插槽上使用。IEEE1394 声卡俗称火线声卡，是一种外置独立声卡，采用 1394 数据线与电脑连接。USB 声卡也是外置独立声卡，用 USB 线与电脑连接。PCMCIA 声卡是独立声卡，可插入电脑 PCMCIA 插口。Thunderbolt 声卡俗称雷电声卡，是苹果和微软合作研发的集数据、视频、音频传输为一体的接口。

PCI 声卡

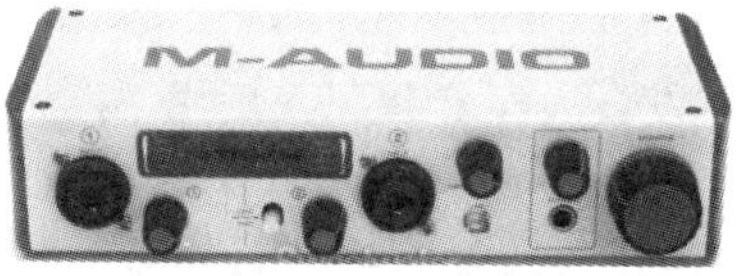

USB 声卡

PCMCIA 声卡

雷电声卡

图 6-3　不同声卡类型

专业独立声卡的采样频率和位精度最低可达 44.1 kHz/16 bit，多数都是 94 kHz/24 bit，有的可达 192 kHz/24 bit。不同的声卡虽然采样频率相同，但声卡材质和做工精度也会影响录音质量，因此应选用品牌产品。

电脑、外置声卡和麦克风组合录音，按以下步骤连接设备：

——用卡农线或大三芯线缆连接麦克风和声卡；

——将声卡 USB 接线和电脑连接；

——将声卡输入电平增益和输出电平增益旋到最小；

——开启声卡电源开关，电脑自动识别外接设备；

——设置录音和播放设备，鼠标右键点击电脑任务栏右下角喇叭图标，弹出设置菜单，点击“打开声音设置”，将外置声卡和外置麦克风作为默认设备；

——运行电脑录音软件，开启外接麦克风开关，进行录音测试。

（二）调音台

调音台又叫调音控制台，实际上是一个功能扩展的外置声卡。调音台对多路输入信号进行放大、混合、分配、音质修饰和音响效果加工，是电台广播、舞台扩音、音响节目制作等系统录制和播送节目的重要设备。语言田野工作有时也可能用到调音台，例如采录口传和演唱活动。调音台按信号出来的方式可分为模拟调音台和数字调音台。不同品牌的调音台在输入通道数量、面板功能键以及输出指示等方面存在差异。根据使用目的和场合不同，调音台分为录音调音台、立体声现场制作调音台、音乐调音台、剧场调音台、带功放调音台、扩声调音台、无线广播调音台、有线广播调音台、便携式调音台等等。

调音台有声卡功能，将信号放大以及将输入的模拟信号转换为数字信号。外置独立声卡通常是 1 ~ 2 个输入输出端口，调音台则有多路输入通道，少的 4 路和 8 路，多的 96 路甚至更多，可以对每一路声音输入信号的高、中、低频段进行调节，将调节后的各路信号混成一个或多个信号，并增加特殊音效，混合输出和分开输出。调音台的优势更多体现在混音和制作音效。

图 6–4　雅马哈 MG10 调音台

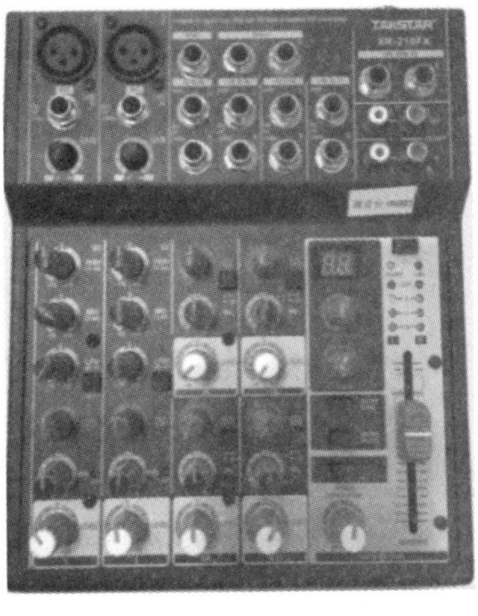

图 6–5　得胜 XR–210FX 调音台

调音台面板通常分为左右两个区域，上面有插孔、旋钮、推子。左面板负责调节输入信号，右面板负责输出信号。如图 6-4 所示雅马哈调音台，上区是输入输出插口，上区左边是卡农和大三芯插孔，右边浅色部分是输出插口。如图 6-5 所示得胜调音台，上区左边是输入插孔，最右边 2 列 6 孔是输出接口。下区是旋钮和推子。

四、录音环境和设备匹配①

语言调查录音设备要与录音环境相适应。录音环境通常可分为以下四类。

安静、隔音的室内环境属于一类环境。典型情况是室内无噪声，无电磁波干扰，无外界噪声传入，墙面有隔音板，有地毯或消声板，面积约 15 平方米。县城和乡镇广播电视台播音室、录音室属于一类环境。这种环境适合采录单字、词汇、句子发音，以及个人长篇口述、二三人座谈。设备匹配：麦克风 +USB 外置声卡 + 电脑 + 监听耳机 + 录音软件。建议选用品牌产品，麦克风有铁三角、森海塞尔、得胜等品牌。录音软件有 Adobe Audition，Audacity，Sonicfield 等。

二类环境是指较安静的室内环境，偶尔有外界噪声传入。典型情况是室内有地毯、绒布、皮革等软质装修墙面，面积 15 ~ 20 平方米。不临公路、街市、工厂、建筑工地、娱乐厅、高压变压器、移动电信基站、广播电视发射塔等。县城或乡镇的中高档宾馆客房或小会议室，政府机构小会议室，学校电教室或语音室，都属二类环境。这类环境可以采录字、词、句发音材料，个人长篇口述，二三人自由聊天，室内电话或手机通话。设备匹配：麦克风 + 笔记本电脑 + 耳机 + 录音软件。

三类环境指普通室内环境，硬质光滑墙面，水泥、瓷砖或木板地面，有持续低噪声和偶尔强噪声传入，室外不临街市、公路、溪流、工厂、工地、娱乐厅、高压变电器、移动电信基站和广播电视发射塔。乡镇住房、公馆、祠堂、普通旅店都属于三类环境。农村旧式砖瓦或土墙房屋不会产生回声。这类环境可采录日常用句、个人自由叙述、自由聊天、室内情景话语。设备匹配可用：

（1）麦克风 + 笔记本电脑 + 耳机 + 录音软件；

（2）专业录音机 + 枪式麦克风；

（3）专业录音机 + 头戴式麦克风。

设备组合（1）适用于能用电脑的乡村住宅和旅店，组合（2）适用于不便摆放电脑的农村住房，组合（3）适用于室内说话人走动或做事的情况。可让说话人佩带一个小布包，包里放录音机，麦克风连线固定在衣服背部。

四类环境指户外各种场所，这类环境有不可避免的各种持续噪声，主要采录自然话语，拍摄户外活动。如聊天、聚会、游戏、村民会议，婚姻、丧葬、生育等民俗仪式和宗教场景，农贸集市，生产劳动，演唱竞技活动，等等。设备匹配有以下几种：

（1）专业录音机 + 枪式麦克风。适合说话人位置相对固定的场合。

（2）专业录音机 + 领夹麦克风。适合走动的个体说话人。

---

① 参考附录五。

（3）摄像机 / 单反相机 + 枪式麦克风 + 监听耳机。适合场景和人声一起录制。选用品牌摄像机麦克风或采访麦克风，6 ~ 10 米平衡线缆。

（4）无线麦克风系统。适合采录大型演唱和竞技活动的主要说话人和演唱人的话语或歌唱。麦克风有手持式、领夹式、头戴式。

第二节　声飞软件操作

语言调查录音和数据整理与通常的音视频编辑有所不同，除了声音剪辑和语音实验，还要分析处理记音资料。国外的软件在处理汉语方言和民族语资料时都存在一些缺陷。本章介绍国内研发的语言调查和资料建档软件 Sonicfield（声飞软件）。这个软件可用于室内录制单字、词汇和句子，归纳声韵调、整理同音字汇等基本的语言资料处理工作。

一、声飞软件的功能

声飞软件有以下功能：

（1）编制语言调查的字表、词表、句子表，并实时对调查条目录音、录像、查看语图。

（2）对国际音标记音资料文本进行声母、韵母和声调归纳和频次统计。

（3）自动生成汉语方言同音字汇和民族语的音节词汇全表。

（4）根据几个调查点的音标记音文本，自动生成单字对照表和词汇对照表。

（5）将音标记音调查表及其录音录像输出为多种界面的多媒体网页文件。

（6）将音标记音调查表及其录音录像输出为 Audacity、ELAN、EXMARaLDA 等软件的数据文件。

（7）导入用户自编的调查表，国家语保工程数据表，以及 Audacity、ELAN、EXMARaLDA 等软件的音视频和转写文件。

（8）导入汉语方言和民族语的隔行标注的句子和长篇话语语料。

（9）提取音标转写的句子和话语的词表。

（10）组建语言档案。

二、菜单命令简介

（一）文件

文件主菜单包括以下操作命令：

（1）新建字表。自动生成汉语方言调查字表。

（2）新建词表。自动生成词汇调查表，可用于汉语方言或民族语调查记录。

（3）新建句表。自动生成句子表，包括日常用句和语法例句，可用于汉语方言或民族语的句子调查记录。

（4）打开。打开声飞调查表，进入编辑界面。文件后缀为 snf。

（5）删除。删除声飞调查表和多媒体数据。

（6）导入。可导入的数据表有：①用户制作的 Excel 调查表；②国家语言资源保护工程 Excel 模板表；③对话文本（剧本格式）；④长篇话语文本；⑤ ELAN、EXMARaLDA 两种软件的转写标注文件和音视频文件；⑥音频编辑软件 Audacity 的标签文件和音频文件；⑦ Sonicbook 软件的书版文件。

（7）导出。可导出的数据表有：① Excel 表；②多媒体网页文件（电脑版和手机版）；③声飞书版文件；④ ELAN 和 EXMRalDA 转写标注文件；⑤ Audacity 标签文件。

（二）数据

数据主菜单包括以下操作命令：

（1）音标面板。调用字符映射表，选择和输入国际音标或特殊字符。

（2）音标查错。检查调查表的国际音标记音字符是否出现错漏。

（3）整理声韵调。根据字表和词表的音标记音资料，生成声韵调表。

（4）整理元音辅音。根据词表记音，生成元音辅音表。这个功能适用于非声调语言。

（5）同音字汇。生成汉语方言的同音字表。这个功能适用于汉语方言。

（6）音节词汇表。根据词汇调查表的音标注音，生成音节词汇表。这个功能适用于民族语。

（7）提取句子词汇。根据句子的音标注音和空格分词，生成词汇表。

（8）提取句子。根据长篇话语的音标注音，生成句子表。

（9）多表对照。将多个调查合并，生成对照表。

（三）选项

选项主菜单包括四种工作模式：

（1）制表模式。这是声飞默认模式，对调查表条目进行添加、删除、修改、查找、替换等处理。

（2）录音模式。对调查表条目进行录音和录像，每个条目单独保存为一个音频或视频文件，还可以导入和导出各种命名方式的音频和视频文件。

（3）转写模式。对已有录音的调查表进行转写，一边播放录音，一边打字输入。

（4）语档模式。将转写好的音像文件整合为多媒体网页，上传网络云端，供手机用户浏览。

（四）系统

系统菜单整合了声飞软件数据库的内置数据表，用户一般不能修改系统数据。

（五）帮助

提供声飞教程、下载页面、版权信息和相关网站链接。

三、软件操作示例

示例一：创建汉语方言调查字表，删除一些条目，再录音和输入音标。

——运行声飞，点击主菜单“文件 > 新建字表”，生成并打开字表。

——鼠标移至“衣”行首空白处，点击选中整行，按 Shift 键，鼠标点击“益”行首，选中“衣”到“益”八行，再按工具栏“删除”，最后按“刷新”。

——点击“选项 > 录音模式”进入录音界面，按工具栏的刷新图表。

——鼠标选中“夫”字，按下红色录音键，听到“嘟”声，读出“夫”字，再按停止键。

——按绿色播放键，听录音。

——按工具栏的粉色图表，查看语图。

——选中第二个字“扶”，重复以上录音操作。

——点击“选项 > 转写模式”，进入转写界面。

——勾选右边单选框“自动播放”。

——鼠标点击第一行“音标注音”空格，听录音，输入音标；录毕回车，进入下一条。

——重复以上操作，直至输入完毕。遇到特殊音标符号，可在右边的字符映射表里查找，按“选择 >> 复制”，然后粘贴到声飞的转写空格里。

——点击“选项 > 录音模式”，回到录音界面。

——点击“文件 > 导出 >> 多媒体网页文件”，可将调查表和录音生成一个网页文件。打开网页文件，可点击页面播放单字发音。

示例二：导入一个有音标记音的词汇表，整理声韵调并导出。

——准备好 Excel 词表，有编码、条目、音标注音三个标题字段。

——运行声飞，按“文件 > 导入 >>Excel 词表 >>> 继续导入”，选中要导入的词表，按打开，即导入并打开词汇表。

——按菜单“数据 >> 音标查错”，系统开始检查音标记音符号，发现可疑之处，弹出提示条。如果该条音标符号有错，按“继续查错”；如果无错，按“忽略本条”，直至查错完毕。

——按菜单“数据 > 整理声韵调”，系统归纳声韵调，并弹出声韵调列表。

——按“预设顺序”，对声母和韵母排序。也可用箭头工具，移动声母、韵母、声调排序。

——选择声韵调面板下面“例词”“排序”“输出文件格式”，按确定，导出声韵调表。

第三节 资料数据建档

语言田野工作结束后，还有一项重要工作，就是资料数据建档。辛辛苦苦收集、记录和摄录的资料都要整理加工并制成档案保存，这有助于积累语言资料，有利于开发数据库和语料库，促进语言资源共享。

一、语言资料建档的原则和工作内容

语言调查资料的整理和建档应遵守几条原则：一是确保原始资料数据的原态性；二是所有资料要数字化；三是资料加工处理只能在复制件进行；四是用于发布和共享的建档资料都有完整转写标注；五是数据文件归类、命名和编码必须简明和易于检索。

语言调查记录资料大体可分为三类：一是音频、视频、图片多媒体资料；二是田野工作笔记和字、词、句、话语以及其他社会文化情况调查笔记手稿；三是实地采集的实物样本。多媒体资料现在都是录音机和摄像机摄录的数字文件。田野笔记和记录手稿是纸质资料，除了拍照扫描生成数字图形文件，还要打字录入电脑，制成文档和电子表格。前两类资料都要转换为数字文件格式，包括音频文件、视频文件、图形文件、转写标注文件、纯文本文件、文档文件、网页文件等等。原始录音可能有 wav、mp3、ogg（手机）格式，后两种都要转成 wav 格式。原始视频文件可能有 mov、mp4、MTS 等格式，建议都转成 mp4 格式。原始图形文件有 jpg 和 PDF 等格式。不同转写软件的文件格式不一样，如 ELAN 转写文件后缀是 eaf，而 EXMARaLDA Partitur 文件后缀是 exb，但实际内容都是 xml 文本模式，用记事本可以打开查看。

语言调查资料数据的建档工作有音视频剪辑、数字格式转换、文件命名和分类、元数据描述、资料存储等。音视频剪辑工作主要是审查录音录像资料，剪去其中无用的声音和视频段，使音频文件和视频文件变得简洁、干净。文件命名和分类工作是对所有资料的数字文件按有关技术规范进行科学分类、命名，制成有序的、容易查阅的文件包。元数据描述工作是对数据文件包资料的性质、内容、责任人、制作日期等基本信息进行标注。资料存储工作是选择和确定数据保存和服务的场所和机构，确保数据安全。

二、数字资料文件的命名和分类

语言资料档案简称语档，一种语言的档案实际上就是有科学命名和分类、包含层级文件夹的数字文件集。不同类别的资料分别建立不同的子文件夹，多个子文件夹构成语档。语档文件集分三个层级：根文件夹、子文件夹、数据文件。除了各层级文件夹和文件应科学分类和命名，各种数据资料文件也要元数据标示，以便资料类聚和检索，促进语档的使用和传播。

（一）根文件夹和次级文件夹命名

一种语言的全部资料可建立一个语档。根文件夹命名可用中文，也可用拼音或英文。命名要体现编号、地点、语种、语料类别和属性信息。根文件夹建议用“区域地名 + 语种 + 语料类别属性 + 语档”命名。例如：

中文：01 博罗畲语基本语料音档

英文：N01BLsheBasicRecordingsArch

中文：02 云南六种少数民族语言词汇语档

英文：N02YN6MLangWordListRecordingsArch

中文：03 粤赣湘客方言常用句音档

英文：N03YueGanXiangHakkaSentenceRecordingsArch

一个根文件夹通常包含多个子文件夹，子文件夹还可以有下级文件夹，但最好不超过三层。子文件夹和单个文件的命名应便于排序和识别，文件名称应包含序号、地点、语种、语料类别、发音人或说话人信息标识码。

仅有一个调查点的一种语言资料，语档包可按语料类别建立子文件夹。例如，“博罗畲语基本语料音档”只有一个调查点的资料，语档可建立“音系例词音档”“词汇音档”“日常用句音档”“自然话语音档”“其他文献资料”5 个子文件夹。

如果同一个区域有几种语言的数据资料，则语档可按语种建立子文件夹。例如，“云南六种少数民族语言词汇语档”有多种语言资料，语档可分别建立“景颇语词汇音档”“傈僳语词汇音档”“拉祜语词汇音档”“哈尼语词汇音档”“彝语词汇音档”“纳西语词汇音档”六个子文件夹。

同一种语言的多地资料可按地点创建子文件夹。例如，“粤赣湘客方言常用句音档”语档可分“广东客方言常用句音档”“江西客方言常用句音档”“湖南客方言常用句音档”三个子文件夹。

（二）末端文件夹和数据文件的命名

末端文件夹是最底层文件夹，里面包含音视频文件、图片文件、电子表格、文本文件等各种数据文件，数量可能达到数千个音频或视频文件。末端文件夹和数据文件命名应注意两点：一是尽量用汉语拼音或英文与数字组合命名，用通用字母、数字和下划线。二是文件名应尽可能体现序号、地点、语种、语料类别、主题、说话人等信息，地点、语种、主题、语料类别要使用国际标准或国家标准的标识码。

例如，“博罗畲语基本语料音档”末端文件夹包含音系词、词汇、日常用句、话语的音频文件夹、视频文件夹，有几百个音视频文件，一个电子表文件和语料文档文件。其中的末端文件夹可能如下命名：

名称：441322123204DBT_LHG_shx_2

含义：国标地点代码 _ 发音人姓名拼音缩写 _ 国际语种代码 _ 语料类别代码

地点代码是国家统计局发布的全国行政村编码，由 12 位数字组成，自然村没有国家标准编码，可用三个拼音字母表示。语种代码国际标准 ISO639-3 规定 3 字母代码。语料类别代码可自己定义，例如用“0”表示音系例词或例字，“1”表示单字，“2”表示词汇，“3”表示句子。上例末端文件夹代码的含义是：441322123204 是广东惠州博罗县横河镇嶂背村代码，DBT 是其中一个自然村的拼音缩写，LHG 是发音人姓名拼音缩写，shx 是畲语国际语种代码，2 代表词汇资料。

音视频文件是重要的数据文件，每个字、词、句都有单独的音频或视频文件，数量超过二三千。汉语方言和民族语的单字、词汇、句子调查表的每个条目都有唯一编码，音频文件、视频文件、图片文件都应当用条目编码命名。电子表和调查表文档的命名应同它存放的末端文件夹保持同名。

根文件夹、子文件夹、文件命名和归类以后，还应编制一个语档文件目录清单的文本文件，放在根文件下面。如表 6–1 所示。

表 6–1 广东畲语基本语料语档文件目录清单

子文件夹	末端文件夹和数据文件	文件说明
音系资料	441322123204DBT_LHG_shx_0	203 个 wav 音频文件
	441322123204DBT_LHG_shx_0.xls	声韵调和例词 Excel 文件 1 个
词汇资料	441322123204DBT_LHG_shx_2	3 000 个 wav 音频文件
	441322123204DBT_LHG_shx_2.xls 441322123204DBT_LHG_shx_2.pdf	含 3 000 词汇的 Excel 文件 1 个 含 3 000 词汇的 PDF 文件 1 个
句子资料	441322123204DBT_LHG_shx_3	含 800 个 wav 音频文件
	441322123204DBT_LHG_shx_3.xls 441322123204DBT_LHG_shx_3.pdf	含 800 句子的 Excel 文件 1 个 含 800 句子的 PDF 文件 1 个
话语资料	441322123204DBT_LHG_shx_4	含 20 个 wav 音频文件
	441322123204DBT_LHG_shx_4.doc 441322123204DBT_LHG_shx_4.pdf	含 20 段独白和对话的文档 1 个 含 20 段独白和对话的 PDF 文件 1 个
文件清单	文件清单 .xls	上述文件清单 Excel 表 1 个

三、资料数据建档的元数据

元数据是关于数据的数据，是标示各种资源的文字标签。例如，图书馆有图书、杂志、报纸、录音带、光盘等资源，每本书、每种报纸、每盒录像带就是一件资源。为便于查找，需要为这些资源编制目录，每本书都有藏书号、书名、作者、内容提要、定价、出版社、出版时间等信息，这些标签就是元数据，每个具体名称叫作元素。图书馆描述报刊图书有一套元数据，博物馆、展览馆描述馆藏物品有元数据，仓库描述库存产品也有元数据。不同种类的资源可能有不同的元数据集。

国际标准化组织制定了一套用于描述一切资源的通用元数据集——《都柏林核心元数据元素集》①（Dublin Core Metadata Element Set，简称 DCa）。该集包含 contributor、coverage、creator、date、description、format、identifier、language、publisher、relation、rights、source、subject、title、type 等 15 个元素。各行各业制定的元数据规范，都是都柏林核心集的扩展。语言资源元数据集有《OLAC 元数据集》②、马克斯·普兰克研究院的元数据协议

① 网址：www.dublincore.org。

② 网址：www.language-archives.org/OLAC/metadata.html。

（ISLE Metadata Initiative）[1]、伦敦大学濒危语言档案元数据[2]。下面简要介绍两种语言档案元数据。

（一）濒危语言档案元数据

伦敦大学亚非学院濒危语言档案馆保存了全球500多种濒危语言的音频、视频和文献资料。该档案馆接收社会用户提交的濒危语言记录资料，要求资料提供者按下面20个元素来标识语言资料。

（1）编码（ObjectID）。一件资源可以是1个单独的数据文件，或由音频文件、视频文件、转写标注文件、图形文件和其他相关文件构成的文件集。每个资源件必须有一个唯一的标示代码，可用O1、O2、O3等编号，如果文件较多，可采用多位数编号，如O001、O002等。

（2）资源标题（Title）。标题可用多种语言，以便不同语言的读者了解该资源。同它关联的文件，如视频文件和分离出来的音频文件、同步转写标注文件、背景知识的文本文件等不同后缀类型的文件，可用相同文件名。例如：

标题一：瑶族神话故事《八月十五开天门》

标题二：Legends of Yao ethno-group Heaven Gate Opened on Mid-Aug.

（3）资源创建日期（Date）。指录音录像日期，以及转写标注最后改定的日期。格式为“年-月-日”，年份用4位数，月、日为2位数字。例如：2014–05–25。

（4）文件名（File Name）。应写出文件扩展名，例如：“瑶族神话故事《八月十五开天门》”这件资源包含4个文件：视频文件yaostory01.mpeg，音频文件yaostory01.wav，转写标注文件yaostory01.eaf，图形文件yaostory01.jpg。

（5）加工状态（Status）。录音录像文件一旦经过剪辑处理和入库以后即为定本，不可再修改，但转写标注文本即使已经入库归档，发现错漏也需要修改。这个元素有两个值：stable表示定本、不可修改；in-progress表示未完成，可能需要修改。

（6）内容描述（Description）。视频文件应描述画面事件梗概，音频文件可简要描述说话内容，图形文件可描述图片情景和背景知识，转写标注文件可描述转写和标注事项。

例如，音频文件yaostory01.wav内容描述：

这是瑶族老人盘××在家里讲述民间故事《八月十五开天门》的情景录音。故事中一位心地善良的贫苦老人，农历八月十五晚上在田间耕作时，遇到仙女下凡。仙女满足了老人的三个愿望，使老人过上幸福的生活；而村里其他贪婪的人，则一无所获。讲述所用的语言是瑶族勉方言。

又如：转写标注文件yaostory.eaf内容描述：

这是瑶族民间故事《八月十五开天门》录音转写文件。故事讲述一位贫苦老人八月十五遇仙女下凡，仙女满足了老人三个许愿，使老人过上幸福生活。

---

① 网址：www.mpi.nl/IMDI/。

② 见伦敦大学亚非学院濒危语言档案（ELAR），网址：www.hrelp.org。

瑶语转写除用国际音标注音以外，还用《瑶文方案》。其他言语现象标注采用《中国濒危语言有声语档数据规则》。转写文本还包含普通话和英语翻译，以及背景知识。

（7）体裁（Genre）。语体类别，如讲述、对话、演唱、童谣、演讲、采访等。这个元素也可以指转写、标注、提示等不同类型的语言资料。例如：视频文件 yaostory001.mpeg、音频文件 yaostory.wav 的体裁是 narrative（讲述体）。

（8）主题词（Keyword）。资源件的内容关键词，一般应有 1 ~ 3 个主题词。

（9）资源责任人（Person name）。录音人、记音人、发音人、说话人都是资源责任人。

（10）人员标识码（PersonID）。同一件资源涉及多人，用序号标明。例如 P01、P02、P03 等。

（11）人员角色（Role）。如发音人、说话人、录音人、转写人、翻译员等等。

（12）对象语言（Language Spoken）。指录音录像资料中说话人发音和说话时所使用的语言，以及资料转写所使用的语言。例如，有一份畲语录音资料，里面的调查人员用普通话询问，发音人用畲语回答，因而有汉语和畲语两种语言。

（13）语言用途（Language Use）。音像资料和转写文件中不同语言的用途。例如，上面的畲语录音资料中，普通话是调查工作语言（working language），畲语是对象语言，即主题语言（subject language）。

（14）地点（Location）。指录音录像资料发生的地点。调查点应具体到村组，还可提供地点的详情，如经纬度等。

（15）权限（OURCS）。指访问和使用语档资料的权限。O 表示任何人可访问和查看；U 表示只允许语档注册用户访问；R 表示只允许注册用户的研究人员访问；C 表示只允许相关语言社群成员访问；S 表示只允许获得资源提交人授权许可的人访问。

（16）限制条款（Restrictions）。对资源访问的特别限制说明。除以上访问权限外，对有些资源的使用可能还有特别限制，对此应做出说明。可用以下词语标识：涉密（secret），触及禁忌（taboo），引起冲突（conflict），涉及家庭隐私（family privacy），涉及神职语言（sacred language），对当事人可能构成生命威胁（threat to life），等等。如果没有特别限制，则标识无限制（no restriction）。

（17）访问条款（Conditions of Access）。设置某些特殊的访问条件。

（18）录音设备（Recording Equipment）。采录资料和创建语档所使用的录音设备、软件工具。应注明品牌、型号、录音技术参数。如果有多件设备，则应分开列出。

（19）录音环境（Recording Conditions）。对录音的环境条件状况做出陈述，如室内或室外，录音场所噪声状况，等等。

（20）补充信息（Additional Information）。其他不便列入上述元数据范围的信息，可在此说明。

（二）开放语档联盟元数据集

开放语档联盟是由语言学、计算机、档案学等领域的专家学者组成的语言资源档案虚拟工作营，它发布了一系列有关语言资源建档的元数据规范文件。它的元数据规范以《都柏林核心元数据集》为基础，对一些元素做了扩展定义。例如，对都柏林元数据集 creator、contributor 两个元素进行扩展，定义了 annotator、author、compiler、consultant、data_inputter、depositor、developer、editor、illustrator、interpreter、interviewer、participant、performer、photographer、recorder、researcher、research_participant、responder、signer、singer、speaker、sponsor、transcriber、translator 等 24 个角色元素。语言资料的调查记录和加工的各个工作环节，可能涉及这些工作角色的贡献。

开放语档联盟还定义了《话语类型词汇》将话语体裁分为对话（dialogue）、剧本台词（drama）、仪式（formulaic）、民谣嬉语（ludic）、演说（oratory）、叙事（narrative）、程式（procedural）、报道（report）、演唱（singing）、费解（unintelligible_speech）等 10 大类，采录话语样本、整理语料和资料归档时，可参考这个分类。

四、提交和存储建档数据资料

我国几十年来的语言田野工作积累了大量的笔记和音像资料，但大部分资料都是个人收藏，极少部分由大学和研究机构的资料室收藏，公共图书馆或档案馆则几乎看不到这类资料。个人收藏的资料经过若干年以后可能废弃，大学和研究机构收藏的资料也可能缺乏维护，变得介质老化、发霉、脆化、破损、字迹模糊而无法读取和使用。不少本科生和研究生为撰写学位论文而辛辛苦苦调查记录的资料，毕业后即被遗忘，造成了资源浪费。因此，语言田野工作不是完成调查、写完报告或著作论文就大功告成，而应当将全部资料进行数字化建档，交给有关机构妥善保管，向社会提供资源服务。

目前国内还没有专门的机构提供语言数字资源存储服务，但高校图书馆、公共图书馆、博物馆、档案馆都有义务接收这类资源。不同的数据服务机构的资源形态、数据格式、整理程序、元数据、服务内容可能有不同要求，向这些部门提交语言数据资料，应做好以下工作：

（1）参照前面的数据分类和文件命名方法，对资源加工整理，将原始文件和加工处理过的数据文件，用不同介质存储。

（2）按图书馆、博物馆、档案馆的元数据规范整理和标示资源，并与图书馆、博物馆、档案馆签署协议，明确资源访问和保管的责任条款。原始文件交给图书馆、博物馆、档案馆保存，个人可保存复制件。

（3）在遵守伦理规范和知识产权的前提下，可将资料交给数据运营商，开发利用语言资源，向社会提供有偿服务。

国外有些图书馆、博物馆、高等学校、研究院也接收语言调查记录资料，例如伦敦大学亚非学院濒危语言数字档案馆，欧洲马普研究院的语言资源档案馆，美国宾夕法尼亚大学的语言数据联盟，澳大利亚国家档案馆的环太平洋本土文化数字资源档案馆，美国阿拉斯加州的美洲本土语言文化资源数字档案馆，大不列颠博物馆，美国国会图书馆，等等。

向国外机构提交语言资源，首先要注意遵守我国有关法律，不能侵害我国文化安全，不能侵犯语料资源当事人的知识产权和隐私权。同时，也要充分了解这些机构的数据保管和服务规定，对资源进行加工处理。

一、拓展阅读

邹联丰、刘奕：《电脑录音基础教程》，西南交通大学出版社，2011 年。

王建林：《录音技术基础》，中国广播电视出版社，2011 年。

舒尔官方网站在线“培训内容”，www.shure.com.cn/zh-cn/sapport-download/glossary。

二、思考与练习

1. 以 44.1 kHz/16 bit 采样率、单声道录制 1 小时的 wav 文件，需要多少空间？
2. 两人一组，用录音机配枪式话筒，在校园室内或室外进行 2 ~ 3 次采访录音活动。
3. 用有线话筒、调音台、笔记本电脑，录制 1 ~ 2 次室内座谈。
4. 用数码录音机配有线头戴麦克风，录制一次情景话语。
5. 到偏远山村进行语言调查录音，应怎样选择工作场所和匹配录音设备？

附　录　语言调查参考资料和记录用表

附录一　20 种汉语方言声韵调表[①]

一、济南话声韵调

1. 声母

p	比病别	p^h	怕平胖	m	马忙木	f	飞房发	v	挖晚翁
t	多弟笛	t^h	拖土蹄	n	内怒南	l	兰驴龙		
ts	祖枣杂	ts^h	粗草凑	s	丝三宿				
tʂ	支猪桌	$tʂ^h$	初唱吃	ʂ	师树舌	ʐ	热肉日		
tɕ	精经节	$tɕ^h$	秋起七	ȵ	泥牛娘	ɕ	西鞋习		
k	高柜骨	k^h	开看葵	ŋ	饿昂熬	x	湖汗合		
Ø	二雨矮								

2. 韵母

ɿ	姿刺死	i	鼻几力	u	铺富出	y	女锯绿
ʅ	知迟史	ɚ	二儿耳				
a	疤打闸	ia	家掐鸭	ua	瓜抓话		
ɛ	伯戴爱	iɛ	街鞋矮	uɛ	怪衰外		
ə	波歌合	iə	姐爷叶	uə	多浊国	yə	靴脚药
ɔ	包考勺	iɔ	标叫钥				
ei	杯德色	uei	对谁卫	ou	狗搜肉	iou	酒修六
ã	单染汗	iã	边浅烟	uã	短船唤	yã	捐劝元
ẽ	本真很	iẽ	林紧银	uẽ	吞蹲混	yẽ	君训允
aŋ	帮港航	iaŋ	良响秧	uaŋ	装床双		
əŋ	蓬翁剩	iŋ	冰丁杏	uŋ	东种公	yŋ	棕兄永

① 资料来源：李荣主编《现代汉语方言大辞典》（各分卷），江苏教育出版社；北京大学中国语言文学系《汉语方音字汇》，语言出版社，2003 年；张双庆《连州土话研究》；邓玉荣《贺州铺门话研究》；等等。

3．声调

阴平（213）	高梯尺	阳平（42）	人拿白
上声（55）	板米各	去声（21）	菜近麦

二、郑州话声韵调

1．声母

p	巴布棒	p^h	怕皮旁	m	麻木忙	f	发父房
t	搭肚荡	t^h	他提堂	n	拿泥囊	l	拉离郎
ts	杂积将	ts^h	擦漆枪			s	扫习箱
tʂ	渣植丈	$tʂ^h$	查耻昌	ʂ	沙事上	ʐ	惹日让
tɕ	家局江	$tɕ^h$	掐去强	ɕ	吓虚香		
k	该谷刚	k^h	开苦康	x	海胡汉		
Ø	而武阳						

2．韵母

ɿ	滋此私	i	皮非立	u	某徒出	y	女足屈	ər	儿耳二
ʅ	尺师日	ɤ	遮热歌	uɤ	劣桌科	yɤ	角学药		
a	巴打杂	ia	家瞎鸦	ua	抓刷话				
ɛ	奶百德	iɛ	爹接茄	uɛ	国或获	yɛ	绝缺雪		
ai	排来哀	iai	界解崖	uai	怪快外	yai	院（白读）		
ei	被内黑	uei	对桂位						
au	包刀弱	iau	焦孝妖	ou	走肉欧	iou	六酒修		
an	反站班	ian	尖编烟	uan	端酸关	yan	全宣原		
ən	分珍恩	in	林琴因	uən	文昏温	yn	润军云		
aŋ	帮商港	iaŋ	良枪江	uaŋ	窗光荒				
əŋ	风登曾	iŋ	兵丁清	uŋ	农弓荣	yŋ	颂倾兄		

3．声调

阴平（13）	边飞药	阳平（42）	平龙局
上声（55）	比买短	去声（31）	抱近怒

三、西安话声韵调

1．声母

p	把布别	p^h	怕盘跑	m	门米面	f	飞父水	v	文锐物
pf	抓追庄	pf^h	春床吹						
t	多点豆	t^h	拖蹄稻	n	怒南农	l	来利内		
ts	资嘴杂	ts^h	粗才茶	s	丝沙随				
tʂ	知丈周	$tʂ^h$	迟超车	ʂ	师烧舌	ʐ/ɻ	热肉绕		
tɕ	精今节	$tɕ^h$	秋去七	ȵ	泥硬女	ɕ	西鞋习		
k	高柜骨	k^h	开看葵	ŋ	饿安熬	x	湖汗合		
Ø	耳雨言油文羊								

2. 韵母

ɿ	姿自时	i	鼻衣几力	u	铺富出	y	女锯绿
ʅ	知迟尺	ɚ	日二儿	ɯ	核咳圪		
ɤ	车可惹	ie	解写灭烈	ye	靴劣悦		
æ	拜戴爱	iæ	街鞋矮	uæ	怪衰外		
ɑ	疤打闸	iɑ	家掐鸭	uɑ	瓜抓话		
ei	杯客水	uei	对内岁				
o	波摸物	uo	多左郭	yo	虐学岳		
au	报刀少	iau	苗交窑				
ou	狗奴陆	iou	酒有六				
æ̃	半甘暗	iæ̃	边千烟	uæ̃	短关完	yæ̃	权选远
ᴇ̃	本针根	iᴇ̃	林斤新	uᴇ̃	吞蹲问	yᴇ̃	军寻孕
ɑŋ	帮港航	iɑŋ	良响秧	uɑŋ	装床双		
əŋ	碰吞绳耕	iŋ	冰灯影	uoŋ	东松瓮	yoŋ	穷荣兄

3. 声调

阴平（21）	高梯尺	阳平（24）	人同白
上声（53）	板米各	去声（55/45）	菜近麦

四、兰州话声韵调

1. 声母

p	卑变北	pʰ	批旁拍	m	咪面灭	f	书法饭	v	吴若万
pf	朱转众	pfʰ	初船撞						
t	低电爹	tʰ	梯叹铁	l	离助鸟				
ts	资增赞	tsʰ	词寸擦	s	私散送	z	娆□顽皮□灼痛感		
tʂ	知责展	tʂʰ	痴插产	ʂ	师上色	ʐ	肉让人		
tɕ	机举卷	tɕʰ	欺前庆	ɕ	西许选				
k	古干更	kʰ	苦阔肯	x	呼火混				
Ø	耳牙日								

2. 韵母

ɿ	资次死	i	鼻利急	u	朱午虎	y	居许雨
ʅ	知尺扔	ɯ	儿耳二				
a	巴要杀	ia	家掐压	ua	瓜垮化		
ɛ	买帅街	ie	爹业切	uɛ	乖块怀	ye	决略月
ɔ	包草敲	iɔ	飘料小				
ɤ	玻所我	uɤ	多错活				
ei	梅水贼	uei	推脆回				
əu	兜臭欧	iəu	刘旧有				
an	班蚕按	ian	边欠眼	uan	端款环	yan	捐劝元

ən	崩蠢很	in	兵挺信	uən	通孙红	yn	军伦永
ɔŋ	帮往巷	iɔŋ	良抢样	uɔŋ	光狂黄		

3．声调

阴平（54）	资杂郎	阳平（51）	词日门
上声（44）	此说买	去声（13）	自北动

五、成都话声韵调

1．声母

p	逼板病	p^h	匹旁碰	m	眯门曼	f	呼坟放
t	低短洞	t^h	梯头痛	n	立暖浪		
ʦ	支振总	$ʦ^h$	祠蠢唱	s	师神宋	z	入人让
ʨ	机卷弓	$ʨ^h$	妻前庆	ȵ	尼研娘	ɕ	希选象
k	姑棍共	k^h	哭捆狂	ŋ	矮咬恩	x	海回汉
Ø	医二无						

2．韵母

ɿ	支刺日	i	低屁你	u	不醋无	y	居吕玉	ər	而耳二
e	车拍给	ie	逼灭凹	ue	国喂或	ye	决靴月		
o	波墓火	yo	掠脚俗						
a	巴啥下	ia	加扁亚	ua	啄刷滑				
ai	摆太街	uai	摔筷坏						
ei	批妹肥	iɛi	皆解延	uei	推最伟				
au	抛卯咬	iau	标鸟要						
əu	兜肉侯	iəu	溜就油						
an	般惨汗	iɛn	边舔演	uan	端串完	yan	捐泉怨		
ən	崩粉硬	in	冰听引	uən	昆蠢横	yn	君琼尹		
aŋ	邦躺巷	iaŋ	良象杨	uaŋ	光闯安				
oŋ	绷痛宏	yoŋ	弓雄用						

3．声调

阴平（55）	痴刀奶	阳平（21）	直盘饶
上声（53）	止满挺	去声（213）	别志另

六、太原话声韵调

1．声母

p	巴饼笔	p^h	爬骗拍	m	迷猛摸	f	夫废福	v	吴外屋
t	低荡毒	t^h	梯挺脱	n	泥南捏	l	梨浪力		
ʦ	知宗竹	$ʦ^h$	迟仓出	s	丝爽说	z	如染日		
ʨ	鸡蒋急	$ʨ^h$	期请缺	ɕ	西象席				

k	姑广去	k^h	枯款渴	x	胡汉黑	ɣ	俺爱恶
Ø	耳衣月						

2．韵母

ɿ	自迟是	i	闭你西	u	补兔胡	y	女居遇	ər	而耳二
a	巴哪下	ia	家俩牙	ua	抓要跨				
ie	边念野	ye	联捐远						
ai	白晒鞋	uai	拽甩乖						
ei	杯位谁	uei	推罪毁						
au	抛闹好	iau	彪巧笑						
əu	兜手厚	iəu	丢溜朽						
ɤ	波扯饿	uɤ	跺错火						
æ̃	班产岸	uæ̃	端船换						
ɒ̃	帮躺上	iɒ̃	良抢样	uɒ̃	窗逛黄				
əŋ	崩疼震	iŋ	冰挺信	uŋ	东嫩困	yŋ	轮兄用		
aʔ	八纳热	iaʔ	跌甲瞎	uaʔ	夺桌刮				
əʔ	不吃核	iəʔ	鼻铁歇	uəʔ	族国忽	yəʔ	律决俗		

3．声调

平声（11）	知同柔	上声（53）	紫宠忍	去声（45）	自道令
阴入（2）	八鹿阔	阳入（54）	拔罚熟		

七、合肥话声韵调

1．声母

p	巴玻布	p^h	怕婆叛	m	门模免	f	法丰佛
t	德店代	t^h	拖条特	l	纳年来		
ʦ	资鸡争	$ʦ^h$	雌欺撑	s	私希生		
tʂ	知正债	$tʂ^h$	尺产窗	ʂ	试扇生	ʐ	日安
ʨ	尖九近	$ʨ^h$	秋敲强	ɕ	心休谢		
k	歌该共	k^h	科看狂	x	喝呼寒		
Ø	二有万月						

2．韵母

ɿ	资鸡衣	i	姐谢野	u	布土胡屋	y	女区雨
ʅ	支志世	e	杯对写	ue	桂追威	ye	茄
a	巴打叉	ia	家虾崖	ua	瓜抓哇		
ɔ	包毛照	iɔ	表交要				
ᴇ	太赛哀	iᴇ	街鞋也	uᴇ	怪衰歪		
ɯ	斗仇猴	iɯ	牛秋油				
ã	邦房党昂	iã	良将巷样	uã	双光王		

æ̃	班三甘安	uæ̃	关栓弯				
õ	满团碗	iĩ	边尖间眼	yĩ	卷全圆		
ən	根吞寸	in	金民金	uən	春滚文	yn	军孕永
əŋ	朋中红	iŋ	穷荣用				
ɐʔ	八杂额	iɐʔ	甲瞎接	uɐʔ	袜滑握	yɐʔ	脚学月
əʔ	直尺佛	iəʔ	急滴一	uəʔ	谷独速	yəʔ	律曲域

3．声调

阴平（212）	高天昏幽	阳平（55）	唐前寒文	上声（24）	胆好五很
去声（53）	快送厚用	入声（4）	急木特别		

八、上海话声韵调

1．声母

p	屄比臂	pʰ	批屁破	b	皮	m	咪米	ɸ	飞废	β	微河坏
t	低底谛	tʰ	梯体替	d	地度汰	n	你奴那	l	梨啰吕		
ʦ	猪子至	ʦʰ	雌齿次	s	丝水试	z	自住坐				
ʨ	鸡几记	ʨʰ	欺启气	ʥ	奇巨	ȵ	拟蚁语	ɕ	希喜戏		
k	哥古故	kʰ	枯苦课	g	跍茄	ŋ	吾鹅外	h	蟹	ɦ	儿异
Ø	耳衣意乌										

2．韵母

ɿ	雌齿次	ʮ	朱主蛀				
əɿ	儿耳	i	披屁	u	波补布	y	吕屡虑
ɑ	巴摆拜	iɑ	爹嗲	uɑ	乖怪快		
ɛ	扳板扮	iɛ	奸鑑	uɛ	关惯		
e	美每妹	ie	鞭扁变	ue	官鬼贯		
ø	端短段	yø	捐卷倦				
ɔ	包宝报	iɔ	飘漂票	o	疤把霸		
ɤ	楼陋漏	iɤ	扭妞牛	iu	靴		
ă	浜进	iă	抢枪呛	uă	光		
ã	帮绑谤	iã	旺	uã	光广矿		
əŋ	奔本	ĩŋ	宾饼柄	uəŋ	滚坤捆	yəŋ	军窘群
oŋ	通统痛	yoŋ	迥穷兄				
aʔ	八拔法	iaʔ	甲恰捏	uaʔ	括挖		
oʔ	百拍白	ioʔ	略爵削	uɑʔ	皲		
əʔ	拨泼勃	iəʔ	咦	uəʔ	骨勿		
øʔ	卒撮说	ieʔ	笔别密	yøʔ	橘缺月		
ɔʔ	乐落	uɔʔ	郭扩	oʔ	北薄目	yoʔ	觉曲居
m̩	亩姆	n̩	□~母：祖母	ŋ	五		

3. 声调

阴平（53）	猪雌丝	阳平（13）	蓬蒙冯	阴上（55）	子齿水
阴去（35）	至次试	阴入（55）	八法答	阳入（13）	白梦划

九、温州话声韵调

1. 声母

p 边布笔	pʰ 片跑撇	b 瓢便别	m 眠命灭	f 浮灰福	v 河武芋
t 颠胆跌	tʰ 天跳铁	d 田动敌	n 男农日	l 连老烈	
ʦ 鸡再证	ʦʰ 溪菜鼠	dz 妓才直	s 输散试	z 词是人	
ʨ 尖叫接	ʨʰ 千臭切	ʥ 钳近杰	ȵ 黏忍仰	ɕ 先手歇	j 前就叶
k 歌减国	kʰ 科困窟	g 个谷含	ŋ 呆鱼牛	h 海风瞎	ɦ 害房学
ø 衣矮恶					

2. 韵母

ɿ 鸡事极	i 变泥叶	u 乌火哭	y 温管术
a 挨爸百	ia 丫卸脚	ua 挖弯挽	
ɛ 行杏亨	iɛ 腰省跳	uiɛ 奤	
e 该采特	ə 毛到好	ø 潘村泼	øy 都祖锯
o 巴霸剥	yo 捉束玉		
uɔ 光找八	yɔ 钟床用		
ai 杯退墨	iai 吉益逆	uai 痹	ei 批姐力
au 斗走厚	iau 久球有	ɤu 丢努助	ieu 周柔叔
aŋ 本信盒	iaŋ 景忍孕	uaŋ 温搵	
eŋ 兵升净	oŋ 东捧弄	yoŋ 中笋俊	
m̩ 呣呒	n̩ 唔	ŋ̩ 唔尾儿	

3. 声调

阴平（33）	巴兵眠	阳平（31）	爬平棉	阴上（35）	把饼哪
阳上（24）	马并脸	阴去（42）	霸柄店	阳去（11）	架病面
阴入（313）	剥拍铁	阳入（212）	拔白灭		

十、湘乡话声韵调

1. 声母

p 巴布拜	pʰ 派普薄	m 买蚊望				
t 都堵居	tʰ 处太缺	d 徒除群	n 农隆浪	l 老脑腊		
ʦ 资紫早	ʦʰ 此次草	ʣ 字是事	s 私师筛			
tʂ 知支纸	tʂʰ 齿直值	dʐ 池迟时	ʂ 师世诗			
ʨ 姐最济	ʨʰ 签浅截	ʥ 斜贱钱	ȵ 蚁严念	ɕ 写岁三		
k 光江讲	kʰ 筐腔极	g 狂旗桥	ŋ 藕牛岩	x 好狭风	ɣ 红冯现	
Ø 阿亚乌雨秧						

2. 韵母

ɿ	资字自	i	地皮笔	u	补户苦	y	住吹围
ʅ	支知时						
a	排鞋蟹	ia	百北得	ua	乖怪脱	ya	雪月绝
ʊ	河多木	iʊ	略雀约	o	花爬茶	io	野假社
au	刀桃套	iau	表小调				
iɛi	流收救	ui	桂飞味	yi	徐税醉		
ai	杯赔口	uai	灰雷堆				
ã	岩雁颜	iã	三男杉	uã	甘看短		
ĩ	廉检嫌	iĩ	尖煎然	uĩ	弦县远	yĩ	全船院
õ	双生梗	iõ	听清平	in	今新民		
ʌn	枕东公	iʌn	深绒勇	uʌn	君婚准	yʌn	兄荣营
aŋ	刚康昌	iaŋ	粮羊腔	uaŋ	汪网旺		
m̩	呣	n̩	你	ŋ̍	我		

3. 声调

阴平（55）	高低千	阳平（13）	田贫秦	次阳平（23）	年民银
上声（21）	好水走	阴去（45）	霸带再	次阴去（35）	怕太菜

十一、衡阳话声韵调

1. 声母

p	把牌般拨	pʰ	叭屁聘拍	m	马摸慢墨	f	佛虎方发
t	带抬蛋打	tʰ	梯听痛塔	n	哪牛年捺	l	李来蓝拉
ʦ	组查钟杂	ʦʰ	粗菜虫擦	s	死所孙叔		
ʨ	姐猪进急	ʨʰ	丘扯青切	ɕ	小心深写		
k	哥介工夹	kʰ	苦看孔卡	ŋ	我牙藕硬	x	合海汉傻
Ø	也意乌尾						

2. 韵母

ɿ	子是词撕	i	几实弟一	u	五做醋绿	y	朱雨女玉
a	啊茶虾辣	ia	加野尺壁	ua	蛙华要刮	ya	瘸雪抓却
o	窝火多索	io	虐脚学药				
e	耳白贼黑	ie	列孽碟冶	ue	国或热	ye	月
ai	矮来晒大	uai	挖怪甩筷				
ei	飞未雷悔	ui	围岁鬼最				
au	老早炒高	iau	舀叫笑尿	əu	瘦后头呕	iu	丑肉有育
an	烂康贪眼	ian	尝长养抢	uan	讲王壮		
en	欢狠生恩	ien	嫌演见天	uen	乱酸碗钻	yen	卷全远选
ən	份孙文混	in	人影进灵	uən	滚稳温困	yn	春军顺云
əŋ	董聪松通						

3. 声调

阴平（45）	非批冰篦	阳平（11）	皮床寒扶	上声（33）	比手老有
阴去（24）	毙放怕送	阳去（213）	被树饭用	入声（22）	十逼出服

十二、南昌话声韵调

1. 声母

p	疤波比	p^h	趴坡批	m	妈摸迷	ɸ	花火夫
t	打爹多	t^h	他提拖	l	拉罗梨		
ts	渣左知	ts^h	车搓痴	s	沙梭诗		
tɕ	借鸡居	$tɕ^h$	茄瘸佢	ȵ	鱼腻遇	ɕ	靴西需
k	家瓜戈	k^h	卡夸苛	ŋ	鸦屙哀	h	虾何海
Ø	夜蛙儿而						

2. 韵母

ɿ	子雌慈	i	比批吏	u	布附都	y	女拘聚
a	巴把骂	ia	姐借藉	ua	华瓜刮		
o	波跛播	uo	果过货	yo	瘸		
ai	灾奶来	iɛ	鱼去锯				
au	刀毛早	uai	乖拐怪				
ɵi	培倍每	ui	催水岁				
ɛu	斗偷漏	iɛu	勾篝口	uɛu	否浮		
ɵu	咒抽手	iu	流就休				
an	班淡难	uan	关幻晚				
ɛn	沾展然	iɛn	天连现	uɛn	宏		
ɵn	本门珍	in	敏林吝	un	魂敦闰	yn	君俊训
on	庵汉含	yon	卷宣元				
oŋ	帮忙朗	ioŋ	两枪象	uoŋ	光矿王		
aŋ	争撑冷	iaŋ	定轻晴	uaŋ	横		
uŋ	东龙肿	iuŋ	胸熊勇				
at	杀纳塔	uat	刮滑袜				
ɛt	哲涉	iɛt	别猎胁	uɛt	国或		
ot	拨末	uot	阔活	yot	缺血月		
ɵt	执识	it	笔敌积	ut	卒骨物	yt	律橘戌
ak	百白	iak	壁鸡锡				
ok	博膜	iok	略却	uk	扑独鹿	iuk	欲菊旭

3. 声调

阴平（42）	巴趴妈	阳平（24）	爬霞	上声（213）	把怕马
阴去（55/45）	霸麻	阳去（31）	夏骂	入声（5）	八拔麦

十三、梅县话声韵调

1. 声母

p	巴放北	pʰ	爬冯别	m	眉网莫	f	封魂活	v	无挖晚
t	多都短	tʰ	题通袋	n	拿奴农			l	罗路郎
ʦ	做井张	ʦʰ	粗青丈	s	锁醒上				
k	哥镜该	kʰ	共轻柜	ŋ	我迎月	h	和向学		
Ø	耶安鸭								

2. 韵母

ɿ	租齿史	i	杯体二	u	姑土臭
a	巴那假	ia	爹姐夜	ua	夸寡卦
e	啤洗街	ie	□①□②□③	oi	赔袋外
o	播左课	io	茄靴哟	uo	果过□④
ai	带泥溪	iai	皆介挨	uai	乖拐快
au	包早靠	iau	妖表小	ui	对雷危
eu	兜某后	iu	丢酒右	iui	锐
am	凡淡砍	iam	添潜剑	im	林寻任
em	岑森减	əm	针沉甚	in	拼挺人
an	班反限	ian	艰眼县	uan	关惯款
on	翻段寒	ion	旋软篡	uon	官管灌
en	跟敏能	ien	鞭田选	uen	耿
ən	珍陈神	iun	均近银	un	敦本顺
oŋ	帮躺巷	ioŋ	将亮羊	uoŋ	光广狂
uŋ	冯董送	iuŋ	龙弓用		
aŋ	彭钉硬	iaŋ	饼领姓	uaŋ	矿桄□⑤
ap	答法杂	iap	夹接业		
əp	执汁湿	ep	涩粒□⑥	ip	立集级
at	八达折	iat	洁穴孽	uat	刮□⑦
et	北灭色	iet	憋裂雪	uet	国掴
ət	质室侄	it	笔日席	ot	发割夺
ut	不突术	iut	郁屈		
ak	百历石	iak	壁额逆	uak	
ok	博莫角	iok	却虐弱	uok	郭□⑧
uk	木服谷	iuk	足绿肉		
m̩	唔	n̩	鱼五		

有音无字注释：① kie^{44} ～个：他的。② $ŋie^{44}$ ～个：你的。③ ie^{11} ～哥芋：一种芋头。④ kuo^{44} ～摸绝代（骂人话）。⑤ $kuaŋ^{53}$ ～黄：很黄。⑥ kep^{5} 用巴掌打。⑦ $kuat^{5}$ ～肥：很胖。⑧ $kuok^{5}$ 碰撞。

3．声调

阴平（44）	巴衣脸	阳平（11）	爬姨连	上声（31）	靶雨卵
去声（53）	坝意乱	阴入（1）	急竹鸭	阳入（5）	集族叶

十四、广州话声韵调

1．声母

p	巴波悲	p^h	抛藩飘	m	妈麻眉	f	夫非翻
t	刀丹低	t^h	他拖胎	n	拿奴年	l	拉来流
ʧ/ʦ	资灾租	$ʧ^h/ʦ^h$	雌猜粗	ʃ/s	私三苏		
k	高该根	k^h	咳楷靠	ŋ	俄遨翱	h	黑好海
kw	挂寡乖	kw^h	夸跨框				
j	妖姻研	w	蛙窝歪				
Ø	阿安音屋鸭						

2．韵母

i	衣医椅	u	乌姑苦	y	朱主注		
aː	巴怕马	ɛ	遮者车	ɔ	波玻播	oe	朵
aːi	拜派戴	ai	米低批	ei	悲卑被	ɔi	哀代胎
aːu	包饱抛	au	欧狗口	ui	杯辈陪	oey	居拘女
ou	报袍毛	iu	骄乔轿				
aːm	胆担贪	am	庵鹌暗	im	占詹蝉		
aːn	难兰餐	an	恩根很	oen	津进尽		
on	安于赶	in	言边篇	un	般搬半	yn	端短团
aːŋ	崩朋孟	aŋ	杏幸莺	ɛŋ	饼柄病	oeŋ	张章掌
ɪŋ	英京卿	oŋ	当汤郎	ʊŋ	东懂通		
aːp	答踏杂	ap	缉葺辑	ip	叶接聂		
aːt	八札杀	at	一笔匹	oet	栗慄溧		
ɔt	割葛喝	it	噎结铁	ut	勃渤没	yt	夺脱撮
aːk	伯帛舶	ɛk	脊席锡	oek	啄琢卓		
ɔk	博驳莫	ɪk	益积昔	uk	屋谷哭		

3．声调

阴平（55/53）	诗夫	阳平（21/11）	时扶	阴上（35）	使苦
阳上（13）	市妇	阴去（33）	试富	阳去（22）	事父
上阴入（55）	识忽	下阴入（33）	法	阳入（22）	食佛

十五、阳江话声韵调

1．声母

p	巴被般别	p^h	片爬婆胚	m	门免微谋	f	夫宽花	w	窝荣役会
t	多啄寿	t^h	拖团叠	n	南诺女	ɬ	西先虽心	l	来良律

ʧ	左周针	ʧʰ	妻昌痴	ʃ	生崇叔施	j	也蕊义
k	街骨犇	kʰ	求抗亏	ŋ	牙岸迎	h	靴寒开
Ø	哀应五						

2．韵母

a	巴家辣蛙	ɛ	爹靴骑爷	ɔ	波多锁果	u	姑夫乌		
ai	牌驮街歪	ɐi	迷鸡危兮	ei	披希女骑	ɔi	来才该哀		
au	包爪交钞	ɐu	褒秋够幼	ou	铺刀粗高				
i	之师衣	iu	飘鸟烧丢	iɛu	猫飘九休				
ua	瓜夸寡	uɛ	□ uɛ^{43}乱涂乱画 uɛ^{21}用爪抓			ui	杯追衰锥		
uai	拐快乖	uɐi	龟葵位						
am	担三监喊	ɐm	林甘含音	iɛm	金琴禽	im	添尖兼炎		
an	蛮单山奸	ɐn	频吞仁温	ɔn	干岸安				
uan	弯环挽	uɐn	君困裙	iɛn	片圈偏	in	边天千圈	un	潘孙官钻
aŋ	盲冷硬横	ɐŋ	崩灯肯	iɛŋ	良商强央	ɪŋ	名兄应荣		
uaŋ	逛光床	uɐŋ	轰空龙						
ɔŋ	旁郎光王	ʊŋ	同穷五容	uɪŋ	炯永营				
ap	搭杂甲	ɐp	粒湿鸽入	iɛp	猎急	ip	帖接歙		
at	袜法杀挖								

3．声调

阴平（33）	高天花安	阳平（43）	平神鹅由	上声（21）	假险柱引
阴去（24）	带寸欠燕	阳去（54）	大社善右	上阴入（24）	笔尺叔一
下阴入（21）	拍彻发乙	上阳入（54）	薄叠六叶	下阳入（43）	□ ŋɔk^{43}我的□ kʰiek^{43}他们的

十六、福州话声韵调

1．声母

p	边弼比	pʰ	波彼批	m	蒙密迷		
t	低敌知	tʰ	他剔持	n	日昵泥	l	柳栗梨
k	求极姑	kʰ	气屐苦	ŋ	语逆倪	x/ç	肸喜稀
ʦ/ʨ	曾寂挤	ʦʰ/ʨʰ	出戚妻	s	时席系		
Ø	姨乌话						

□ ŋok^{43}我的□ kʰiek^{43}他们的

2．韵母

i	之知比	oe	初梳驴	u	孤乌某	y	须师居
a	嘉家阿	ia	爹也尿	ua	花瓜蛙		
ɛ	西街低	ie	鸡池施				
ɔ	歌高袄	uɔ	过锅科靴	yɔ	桥裔□ yɔ^{33}枯萎		
eu	沟勾欧	ieu	烧娇妖				
ai	开皆狮	au	郊交包	uai	歪乖埋		

øy	催	uei	杯辉龟				
aŋ	山干安	iaŋ	声惊兄	uaŋ	欢官半		
eiŋ	灯更针	iŋ	宾金贞				
ieŋ	天兼烟	uŋ	春君分	yŋ	银宫忍雍		
ouŋ	江恩酸	øyŋ	东工	uɔŋ	光方汪	yɔŋ	香捐渊
aˀ	粒达渴	iaˀ	益	uaˀ	挖脱法	eiˀ	八贴
iˀ	译橘席	ieˀ	壁薛彻	uˀ	物郁初	yˀ	菊乞筑
ouˀ	骨确刷	øyˀ	角壳	uɔˀ	局越国	yɔˀ	尺剧弱

3．声调

阴平（44）　丹　　阳平（52）　谈　　上声（31）　胆

阴去（13）　旦　　阳去（242）　淡　　阴入（23）　答　　阳入（4）　达

十七、厦门话声韵调

1．声母

p	疤富贫	pʰ	抛皮伴	b	文梦墓	m	麻毛命		
t	唐账胆	tʰ	他蠢坦	n	娘软脑	l	挪来六		
k	家感狂	kʰ	脚巧扣	g	芽我锦	ŋ	硬艾吴	h	稀化虎
ʦ	查自静	ʦʰ	叉千吵	s	诗西送				
Ø	丫乌云								

2．韵母

i	基味池	e	家迷脆	u	虚妇次	ɔ	恶普助
a	亚早巧	ia	夜遮奇	ua	娃披可		
o	阿婆考	io	腰少叫	ue	初灰外		
au	包斗哭	iau	标笑了	ui	威肥醉		
ai	哀眉似	iu	丢手友	uai	歪拐坏		
am	南暗惨	iam	阉甜寻	im	音沉禁		
an	单层简	ian	烟面犬	uan	弯选半		
		in	真轻敏	un	温本近		
aŋ	芳董梦	iaŋ	漳亮相				
ɔŋ	汤总凤	iɔŋ	央虫将	iŋ	英订省		
ĩ	鞭染见	ɔ̃	摸怒好	ẽ	婴妹骂		
		iũ	张蒋羊	uĩ	每惯横		
ã	马胆监	iã	影声成	uã	安段泉		
ãi	背店还			uãi	关县拐		
ãu	貌闹藕	iãu	猫鸟爪				
ap	答杂恰	iap	叶接粒	ip	湿集及		
at	八实力	iat	别切血	uat	泼夺越		
it	一笔密			ut	不突物		
ak	木读岳	iak	逼□[1]□[2]	ik	白墨黑		

ɔk	北木各	iɔk	略祝局				
iˀ	滴舌缺	eˀ	麦册客	uˀ	托浡□^{3}	ɔˀ	膜□^{4}
aˀ	百肉合	iaˀ	壁食揭	uaˀ	抹热喝	ueˀ	节瞎切
oˀ	博昨落	ioˀ	借席歇	uiˀ	拔刮挖	iuˀ	□^{5}□^{6}□^{7}
auˀ	暴雹落	iauˀ	□^{8}□^{9}□^{10}	uaiˀ	□^{11}		
ãuˀ	□^{12}□^{13}□^{14}	iãuˀ	□^{15}	uãiˀ	□^{16}□^{17}		
ĩˀ	物捏闪	ɔ̃ˀ	膜瘼	ãˀ	凹跋喝	iãˀ	□^{18}
ẽˀ	脉夹$_{夹仔}$吓			uẽˀ	夹挟$_{夹菜}$		
m̩	梅媒姆	ŋ̍	秧饭晚	m̩ˀ	□^{19}□^{20}	ŋ̩ˀ	呛哼□^{21}

有音无字注释：

（1）phiak^{55}打：对头～落去。（2）siak^{11}跌：~倒。（3）puʔ^{11}长出，冒：～芽。（4）ɔʔ^{11}呕吐。（5）tiu^{11}～～痛：慢悠悠儿。（6）tiuʔ^{55}鸟叫。（7）siuʔ^{55}用细竹条抽打。（8）ʦiauʔ^{11}静～～：寂静。（9）kiauʔ^{11}撬。（10）khiauʔ^{55}弯曲。（11）ʦuaiʔ^{55}扭伤。（12）mãuʔ^{11}瘪陷状。（13）ŋãuʔ^{11}咬。（14）hãuʔ^{55}（瓜果）不熟的一种表现。（15）ŋiãuʔ^{11}死（婉辞）。（16）suãiʔ^{55}嚼东西声；开门声。（17）uãiʔ^{55}开门声。（18）hiãʔ^{11}（手）拿着。（19）hm̩ʔ^{11}从上到下用力打。（20）hm̩ʔ^{5}不满口气。（21）sŋ̍ʔ^{11}紧束：～喉咙。

3．声调

阴平（55）巴摸搬　阳平（35）爬鸣盘　阴上（53）饱猛饼

阳去（11）罢梦伴　阴去（21）霸帮好　阳入（55）踏六索　阴入（11）百落答

十八、道县祥霖铺话声韵调

1．声母

p	摆皮宝	pʰ	票偏泼	m	苗蛮面	f	虾凡福
t	猪锯塔	tʰ	梯吹添	n	脑耳用	l	龙栗笠
ʦ	茶姐财	ʦʰ	粗菜气			s	沙筛戏
k	鬼骨减	kʰ	敲巧棍	ŋ	牙硬沤	x	开口瘦
ʨ	早灶抓	ʨʰ	翅齿草			ɕ	射鼠鞋
Ø	鸭羊爱						

2．韵母

ɿ	徛是旗	i	鞋矮心	u	歌家肉	y	清菊玉
a	来衣蜜	ia	宝刀枣	ua	贵肥水		
o	马瓦雷	io	借鼠壁	uo	挑国屋		
ɤ	盖冬北	ie	戴跟食	ue	裤罪赚	ye	春嫩软
ai	甜念慢	ei	米梨西	uai	关船饭	uei	喝雪越
au	鹅糯坐	iau	猫瓢表				
əu	腿头豆	iəu	笑娇看	iu	岭命清		
ən	今梗更	ian	盐欠店	in	瓶冰染		
aŋ	账酿唱	iaŋ	粮亮墙	uaŋ	物网王	oŋ	担敢搬

3. 声调

阴平（35）	家姑筛鸡	阳平（24）	牙拿瓜鞋	上声（33）	瓦古虎主
阴去（21）	去菜对筷	阳去（51）	住稗媒自		

十九、连州土话声韵调

1. 声母

p	婆被变白	p^h	破普潘劈	m	马眉袜蚊	f	火裤饭粉
t	驼地弟颠	t^h	拖天托痛	n	糯脑暖嫩	l	脶离轮龙
ʦ	左纸庄桌	ʦ^h	坐茶吹床	ȵ	惹宜人让	s	沙是想伤
k	瓜鸡脚工	k^h	块骑确屐	ŋ	芽银岳硬	h	起厚坑轻
Ø	禾回叶廷						

2. 韵母

i	纸你齿猎	u	姑湖菜合	y	徐水夺
ᴀ	车鸡登平	iᴀ	惹爷蝇赢	uᴀ	瓦块挂梗
œ	□ œ^{11} 打~：打嗝				
ɔ	袍老袄炒	iɔ	ȵiɔ^{11} 皱		
o	没薄霍桌	uo	广镬黄获		
ɛ	木同竹哭	uɛ	翁		
e	公众宫钟	ie	荣肉融用		
ᴀi	贝币第鼻	uᴀi	回怀桂位		
ei	枪脚黑灯	iei	羊痒样	ui	滑
ᴀu	何爬赌狗	iᴀu	标烧摇尿	uᴀu	禾瓜华话
ou	大赖答八	iu	流酒九有		
iou	□ ȵiou^{11} 捋	uou	坏歪挖刮		
ɔi	猪居需对	iɔi	越		
ᴀt	立湿笔窟	uᴀt	核		
ek	十实食	iek	入日		
ᴀn	含针进真	iᴀn	壬隐人	uᴀn	棍捆温群
øn	选泉软尊	iøn	员缘		
ɔŋ	耽淡摊短	uɔŋ	管罐碗汪		
eŋ	镰箭仙烟	ieŋ	染盐演迎	ueŋ	剑建卷

3. 声调

阴平（22）	车苏飞	阳平（55）	蛇图毛	阴上（53）	果苦主	阳上（24）	坐女柳
阴去（11）	簸霸裤	阳去（33）	糯座杜				

二十、贺州铺门土话声韵调

1. 声母

p	步平鼻饭	p^h	批匹叛柏	m	门忙万味	f	夫火虎丰	β	话碗云围

t	多图碟虫	tʰ	梯塔天踢	n	女年蓝冷	l	罗柳六猎		
ʦ	指井早罩	ʦʰ	枪插抽出	ȵ	肉耳业鱼	s	茶床舌前		
k	骨舅旗解	kʰ	亏考级诀	ŋ	鹅牛眼玉	x	起乡血访	ɣ	河油移雨
Ø	益安屋腰								

2. 韵母

i	二棋衣气	u	夫水岁灾	y	鱼书朱煮		
a	赖鞋拜世	ia	蛇蔗写油	ua	乖归怪拐		
ɛ	格白宅策	iɛ	也□ ʦiɛ^{44} 些	uɛ	□ kʰuɛ^{334} 用长棍拨弄		
ɔ	沙花楼牛	iɔ	柔揉抓握	uɔ	寡跨挂卦		
ø	□ ŋø^{231} 很	iø	□ ȵiø^{44} 很				
o	多婆落浊	io	思资史事	uo	瓜夸跨课	oi	位贵猪改
ai	李皮四尾	iai	□ ȵiai^{223} 荤菜				
au	豆漏够臭	iau	瞭疾看皱				
ɛi	交庙料条	iu	窑潮招赵	ɔu	高老草土		
ɛm	暂监尖甜	ym	□ tym^{44} 厚□ ʦʰym^{51} 轻度弯曲				
ɔm	深沈针砧	iɔm	吟任壬				
om	含甘柑敢	iam	金襟林音				
an	根真银粉	ian	闰润人忍	uan	军裙菌昆		
un	官暖短船	in	斤笋盐兼	iun	软元原源	yn	圆拳劝丸
aŋ	层灯等秤	iaŋ	兴蝇凌陵	uaŋ	轰□ kuŋ^{334} 酸		
eŋ	盏颜眼谚	ɛŋ	鲩闲变年	uɛŋ	惯关		
oŋ	红公东肿	ioŋ	农总勇穷				
ã	半饭蛋班	iã	□ xiã^{51} 嘴歪貌				
ɛ̃	生庚彭争	ĩ	茎命井星	uɛ̃	关冠□ kuɛ̃^{223} 丢，掷		
ø̃	乡伤秧养	õ	胆淡三贪				
ɛp	甲猎接碟	op	合盒佮	yp	□ ȵyp^{54} 用指头捻		
ɔp	蜡杂搭鸭	iɔp	入眨	iap	急及级立		
at	辣袜佛侄	iat	日	uat	骨忽掘		
it	吉律突叶	iut	月正月	ut	夺脱活阔	yt	阅粤蕨决
øt	月月亮	ɛt	□ lɛt^{54} 尾、末				
ak	墨识蛰鹛	iak	石脊敌踢	uak	国郭廓		
ek	戟滴	ɛk	灭铁八滑	uɛk	括		
ok	福熟木毒	iok	粟六族药				
m̩	吾	ŋ̍	床糠黄放				

3. 声调

阴平（44）	多巾蜂	阳平（233）	禾红鱼	阴上（51）	举古胆
阳上（231）	舅早远	阴去（334）	锯寸百	阳去（223）	饭路白
上阴入（54）	雪出踢	下阴入（23）	鸭壳擦	阳入（13）	石独热

附录二　27 种少数民族语言音系[①]

一、汉藏语系藏缅语族藏语支：藏语（拉萨话）

1. 声母

p/mp、pʰ、m、w、ʦ/nʦ、ʦʰ、s、t/nt、tʰ、n、l、ɬ、ʈʂ/ɳʈʂ、ʈʂʰ、ʂ、r、ʨ/ɳʨ、ʨʰ、ɕ、ɳ、c/ɲc、cʰ、ç、k/ŋkʰ、ŋ、h、(ʔ)、ɹ、j

2. 韵母

单元音韵母：a、i、e、ɛ、u、y、o、ɔ、ø、ã、ĩ、ẽ、ɛ̃、ũ、ỹ、õ、ø̃、ə̃

复元音韵母：au、iu

鼻尾韵：am、im、um、em、om、əm、aŋ、iŋ、uŋ、eŋ、oŋ

塞尾韵：ap、ip、up、ep、op、əp、ak、ik、uk、ek、ok、aˀ、iˀ、uˀ、eˀ、oˀ、ɛˀ、yˀ、øˀ

其他韵尾韵母：aɹ、iɹ、uɹ、eɹ、oɹ

3. 声调

53、55、12、113 四个声调。有轻声和变调。

二、汉藏语系藏缅语族藏语支：仓洛（门巴）语

1. 声母

单辅音：p、pʰ、b、m、t、tʰ、d、n、l、ɬ、ʦ、ʦʰ、ʣ、s、z、ʈʂ、ʈʂʰ、dʐ、ɹ、ʨ、ʨʰ、ʥ、ɕ、ʑ、ɳ、k、kʰ、ɡ、ŋ、ˀ、j、w

复辅音：pr、pʰr、br、mr

2. 韵母

单元音韵母：a、o、e、i、u、y、ø

复元音韵母：ai、au

鼻尾韵母：im、in、iŋ、em、en、eŋ、am、an、aŋ、om、on、oŋ、um、un、uŋ

塞尾韵母：ip、it、ik、iˀ、ep、et、ek、eˀ、ap、at、ak、aˀ、op、ot、ok、oˀ、up、ut、uk、uˀ、yˀ、øˀ

其他韵尾韵母：is、es、as、os、us、ir、er、ar、or、ur、al、el、ul、ol

3. 声调

有高调、低调二种。音节的音高相对固定。

声韵相同、完全靠声调区别意义的很少。

① 资料来源："中国少数民族语言简志丛书"，民族出版社 2009 年；孙宏开、胡增益、黄行《中国的语言》，商务印书馆，2007 年。

三、汉藏语系藏缅语族彝语支：彝语（喜德话）

1．声母

单辅音：p、pʰ、b、m̥、m、f、v、t、tʰ、d、n̥、n、l、ɬ、ʦ、ʦʰ、ʣ、s、z、tʂ、tʂʰ、dʐ、ʂ、ʐ、ʨ、ʨʰ、ʥ、ɕ、ʑ、ȵ̊、ȵ、k、kʰ、ɡ、ŋ、x、ɣ、h

复辅音：mb、nd、ŋɡ、nʣ、ndʐ、ȵʥ

2．韵母

松元音：ɿ、i、o、u、ɯ　　紧元音：ɿ̱、e̱、ɔ̱、u̱、a̱

说明：无辅音韵尾。

3．声调

有 55、44、33、21 四个声调。

四、汉藏语系藏缅语族彝语支：末昂语

1．声母

p、pʰ、b、mb、m、ˀm、f、v、ˀv、t、tʰ、d、nd、n、ˀn、l、ˀl、ʦ、ʦʰ、ʣ、s、z、ʨ、ʨʰ、ʥ、ȵ、ˀȵ、ɕ、ʑ、ˀʑ、k、kʰ、ɡ、ŋ、ˀŋ、ɣ、q、qʰ、ɢ、、ʔ、h

pj、pʰj、bj、mbj、mj、ˀmj、vj、kj、kʰj、qj、qʰj、tj、tʰj、dj、ndj、nj、ˀnj、lj、ˀlj

2．韵母

单元音：i、i、e、e、ɑ、ɑ、o、o、u、u、ɯ

复元音：ai、ei、ɛi、ɛ̱i、ɑu、ɑ̱u、ui、u̱i、ue、ɯe、ɯɑ、ɯɑu

鼻尾韵母：ɑm、ɑ̱m、om、ɯm、um、in、in、en、en、ɛn、ɑn、ɑ̱n、ɯn、ɯ̱n、ɯen、uan、iŋ、ɑŋ、ɑ̱ŋ、uŋ、u̱ŋ、ɯŋ、ɯ̱ŋ、ɯɑŋ、ɯɑ̱ŋ、uɑŋ、uɑ̱ŋ

塞尾韵母：ɑp、op、up、ɯɑp、it、et、ɛt、ɑt、ɯt、ɯɑt、uɑt、ik、ek、ɑk、ok、ɯk、ɯɑk、uɑk、iˀ、eˀ、ɑˀ、oˀ、uˀ、uiˀ、ueˀ、uɑˀ、eiˀ、ɛiˀ、ɯɑˀ、ɑuˀ

3．声调

有 55、33、13、51、21 五个声调。13 调只出现在促声韵。

五、汉藏语系藏缅语族景颇语支：景颇语

1．声母

p、pj、pɹ、pʰ、pʰj、pʰɹ、m、mj、f、t、tʰ、n、l、ʦ、ʦʰ、s、ʧ、ʧʰ、ʃ、ʒ、k、kj、kɹ、kʰ、kʰj、kʰɹ、x、ŋ、ŋj、j、w

2．韵母

单元音：i、e、a、o、u、i̱、e̱、a̱、o̱、u̱

复元音：ai、oi、ui、au、a̱i、o̱i、u̱i、a̱u

鼻尾韵：im、em、am、om、um、i̱m、e̱m、a̱m、o̱m、u̱m、in、en、an、on、un、i̱n、e̱n、a̱n、o̱n、u̱n、iŋ、eŋ、aŋ、oŋ、uŋ、i̱ŋ、e̱ŋ、a̱ŋ、o̱ŋ、u̱ŋ

塞尾韵：ip、ep、ap、op、up、i̱p、e̱p、a̱p、o̱p、u̱p、it、et、at、ot、ut、i̱t、e̱t、a̱t、o̱t、u̱t、ik、ek、ak、ok、uk、i̱k、e̱k、a̱k、o̱k、u̱k、iˀ、eˀ、aˀ、oˀ、uˀ、i̱ˀ、e̱ˀ、a̱ˀ、o̱ˀ、u̱ˀ

3. 声调

有 31、55、33 三个基本声调。促声韵只出现在第 1、2 调。

说明：（1）f、ʦʰ、ʧʰ、x、ua、iau、in 为新增声母韵母，主要见于汉语借词。（2）元音分松紧。（3）有丰富的构词词头（弱音节）：pa^{31}、pʰa^{31}、ma^{31}、wa^{31}、na^{31}、ʦa^{31}、ʃa^{31}、ka^{31}、a^{31}。

六、汉藏语系藏缅语族景颇语支：独龙语

1. 声母

单辅音：p、b、m、f、t、d、n、l、ʦ、dz、s、z、ʨ、ʥ、ɕ、ȵ、c、ɟ、ç、ɲ、k、g、x、ŋ、j、ɹ、w

腭化辅音：pʲ、bʲ、mʲ、tʲ、lʲ

唇化辅音：ʦʷ、sʷ、tʷ、lʷ、kʷ、gʷ、xʷ、ŋʷ

复辅音：pl、bl、ml、kl、gl、pɹ、bɹ、mɹ、kɹ、gɹ、xɹ

2. 韵母

单元音：i、e、ɑ、ɔ、u、ɯ、y

复元音（区分长短元音）：ɑi、ɔi、ui、ɯi、ɑ̆i、ɔ̆i、ŭi、ɯ̆i、ye

鼻尾韵（区分长短元音）：em、ɑm、ɔm、um、ɯm、ĕm、ɑ̆m、ɔ̆m、ŭm、ɯ̆m、in、en、ɑn、ɔn、un、ɯn、yn、ĭn、ĕn、ɑ̆n、ɔ̆n、ŭn、ɯ̆n、yɑn、iŋ、eŋ、ɑŋ、ɔŋ、uŋ、ɯŋ、ĭŋ、ĕŋ、ɑ̆ŋ、ɔ̆ŋ、ŭŋ、ɯ̆ŋ

塞尾韵（区分长短元音）：ip、ep、ɑp、ɔp、up、ɯp、ĭp、ĕp、ɑ̆p、ɔ̆p、ŭp、ɯ̆p、it、et、ɑt、ɔt、ut、ɯt、ĭt、ĕt、ɑ̆t、ɔ̆t、ŭt、ɯ̆t、ik、ek、ɑk、ɔk、uk、ɯk、ĭk、ĕk、ɑ̆k、ɔ̆k、ŭk、ɯ̆k、iˀ、eˀ、ɑˀ、ɔˀ、uˀ、ɯˀ、ĭˀ、ĕˀ、ɑ̆ˀ、ɔ̆ˀ、ŭˀ、ɯ̆ˀ、ĭmˀ、ĭnˀ、ĭŋˀ、ĕmˀ、ĕnˀ、ĕŋˀ、ɑ̆mˀ、ɑ̆nˀ、ɑ̆ŋˀ、ɔ̆mˀ、ɔ̆nˀ、ɔ̆ŋˀ、ŭnˀ、ŭŋˀ、ɯ̆mˀ、ɯ̆nˀ、ɯ̆ŋˀ

其他韵尾韵母（区分长短元音）：el、ɑl、ɔl、ul、ɯl、ĕl、ɑ̆l、ɔ̆l、ŭl、ɯ̆l、eɹ、ɑɹ、ɔɹ、uɹ、ɯɹ、ĕɹ、ɑ̆ɹ、ɔ̆ɹ、ŭɹ、ɯ̆ɹ

3. 声调

有 31、55、33 三个基本声调。促声韵只出现在第 1、2 调。

说明：（1）f、z、tj、lj、ʦw、sw、tw、lw 是新出现的声母。（2）y、ye、yn、yɑn 主要用于汉语借词。（3）弱读带喉塞尾的鼻音韵 ĭmˀ、ĭnˀ、ĭŋˀ、ĕmˀ、ĕnˀ、ĕŋˀ、ɑ̆mˀ、ɑ̆nˀ、ɑ̆ŋˀ、ɔ̆mˀ、ɔ̆nˀ、ɔ̆ŋˀ、ŭnˀ、ŭŋˀ、ɯ̆mˀ、ɯ̆nˀ、ɯ̆ŋˀ 只出现在形态变化中。

七、汉藏语系藏缅语族缅语支：阿昌语

1. 声母

p、pʰ、m̥、m、f、v、pʐ、pʰʐ、m̥ʐ、mʐ、t、tʰ、n̥、n、l̥、l、ʦ、ʦʰ、s、tʂ、tʂʰ、ʂ、ʐ、 tɕ、tɕʰ、ȵ、ȵ̊、ɕ、ʑ、k、kʰ、ŋ̊、ŋ、x、kʐ、kʰʐ、xʐ

2. 韵母

单元音：i、e、ɑ、ɔ、u、ɯ、y

复元音：ei、ɑi、ɔi、ui、au、əu、iu、ua、iau、uai

鼻尾韵：im、em、am、ɔm、om、um、əm、iam、in、en、an、ɔn、on、un、ən、uan、iŋ、eŋ、aŋ、ɔŋ、oŋ、uŋ、əŋ、iaŋ、uaŋ

塞尾韵母：ip、ep、ap、ɔp、op、up、əp、iap、it、et、at、ɔt、ot、ut、ət、uat、ik、ek、ak、ɔk、ok、uk、ək、iak、uak、aiˀ、uiˀ、auˀ、ouˀ、uaˀ

3. 声调

有55、31、35、51四个声调。

说明：（1）f出现在汉语借词。（2）有弱读音节。（3）51调出现在变调和借词里。（4）有连读变调。

八、汉藏语系藏缅语族缅语支：载瓦语

1. 声母

p、pʰ、m、f、v、pj、pʰj、mj、t、tʰ、n、l、ts、tsʰ、s、ʧ、ʧʰ、ʃ、ʒ、k、kʰ、ŋ、x、kj、kʰj、ŋj、xj、j

2. 韵母

单元音：i、e、a、o、u、i̱、e̱、a̱、o̱、u̱

复元音：ai、oi、ui、au、a̱i、o̱i、u̱i、a̱u

鼻尾韵：im、em、am、om、um、e̱m、a̱m、o̱m、u̱m、in、en、an、on、un、i̱n、e̱n、a̱n、o̱n、u̱n、iŋ、eŋ、aŋ、oŋ、uŋ、i̱ŋ、e̱ŋ、a̱ŋ、o̱ŋ、u̱ŋ

塞尾韵：ep、ap、op、up、i̱p、e̱p、a̱p、o̱p、u̱p、it、et、at、ot、ut、i̱t、e̱t、a̱t、o̱t、u̱t、ik、ek、ak、ok、uk、i̱k、e̱k、a̱k、o̱k、u̱k、iˀ、eˀ、aˀ、oˀ、uˀ、i̱ˀ、e̱ˀ、a̱ˀ、o̱ˀ、u̱ˀ

3. 声调

有21、55、51三个声调。

说明：（1）f只出现在汉语借词。（2）元音分松紧。（3）单元音韵母音节前置时，常弱化。（4）有较复杂的连读变调。

九、汉藏语系藏缅语族羌语支：羌语

1. 声母

单辅音：p、pʰ、b、m、f、t、tʰ、d、n、l、ts、tsʰ、ʣ、s、z、tʂ、tʂʰ、dʐ、ʂ、ʐ、ʧ、ʧʰ、ʤ、ʃ、ʒ、tɕ、tɕʰ、ʥ、ɕ、ʑ、ȵ、k、kʰ、g、ŋ、q、qʰ、ɢ、χ、ʁ

复辅音：

（1）前置辅音＋基本辅音：χp、χb、χm、χt、χd、χn、χtʂ、χdʐ、χʧ、χʤ、χtɕ、χʥ、χȵ、χk、χg、χŋ、χq、χɢ

（2）基本辅音 + 后置辅音：pz、pʰz、bz、pʐ、pʰʐ、bʐ

2. 韵母

单元音：i、e、a、ɑ、o、u、ə、y、ʅ、əʴ

复元音：yi、ei、ai、ɑu、əu、ie、ia、iɑ、io、ue、ua、uɑ、uə、ye、ya、yɑ、iɑu、iəu、uɑi

鼻尾韵：in、ən、un、yn、an、ian、uan、yan、iŋ、əŋ、uəŋ、uŋ、ɑŋ、iɑŋ、uɑŋ

3. 声调

有 55、31、51、13、33、241 六个声调。

说明：（1）f 出现在汉语借词。（2）辅音韵尾少。（3）第 6 调值出现在固有词，第 1 ~ 5 调类似汉语的阴平、阳平、上声、去声、入声。

十、汉藏语系藏缅语族羌语支：嘉戎语

1. 声母

单辅音：p、pʰ、b、m、ɸ、t、tʰ、d、n、l、ɬ、r、ʦ、ʦʰ、ʣ、s、z、tʂ、tʂʰ、dʐ、ʂ、ʧ、ʧʰ、ʤ、ʃ、ʒ、ȵ、cç、cçʰ、ɟj、k、kʰ、g、h、ŋ、j、w

二合复辅音（前置辅音 + 基本辅音）：

p-（ʦ、t、tʰ、tʂ、ʧ、cç、k）

b-（d、g）

w-（d、l）

m-（p、pʰ、b、ʦ、ʦʰ、ʣ、s、t、tʰ、d、n、tʂ、ʧ、ʧʰ、ʤ、ʃ、cç、cçʰ、ɟj、ȵ、k、kʰ、g、ŋ）

s-（p、m、w、ʦ、ʦʰ、s、t、tʰ、n、r、l、cç、ȵ、j、k、kʰ、ŋ）

z-（p、w、d、l、ɟj、g）

n-（m、ʦ、ʦʰ、ʣ、t、tʰ、d、dʐ、ʧ、ʧʰ、ʤ、ʃ、cç、cçʰ、ɟj、ȵ、g、ŋ）

r（ʂ）-（p、pʰ、b、m、w、ʦ、ʦʰ、s、z、t、d、n、l、ʧ、ʒ、cç、cçʰ、ɟj、ȵ、j、k、kʰ、g、ŋ）

l-（p、m、w、dz、t、d、n、ʧ、ʤ、ɟj、j、ŋ）

ʃ-（p、pʰ、m、w、t、tʰ、n、r、ltʂ、ʧ、k、kʰ）

ʒ-（b、w、d、g）

j-（p、m、ʦ、dz、t、d、l、k、g、ŋ）

k-（p、ʦ、t、tʂ、ʧ、ʧʰ、cç）

g-（d）

ŋ-（b、m、n、k、kʰ、g）

二合复辅音（基本辅音 + 后置辅音）：

-w：hw

-s：ps、pʰs、ks、kʰs

-z：bz、gz

-r：pr、p^hr、br、ʦr、kr、k^hr、gr

-l：pl、kl

-ʃ：pʃ、p^hʃ、kʃ、k^hʃ

-ʒ：bʒ、gʒ

-j：pj、p^hj、wj、kj

三合复辅音（基本辅音＋前置和后置辅音）：

mp^hr、mpj、mp^hj、mbr、mgl、nk^hr、ndzr、$ŋk^h$r、ŋgr、ŋgl、spr、spj、skr、zbr、zgr、ʃpr、ʃkr、ʒgr、jndʐ、pst、p^hsr、kpr、kpj

2．韵母

单元音：i、ᴇ、a、o、u、ə、ɐ

复元音：ᴇi、ui、əi、ɐi、əu、ua（iᴇ、ou、iou）

鼻尾韵：ᴇm、am、om、əm、ɐm、in、ᴇn、an、on、un、ən、ɐn、ᴇŋ、aŋ、oŋ、uŋ、əŋ、ɐŋ、iaŋ

塞尾韵：ip、ᴇp、ap、op、up、əp、ɐp、ᴇt、at、ot、ut、ət、ɐt、uat、uɐt、ik、ᴇk、ak、ok、uk、ək、ɐk

其他辅音韵尾韵：is、ᴇs、as、os、us、əs、ɐs、al、ol、ul、əl、ɐl、ᴇr、ar、or、ur、ər、ɐr

3．声调

无声调。音节有固定音高，但不区别意义。

说明：（1）ʥ、dʐ、ʤ 不单独做声母。（2）ɸ 用于汉语借词；（3）ʂ 出现在藏语借词。

十一、汉藏语系侗台语族侗水语支：侗语

1．声母

单辅音声母：p、p^h、m、f、w、t、t^h、n、l、ʦ、$ʦ^h$、s、ȶ、$ȶ^h$、ȵ、ɕ、j、k、k^h、ŋ、ʔ、h

腭化唇化声母：pj、p^hj、mj、tj、t^hj、lj、wj、kw、k^hw、ŋw

2．韵母

阴声韵：ɿ、i、e、a、o、u、a:i、əi、əu、eu、a:u、iu、oi、ui

阳声韵：a:m、am、em、im、əm、om、um、a:n、an、en、in、ən、on、un、a:ŋ、aŋ、eŋ、iŋ、əŋ、oŋ、uŋ

入声韵：ap、a:p、ep、ip、əp、op、up、a:t、at、et、it、ət、ot、ut、a:k、ak、ek、ik、ək、ok、uk

3．声调

舒声调：1 调（55）、2 调（11）、3 调（323）、4 调（31）、5 调（53）、6 调（33）、1’调（35）、3’调（13）、5’调（453）

促声调：7 调（55）、8 调（35）、9 调（13）、10 调（453）、7’调（35）、9’调（13）

说明：单数调与汉语平上去入的阴调对应，双数调与汉语平上去入的阳调对应。

十二、汉藏语系侗台语族台语支：傣语

1. 声母

p、pʰ、m、f、v、t、tʰ、l、ʦ、s、k、ŋ、x、ʔ、h

2. 韵母

阴声韵：a、e、ɛ、i、o、ɔ、u、ɯ、ə、aɯ、ia、ua、ɯa、ai、a:i、ui、oi、ɔi、ɯi、əi、au、a:u、iu、eu、ɛu、ɯu、əu

阳声韵：am、a:m、im、em、ɛm、um、om、ɔm、ɯm、əm、an、a:n、in、en、ɛn、un、on、ɔn、ɯn、ən、aŋ、a:ŋ、iŋ、eŋ、ɛŋ、uŋ、oŋ、ɔŋ、ɯŋ、əŋ

入声韵：ap、a:p、ip、ep、ɛp、up、op、ɔp、ɯp、əp、at、a:t、it、et、ɛt、ut、ot、ɔt、ɯt、ət、ak、a:k、ik、ek、ɛk、uk、ok、ɔk、ɯk、ək

3. 声调

舒声调：1 调（35）、2 调（55）、3 调（31）、4 调（53）、5 调（11）、6 调（33）

促声调：7 调（35）、8 调（53）、9 调（11）

说明：1 ~ 6 调类与汉语平上去阴阳相对应，7 ~ 9 与汉语上阴入、下阴入、阳入对应。

十三、汉藏语系侗台语族黎语支：黎语（保定话）

1. 声母

单辅音声母：p、pʰ、pl、ɓ、m、ˀw、f、v、t、tʰ、ɗ、n、l、ɬ、r、ʦ、ʦʰ、z、ȵ、ˀj、k、kʰ、ɡ、ŋ、h、ʔ

唇化腭化声母：kw、kʰw、ɡw、ŋw、hw、hj

2. 韵母

阴声韵：a、e、i、o、u、ɯ、ia、ua、a:i、ai、ei、o:i、、u:i、ui、ɯ:i、a:u、au、e:u、i:u、iu、ou、aɯ、eɯ

阳声韵：a:m、am、e:m、em、i:m、im、o:m、om、ɯ:m、ɯm、a:n、an、e:n、en、i:n、in、o:n、u:n、un、ɯ:n、ɯn、a:ȵ、aȵ、eȵ、u:ȵ、uȵ、a:ŋ、aŋ、e:ŋ、eŋ、i:ŋ、iŋ、o:ŋ、oŋ、u:ŋ、uŋ、ɯ:ŋ、ɯŋ

入声韵：a:p、ap、e:p、ep、i:p、ip、o:p、op、ɯ:p、ɯp、a:t、at、e:t、et、i:t、it、o:t、u:t、ut、ɯ:t、ɯt、a:ȶ、aȶ、eȶ、o:ȶ、u:ȶ、uȶ、a:k、ak、e:k、ek、i:k、ik、o:k、ok、u:k、ɯ:k、ɯk

3. 声调

有三个舒声调 53、55、11，三个入声调 55、11、53。

十四、汉藏语系侗台语族仡央语支：仡佬语（安顺湾子寨）

1. 声母

单辅音声母：p、pʰ、m、f、v、w、t、tʰ、n、l、ʦ、ʦʰ、s、z、ʨ、ʨʰ、ȵ、ɕ、ʑ、k、

kʰ、ŋ、x、q、qʰ、h

复辅音声母：mp、pl、vl、mpl、nʦ、nt、ȵʨ、ŋk、kl、ŋkl

2. 韵母

阴声韵：i、e、a、ə、ɑ、o、u、ei、ai、au、əɯ、əu、ie、iɑ、io、iu、iau、ue、ua、uɑ、uei、uai

阳声韵：in、en、an、un、uan、aŋ、uŋ、uaŋ

3. 声调

有 55、44、33、24、13、31 六个声调。

十五、汉藏语系苗瑶语族苗语支：苗语（惠水方言）

1. 声母

单辅音声母：p、pʰ、m̥、m、f、v、w、ʦ、ʦʰ、s、t、tʰ、n̥、n、l、l̥、ʈ、ʈʰ、tʂ、tʂʰ、ʂ、ʐ、ʨ、ʨʰ、ȵ、ȵ̊、ɕ、ʑ、k、kʰ、ŋ、h、q、qʰ、h

复辅音声母：mp、mpʰ、pl、pʰl、mpl、mpʰl、nʦ、nʦʰ、nt、ntʰ、tl̥、tl̥ʰ、ɳʈ、ɳʈʰ、ɳtʂ、ɳtʂʰ、ȵʨ、ȵʨʰ、ŋk、ŋkʰ、ɴq、ɴqʰ

2. 韵母

阴声韵：i、u、a、o、e、ai、ei、au、eu、ou、ie、iau、iou、ien、ua、ue、uai、uei

阳声韵：en、uen、uaŋ、aŋ、oŋ

3. 声调

1 阴平（43）、2 阳平（31）、3 阴上（55）、4 阳上（21）

5 阴去（44）、6 阳去（13）、7 阴入（33）、8 阳入（24）

十六、汉藏语系苗瑶语族瑶语支：勉语（龙胜）

1. 声母

单辅音声母：p、pʰ、b、m̥、m、f、w、ʦ、ʦʰ、dz、s、t、tʰ、d、n̥、n、ɬ、l、ʨ、ʨʰ、ʥ、ȵ̊、ȵ、ɕ、ʑ、k、kʰ、g、ŋ̊、ŋ、h

腭化、唇化声母：pj、pʰj、bj、m̥j、mj、fj、ʦj、ʦʰj、dzj、sj、tj、tʰj、dj、n̥j、nj、ɬj、lj、pw、pʰw、bw、m̥w、mw、fw、ʦw、ʦʰw、dzw、sw、tw、tʰw、dw、ɬw、lw、ʨw、ʨʰw、ʥw、ȵ̊w、ȵw、ɕw、jw、kw、kʰw、gw、ŋw、hw、kw、kʰjw、gjw、hjw

2. 韵母

阴声韵：ɿ、i、e、ɛ、a、o、u、ə、ei、a:i、ai、o:i、u:i、ui、i:u、iu、eu、a:u、au、ou

阳声韵：i:m、im、e:m、a:m、am、o:m、om、i:n、in、e:n、en、a:n、an、o:n、on、un、ən、i:ŋ、eŋ、ɛ:ŋ、a:ŋ、aŋ、o:ŋ、oŋ、uŋ

入声韵：i:p、ip、e:p、ep、a:p、ap、o:p、op、it、e:t、et、a:t、at、o:t、ot、ut、ik、ek、ak、o:k

3．声调

1 阴平（43）、2 阳平（31）、3 阴上（55）、4 阳上（21）

5 阴去（44）、6 阳去（13）、7 阴入（33）、8 阳入（24）

十七、南亚语系孟高棉语族：德昂语

1．辅音

单辅音：p、pʰ、b、m̥、m、f、v、ʦ、ʦʰ、dz、s、t、tʰ、d、n̥、n、l̥、l、r̥、r、ʨ、ʨʰ、ʥ、ȵ̊、ȵ、ɕ、ʑ、k、kʰ、g、ŋ̊、ŋ、h、ʔ

复辅音：pl、pʰl、bl、kl、kʰl、gl、pr、pʰr、br、kr、kʰr、gr、mp、mpʰ、mb、mm、mm、mf、mv、ns、nt、ntʰ、nd、nn̥、nn、nl̥、nl、nr̥、nr、ȵʨ、ȵʨʰ、ȵʥ、ȵȵ̊、ȵȵ、ȵʑ、ŋk、ŋkʰ、ŋg、ŋŋ、ŋh、ŋʔ、mpl、mpʰl、mbl、ŋkl、ŋkʰl、ŋgl、mpr、mpʰr、mbr、ŋkr、ŋkʰr、ŋgr、ŋgv

2．元音

单元音（区分长短音）：i、ĭ、e、ɛ、a、ă、ɔ、ɔ̆、o、ŏ、u、ʌ、ɤ、ɤ̆、ɯ、ɯ̆

二合元音：iʌ、ei、ɛi、ia、iă、ɔi、oi、ua、ʌu、ɤi、ɯa、io、eu、ɛɑu、ai、ăi、uɛ、ɤu、iu、au、ui、iɤ、aɯ

三合元音：uai、iei、ɑu、iai、iau、iua

十八、南亚语系孟高棉语族：佤语

1．辅音

单辅音：p、pʰ、b、bʰ、m、mʰ、f、v、vʰ、t、tʰ、d、dʰ、n、nʰ、lʰ、l、rʰ、r、ʧ、ʧʰ、ʤ、ʤʰ、ȵ、ȵʰ、ʃ、ʒ、ʒʰ、k、kʰ、g、gʰ、ŋ、ŋʰ、ʔ

复辅音：pl、pʰl、bl、bʰl、pr、pʰr、br、bʰr、kl、kʰl、gl、gʰl、kr、kʰr、gr、gʰr

音节末辅音：-p、-t、-k、-h、-ʔ、-m、-n、-ŋ

2．元音

单元音：i、e、E、a、ɔ、o、u、ɤ、ɯ、i̱、e̱、E̱、a̱、ɔ̱、o̱、u̱、ɤ̱、ɯ̱

二合元音：iᴇ、iᴇ̱、ia、ia̱、iu、iu̱、au、au̱、aɯ、aɯ̱、ai、a̱i、ua、ua̱、ui、u̱i、ɤi、ɤ̱i、ɯi、ɯ̱i、oi、o̱i、ɔi、ɔ̱i、io

三合元音：iau、uai、ia̱u、ua̱i

说明：（1）元音分松紧；（2）无声调。

十九、南岛语系印度尼西亚语族：排湾语（台湾）

1．辅音

p、b、v、m、w、t、d、l、n、ɭ、ʦ、dz、s、r、ʧ、ʤ、dʐ、k、g、ŋ、q、ʔ、j、w

2．元音

单元音：i、ə、a、o

3．词重音

词重音在倒数第二音节。两元音之间的辅音属后一音节。

二十、南岛语系印度尼西亚语族：邹语（台湾）

1．辅音

p、b、m、f、v、t、d、n、ʦ、s、z、k、ŋ、ʔ、h

2．元音

i、e、a、o、u、ʉ、ə

3．词重音

词重音通常在倒数第二音节。

二十一、阿尔泰语系突厥语族：维吾尔语

1．辅音

p^h、b、m、f、w、t^h、d、n、l、r、s、z、ʧ^h、ʤ、ʃ、j、k^h、g、ŋ、q^h、χ、ʁ、h

2．元音

i、e、ɛ、ɑ、ø、y、o、u

3．词重音

多音节词的重音一般在最后一个音节。

二十二、阿尔泰语系突厥语族：西部裕固语

1．辅音

单辅音：p^h、b、m、f、v、t^h、d、n、l、r、s、z、ʧ^h、ʤ、ʃ、j、tʂ^h、dʐ、ʂ、ʐj、k^h、g、ŋ、x、ɣ、q^h、ɢ、h

音节首复辅音：dr、kr、sd

音节尾复辅音：rt、ʂt、jt

2．元音

基本元音：ɑ、ə、e、i、o、u、ø、y

带擦元音：ɑh、əh、eh、oh、uh、ø

复元音：əu、ia、io、ue、yɑ、iɑu、iou

3．词重音

多音节词的重音通常在最后一个音节，有附加成分时，则重音后移。重音不区别意义。

说明：（1）有复辅音和复元音。（2）附加成分有辅音替换（和谐）。（3）元音和谐主要是舌位。

二十三、阿尔泰语系蒙古语族：蒙古语

1. 辅音

pʰ、b、m、ɸ、β、tʰ、d、n、l、r、s、ʧʰ、ʤ、ʃ、ʑ、kʰ、g、ŋ、x

2. 元音

长元音：iː、ɛː、əː、aː、yː、ʏː、uː、œː、ʊː、oː、ɔː

短元音：i、ɛ、ə、a、y、ʏ、u、œ、ʊ、o、ɔ

单元音：（ʅ、ɚ）（ĕ）

复元音：ʊa、uɛ、uə、yɛ、iɔ

3. 词重音

词重音通常在第一音节，如第一音节有附加成分则重音后移。重音不区别意义。

说明：（1）紧元音 i、iː、ə、əː、y、yː、u、uː、o、oː、uə 为阳性元音。（2）松元音 ɛ、ɛː、a、aː、ʏː、ʏ、œ、œː、ʊ、ʊː、o、ɔ、ɔː、ʊa、uɛ、yɛ、iɔ 为阴性元音。（3）元音和谐以松紧为主。

二十四、阿尔泰语系蒙古语族：东乡语

1. 辅音

pʰ、b、m、f、tʰ、d、n、l、r、kʰ、g、x、ɣ、qʰ、ɢ、h、ʦʰ、ʣ、s、ʨʰ、ʥ、ɕ、tʂʰ、dʐ、ʂ、ʐ、j、w

2. 元音

单元音：i、ə、a、o、u、ɯ、ɚ

复元音：ia、iə、iao、iu、ai、əi、ao、ou、ua、uai、ui

3. 词重音

词重音通常落在最后音节。

说明：（1）元音不分长短，没有长元音。（2）元音和谐趋于消失。

二十五、阿尔泰语系满－通古斯语族：满语

1. 辅音

pʰ、b、m、f、tʰ、d、n、l、r、kʰ、g、x、ɣ、qʰ、ɢ、h、ʦʰ、ʣ、s、ʨʰ、ʥ、ɕ、tʂʰ、dʐ、ʂ、ʐ、j、w

2. 元音

单元音：a、ə、i、o、u、e、ɛ、y

复元音：ai、əi、ui、au、ou、ia、io、iu、ie、iau、ua、uə、uɛ、ue、uai、ya、ye、yɛ

3. 词重音

词重音通常落在第一音节。

说明：（1）a、o、ɛ 为阳性元音，ə 为阴性。（2）i、u、e、y 为中性元音。（3）中性元音与阴性元音或阳性和谐。

二十六、阿尔泰语系满－通古斯语族：鄂伦春语

1. 辅音

p^h、p、m、ɸ、w、t^h、t、n、l、r、k^h、k、ŋ、x、$ʧ^h$、ʧ、ʃ、ɳ、j

2. 元音

短元音：i、ɪ、ə、a、o、ɔ、u、ʊ、y

长元音：iː、ɪː、eː、ᴇː、əː、aː、oː、ɔː、uː、ʊː

复元音：ua、uə

3. 词重音

词内重读音通常落在第一音节。

说明：（1）元音 ə、əː、eː、i、iː、o、oː、u、uː 为阴性元音，元音 a、aː、ᴇː、ɪ、ɪː、ɔ、ɔː、ʊ、ʊː 为阳性元音；（2）阴性元音或阳性阳性同类和谐。

二十七、印欧语系伊朗语族：塔吉克语

1. 辅音

p^h、b、m、f、v、w、θ、ð、ʦ、ʣ、s、z、t^h、d、n、l、r、$ʧ^h$、ʤ、ʃ、ʒ、j、k^h、g、x、ɣ、q、χ、ʁ、h

2. 元音

单元音：i、e、ɑ、o、u、ɯ、ə

复元音：iu、eu、əu、ɯu、ei、ɑi、ui、oi、ɯi、ɛiu

3. 词重音

词内最后音节为重读音节，少数在第一音节。

附录三 国际音标表

一、辅音（肺部气流音）

发音部位 发音方法		双唇	唇齿	齿间	齿龈	龈后	卷舌	龈腭	硬腭	软腭	小舌	咽壁	会厌	声门
塞音	清音	p			t		ʈ	ȶ	c	k	q			ʔ
		pʰ			tʰ		ʈʰ	ȶʰ	cʰ	kʰ	qʰ			
	浊音	b			d		ɖ	ȡ	ɟ	ɡ	ɢ			
		bʱ			dʱ		ɖʱ	ȡʱ	ɟʱ	ɡʱ	ɢʱ			
擦音	清音	ɸ	f	θ	s	ʃ	ʂ	ɕ	ç	x	χ	ħ	ʜ	h
	浊音	β	v	ð	z	ʒ	ʐ	ʑ	ʝ	ɣ	ʁ	ʕ	ʢ	ɦ
塞擦音	清音	pɸ	pf	tθ	ʦ	ʧ	tʂ	ʨ	cç	kx	qχ			
		pɸʰ	pfʰ	tθʰ	ʦʰ	ʧʰ	tʂʰ	ʨʰ	cçʰ	kxʰ	qχʰ			
	浊音	bβ	bv	dð	ʣ	ʤ	dʐ	ʥ	ɟʝ	ɡɣ	ɢʁ			
		bβʱ	bvʱ	dðʱ	ʣʱ	ʤʱ	dʐʱ	ʥʱ	ɟʝʱ	ɡɣʱ	ɢʁ			
鼻音	清音	m̥	ɱ̊		n̥		ɳ̊	ȵ̊	ɲ̊	ŋ̊	ɴ̥			
	浊音	m	ɱ		n		ɳ	ȵ	ɲ	ŋ	ɴ			
颤音		ʙ			r						ʀ			
闪音			ⱱ		ɾ		ɽ							
边擦音	清音				ɬ									
	浊音				ɮ									
边塞擦音	清音				tɬ									
					tɬʰ									
	浊音				dɮ									
近音	浊音	w ɥ	ʋ		ɹ		ɻ		j	ɰ				
边近音	清音				l̥		ɭ̊	ȴ̊	ʎ̥	ʟ̥				
	浊音				l		ɭ	ȴ	ʎ	ʟ				

说明：（1）本表以《国际音标》（2018 年）辅音表为基础，补充了中国语言常见而未列入该表的辅音。（2）塞擦音 ʦ、tʂ、ʨ、dz、dʐ、ʥ 严式标音应为同部位塞音和擦音组合 t͜s、ʈ͜ʂ、ɖ͜ʐ、ȶ͜ɕ、ȡ͜ʑ，但国内习惯用 t、d 表示前面的塞音，本表遵从国内习惯。（3）教育部和国家语委发布的《中国通用音标符号集》（GF 3007-2006）用舌尖前、舌叶、舌尖后、舌面前、舌面中、舌根描述辅音，《国际音标》用被动发音器官描述，本表遵从国际音标原表。

二、辅音（非肺部气流音）

倒吸气音		内爆音		外挤气音	
ʘ	双唇音	ɓ	双唇音	’	
ǀ	齿音	ɗ	齿音 / 龈音	p’	双唇音
ǃ	龈后音	ʄ	硬腭音	t’	齿音 / 龈音
ǂ	硬腭（前）– 龈后音	ɠ	软腭	k’	软腭音
ǁ	齿龈 – 边音	ʛ	小舌	s’	龈后擦音

说明：齿龈、龈后音、外挤气音三个符号和键盘的竖线（|）、感叹号（!）、单引号（’）是不同字符，它们的 Unicode 码分别是 01C0、01C3、02BC。

三、其他符号

ʍ	唇 – 软腭清擦音	ɕ ʑ	龈 –（前）硬腭擦音
w	唇 – 软腭浊近音	ɺ	龈边浊闪音
ɥ	唇 – 硬腭浊近音	ɧ	同时发 ʃ 和 x
ʜ	会厌清擦音		
ʢ	会厌浊擦音	k͡p t͜s	塞擦音和双重部位发音，必要时可用连音符连接两个符号
ʡ	会厌爆发音		

四、附加符号（如果音标符号下面部分较长，可将附加符号上置。例如：ŋ̊）

◌̥	清化 n̥ d̥	◌̤	气嗓音 b̤ a̤	◌̪	齿化 t̪ d̪
◌̬	浊化 s̬ t̬	◌̰	哑嗓音 b̰ a̰	◌̺	舌尖性 t̺ d̺
ʰ	清送气 tʰ	◌̼	舌唇化 t̼ d̼	◌̻	舌叶性 t̻ d̻
ʱ	浊送气 dʱ	ʷ	唇化 tʷ dʷ	◌̃	鼻化 ẽ
◌̹	唇更圆 ɔ̹	ʲ	硬腭化 tʲ dʲ	ⁿ	鼻音除阻 dⁿ
◌̜	唇略展 ɔ̜	ˠ	软腭化 tˠ dˠ	ˡ	边音除阻 dˡ
◌̟	舌偏前 u̟	ˤ	咽化 tˤ dˤ	◌̚	无听感除阻 d̚
◌̠	舌偏后 e̠	◌̴	软腭化或咽化 ɫ		
◌̈	央化 ë	◌̝	偏高 e̝（ɹ̝ = 齿龈浊擦音）		
◌̽	中 – 央化 e̽	◌̞	偏低 e̞（β̞ = 双唇浊近音）		
◌̩	自成音节 n̩ ŋ̍	◌̘	舌根偏前 e̘		
◌̯	非音节性 e̯	◌̙	舌根偏后 e̙		
˞	卷舌性 ɚ a˞	◌̱	紧元音 a̱	◌̲	紧调 3̲3̲

说明：国际音标原表未列入中国语言常见的紧元音、紧调符号，本表补入。舌偏后、紧元音、紧调都用下加短横线，但字符不同，舌偏后 Unicode 码 0320，紧元音符号 0331，紧调是 0332。

五、元音表

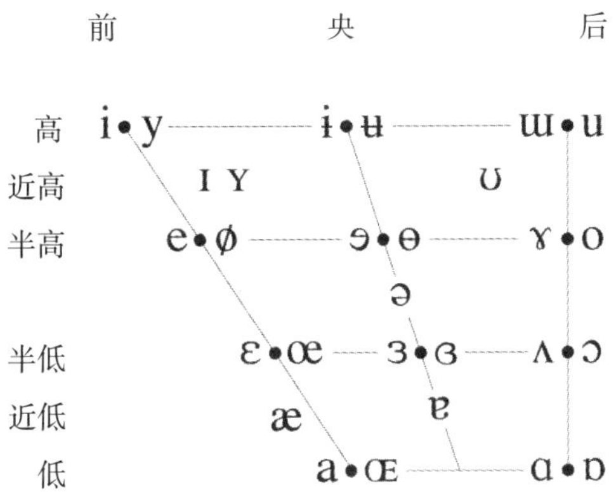

说明：（1）成对的元音，左为非圆唇，右为圆唇。（2）国际音标原表未列中国语言常见的舌尖元音ɿ、ʮ和卷舌元音ʅ、ʯ。

六、超音段符号

ˈ	主重音	ˌfoʊnəˈtɪʃən
ˌ	次重音	
ː	长音符	eː
ˑ	半长	eˑ
˘	更短	ĕ
|	小（音步）韵律段	
‖	大（语调）韵律段	
.	分音节符	ɹi.ækt
‿	连音符（中间无间隔）	

七、声调和词调

平调			曲折调		
e̋	˥	高平调	ě	˩˥	升调
é	˦	次高平调	ê	˥˩	降调
ē	˧	中平调	e᷄	˦˥	高升调
è	˨	次低平调	e᷅	˩˨	低升调
ȅ	˩	低平调	e᷈	˧˦˧	升降调
↓		降阶调	↗		全升
↑		升阶调	↘		全降

附录四　国际音标字符 Unicode 码表

一、元音符号（键盘外的字符）

ɿ	027F	ʏ	028F	æ	00E6	ʌ	028C	ʉ	0289	ɞ	025E
ʮ	02AE	ø	00F8	ɶ	0276	ɤ	0264	ə	0259	ɐ	0250
ʅ	0285	ᴇ	1D07	ɑ	0251	ʊ	028A	ɵ	0275	ᴀ	1D00
ʯ	02AF	ɛ	025B	ɒ	0252	ɯ	026F	ɘ	0258	ɚ	025A
ɪ	026A	œ	0153	ɔ	0254	ɨ	0268	ɜ	025C	ɝ	025D

二、辅音符号（键盘外的字符）

1. 肺部气流音

ʈ	0288	ʒ	0292	ʕ	0295	ɳ	0273	ɬ	026C
ɖ	0256	ʂ	0282	ʜ	029C	ɲ	0272	ɮ	026E
ɟ	025F	ʐ	0290	ʢ	02A2	ŋ	014B	ɫ	026B
ɡ	0261	ɕ	0255	ɦ	0266	ȵ	0235	ʋ	028B
ɢ	0262	ʑ	0291	ʧ	02A7	ɴ	0274	ɹ	0279
ʔ	0294	ç	00E7	ʤ	02A4	ʙ	0299	ɻ	027B
ɸ	0278	ʝ	029D	ʦ	02A6	ʀ	0280	ɰ	0270
β	03B2	ɣ	0263	ʣ	02A3	ⱱ	2C71	ɭ	026D
θ	03B8	χ	03C7	ʨ	02A8	ɾ	027E	ȴ	0234
ð	00F0	ʁ	0281	ʥ	02A5	ɺ	027A	ʎ	028E
ʃ	0283	ħ	0127	ɱ	0271	ɽ	027D	ʟ	029F

2. 非肺部气流音

ʘ	0298	ǃ	01C3	ɠ	0260	ʍ	028D	ʡ	02A1
ǀ	01C0	ɓ	0253	ʛ	029B	ɥ	0265	ɺ	027A
ǁ	01C1	ɗ	0257	ɕ	0255	ʜ	029C	ɧ	0267
ǂ	01C2	ʄ	0284	ʑ	0291	ʢ	02A2		

三、占格的附加符号和超音段符号（修饰符）

ʴ	02B4	ʷ	02B7	˞	02DE	ˑ	02D1	↗	2197
ʰ	02B0	ˠ	02E0	ˈ	02C8	↓	2193	↘	2198
ʱ	02B1	ˤ	02E4	ˌ	02CC	↑	2191		
ʲ	02B2	ʼ	02BC	ː	02D0	→	2192		

说明：（1）卷舌元音ɚ、ɝ有现成字符，也可用元音字符和附加符号˞组合。（2）长音符可用冒号代替。

四、不占格的附加符号和超音段符号（上置或下置符）

n̥d̥	0325	t̻d̻	033B	e̯	032F	e̙	0319	ê	0302
ŋ̊	030A	ɔ̹	0339	ẽ	0303	ĕ	0306	e᷄	1DC4
b̤ a̤	0324	ɔ̜	031C	◌̚	031A	e̋	030B	e᷅	1DC5
t̪ d̪	032A	u̟	031F	l̴ n̴	0334	é	0301	e᷈	1DC8
s̬ t̬	032C	e̠	0320	ɫ	026B	ē	0304	x͜x	035C
b̰ a̰	0330	ë	0308	e̝ ɹ̝	031D	è	0300	x͡x	0361
t̺ d̺	033A	e̽	033D	e̞ β̞	031E	ȅ	030F		
t̼ d̼	033C	m̩ n̩	0329	e̘	0318	ě	030C		

附录五 录音设备品牌产品

一、品牌麦克风[①]

1. Sennheiser MK4 森海塞尔大振膜电容麦克风。参考价 2 300 元。

指向：心形。频率响应：20 Hz ~ 20 kHz。灵敏度 25 mV/Pa。最大声压级 140 dB。等效噪声 10 dB（A）/20 dB （CCIR）。输出接口 XLR 。48 V 幻象供电。

2. Audio-technica AT2035 铁三角大振膜电容麦克风。参考价 1 300 元。

心形指向。频率响应 20 Hz~20 kHz。高通滤波 80 Hz，–12 dB/oct。灵敏度 –30 dB（22.4 mV）。阻抗：120 Ω。最大声压级 148 dB，158 dB 预衰减 10 dB。等效噪声 12 dB。信噪比 82 dB。输出接口 XLR 。直流供电 11 ~ 53 V。

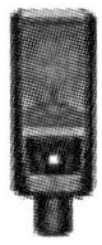

3. LEWITT LCT 240 莱维特大振膜电容麦克风。参考价 2 300 元。

心形指向。频率响应 20 Hz ~ 20 kHz。高通滤波 40 Hz，–12 dB/oct；300 Hz，–6 dB/oct。灵敏度 8 mV/Pa（–42 dB）。阻抗 <150 Ω。等效噪声 16 dB。信噪比 78 dB–A。最大声压 166 dB，可切换自动衰减 10/20 dB。输出接口 XLR。48 V 幻象电源。

4. TAKSTAR SGC–568 得胜采访麦克风。参考价：809 元。

心形 / 超心形指向（可切换）。频率响应 50 Hz ~ 16 kHz。灵敏度 –45 dB ± 2 dB。阻抗 500 Ω/1 600 Ω ± 30%。1.5 V 电池；48 V 幻象供电。

5. AKG Perception120 爱科技 USB 电容麦克风。参考价 1 799 元。

心形指向。频率响应 20 Hz ~ 20 kHz。灵敏度 22 mV/Pa （–33 dB）。输出阻抗 200 Ω。等效噪声 22 dB。信噪比 77 dB。最大声压级 130/150 dB。USB 输出接口。

6. SHURE PG42 USB 舒尔电容麦克风。参考价 2 799 元。

心形指向。频率响应 20 Hz ~ 20 kHz。高通滤波 120 Hz，–12 dB/ 倍频。灵敏度 –29 dB FS/Pa kHz。最大声压：120 dB（衰减关）；135 dB（衰减开）。USB 输出接口。

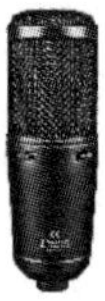

7. TAKSTAR GL–400 得胜大振膜电容麦克风，USB 接口。参考价 600 元。

单指向 / 全指向（可切换）。频率响应 20 Hz ~ 20 kHz。灵敏度 –33/–39/–38 dB ± 3 dB。等效噪声≤ 12 dB。最大声压级 130 dB。高通滤波 80 Hz 10 dB/ 倍频。输出阻抗 58 Ω ± 20%。48 V 幻象电源。

① 详见专业音频产品网站，国内：http://www.ingping.com，国外：www.sweetwater.com。

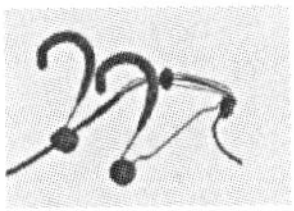

8. SHURE Beta 53（RPM626）舒尔头戴式有线麦克风，参考价 2 500 元。

全指向。频率响应 20 Hz ~ 20 kHz。灵敏度：–55 dBV/Pa；1.8 mV/Pa。等效噪声 39 dB（A）。最大声压 147 dB。

9. ATM73a 铁三角头戴麦克风。参考价 1 100 元。

心形指向。频率响应 40 Hz ~ 15 kHz。高通滤波 80 Hz，18 dB/ 倍频。灵敏度 –55 ± 1 dB（幻象 / 电池）。阻抗 200/270 Ω（幻象 / 电池）。最大声压级 146/132 dB（幻象 / 电池）。信噪比 59 dB。直流供电 11 ~ 52 V；电池 1.5 VAA。开关：关闭、开启 – 平直、开启 – 高通滤波。输出接口小三针 XLRM（小）。

二、品牌外置声卡

1. Presonus AudioBox 22VSL 普瑞声纳。参考价 1 100 元。

采样精度 / 采样频率 24 bit/96 kHz。2 个 XLR/TRS 组合麦克风输入口。2 个 TRS 输出口。耳机输出。幻象电源。操作系统 Mac OS，Windows。

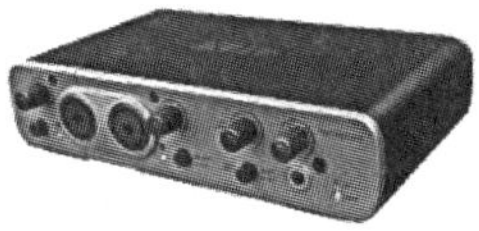

2. AVID Fast Track Duo 爱维德。参考价 2 000 元。

采样精度 / 采样频率 24 bit/96 kHz。2 个 XLR/TRS 组合麦克风输入口。2 个 TRS 平衡输出。耳机输出。幻象电源。

3. Focusrite Scarlett 6i6 富克斯特。参考价 1 640 元。

采样精度 / 采样频率 24 bit/96 kHz。2 个 XLR/TRS 组合麦克风输入口。4 个 TRS 平衡输出，耳机输出。幻象电源。

4. Steinberg UR22 斯坦伯格。参考价 1 250 元。

采样精度 / 采样频率 24 bit/192 kHz。2 个 XLR/TRS 组合麦克风输入口。2 个 TRS 平衡输出口，耳机输出。幻象电源。Cubase AI 软件。

5. Roland UA-55 Quad Capture 罗兰。参考价 1 800 元。

采样精度 / 采样频率 24 bit/192 kHz。2 个 XLR/TRS 组合麦克风输入。2 个 TRS 平衡输出，耳机输出。48V 幻象供电。操作系统 Windows，Mac OS。

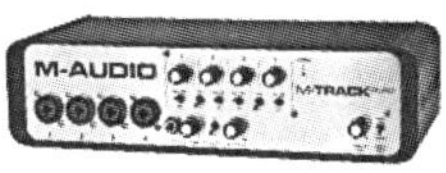

6. M-AUDIO M-Track QUAD 迪奥欢。参考价 1 970 元。

采样率 24 bit/96 kHz。4 个 XLR/TRS 组合麦克风输入口。立体声 / 单声道，开关调节。2 个 TRS 平衡输出，耳机输出。Avid Pro Tools Express 软件。

附录六　设备和用品登记表

类别	事项
设备和配件	录音机、相机、声卡、麦克风、线缆、存储卡、电池、电源、各种支架等。（注明型号/规格/编号/数量/负责人） 签名：
软件和资料	签名：
证明文件	身份证、介绍信、通行证、护照等。 签名：
用品药品其他	文具、日用品、衣物、食品、药品、手机等。 签名：

附录七　语言田野工作日志

日期	当日工作记事和备忘
	签名：
	签名：
	签名：
	签名：

附录八　语言记录和资料授权书

本人愿意担任______语言研究项目的□发音人□口述人□演唱人，工作时间自______年____月____日至____月____日。

本人已清楚，调研工作期间的发音（口述或演唱）会被录音或录像，本人有权要求哪些能采录和哪些不能采录。本人拥有一份完整的原始录音复制件。本人同意将本人发音（口述或演唱）的音像资料授权本次项目调研人员用于学术研究。

没有经过本人的许可，任何人不得将原始录音材料复制和泄露给第三方人员。

本人同意调研人员将本人发音（口述或演唱）的音像资料经过整理，以论文、专著或数据库出版或发布，但在出版和发布前，项目负责人应告知本人准备出版和发布的音像资料内容，本人有权要求取消和限制发布某些内容资料。

本人有权在出版和发布的作品中有适当署名，署上□真实姓名□笔名或化名。

本人同意本次项目负责人将本人发音（口述或演唱）的音像资料提交给档案馆、图书馆或博物馆等公共服务机构收藏和提供社会服务，但提交之前应告知本人将要提交的资料内容。

补充条款：

[____]

[____]

[____]

本授权书一式二份，授权人和项目负责人各执一份。

授权人（签名）：　　　　　　　　项目负责人（签名）：

日期：　　年　　月　　日　　　　日期：　　年　　月　　日

附录九 发音合作人简历表

姓名		性别		出生年月	
民族		教育程度		职业	
籍贯					
常住地					
母语		常用语言		其他语言	
工作简历					
教育经历					
其他情况					

说明：本表内容注意保密。

附录十　资料数据文件汇总表

日期	原始文件、加工文件、数据内容、存储介质、责任人

说明：本表用于录音录像、转写标注、电子表格和文档等数字文件每日汇总登记。

附录十一　语言使用情况访谈提纲

说明：本提纲用于通过访谈和聊天了解当地语言使用情况。如录音，应征得受访人许可。

1. 本乡镇除了说本地话，还说哪些语言或方言？

2. 本乡镇的人是否都会说县城话？出了本乡镇是否都说县城话？

3. 哪些乡镇和本乡镇说同一种语言或方言？

4. 哪些邻近乡镇和本乡镇说不同的语言或方言？本乡镇人能听懂其他乡镇不同语言或方言的多不多？

5. 去说其他语言或方言的乡镇赶集、办事，是说本地话、当地话还是县城话？是否各说各的语言或方言？能不能互通？

6. 本乡镇有几种不同口音的语言或方言？不同语言和方言名称是什么？

7. 本乡镇少数民族是否有自己的语言？是否和汉族说同样的方言？有没有文字？本地少数民族如果有文字，有多少人懂文字？

8. 五六十岁以上的人普通话能力如何？在县城办事，用哪种语言或方言？

9. 到大城市打工，通常说哪种语言或方言？

10. 乡镇村级教师是本乡人还是外乡人为主？

11. 乡镇中心小学和初中教师是本乡人还是外乡人为主？

12. 小学和初中上课会不会有时候也说本地语言或方言？

13. 乡镇干部职员是本乡人还是外乡人居多？

14. 本乡镇学校教师和政府工作人员的外地人，懂本地语言或方言的人多不多？外地人平时说哪种语言或方言？

15. 五六十岁以上的人能听懂相邻乡镇语言或方言的人多不多？本乡镇年轻人懂相邻乡镇语言或方言的人多不多？

16. 长期在外工作的人回到本地，已不大会说本地语言 / 方言的多不多？村里人对在本村说普通话或官方方言态度如何？

17. 青年人外出打工，带回外省异性朋友结婚的多不多？

18. 本地信教的人有多少，信什么教，哪类人信教多？宗教活动用什么语言念经读经？

附录十二　语言调查500常用词

W01A000	**代词**
W01A001	我（我们，我去，我们吃吧，我们村）
W01A002	你们（喊他们来，他们家，你们先去）
W01A003	他们（他们家，他们家的）
W01A004	我的（我的家）
W01A005	你的
W01A006	他的
W01A007	这个（这个是我的，这个是什么）
W01A008	那个
W01A009	哪个（哪个是你的，你是哪个？）
W01A010	什么（什么事，什么东西）
W01A011	这里
W01A012	那里
W01A013	哪里（去哪里）
W01A014	这些
W01A015	那些
W01A016	哪些
W01A017	自己（自己去）
W01A018	别人
W01A019	大家（大家都有，人人都有）
W01A020	怎么
W01A021	为什么（你为什么不去）
W02A000	**日常生活动词**
W02A001	是
W02A002	不是
W02A003	有（～事，～钱，～吃）
W02A004	没有
W02A005	做（～事，～东西）
W02A006	要（～钱，～什么）
W02A007	不要
W02A008	在家
W02A009	来
W02A010	去

续上表

W02A011	出（～去，～来）
W02A012	入，进（～去，～来）
W02A013	走路（～了，～掉了）
W02A014	坐车（骑单车，骑摩托车，开车）
W02A015	回家
W02A016	坐（～下，～着，～一下）
W02A017	站（～起来）
W02A018	拿（～起，～东西）
W02A019	给（～我，不～）
W02A020	吃（～饭，～菜，～粥）
W02A021	喝（～茶，～酒，～水，汤）
W02A022	抽烟
W02A023	做饭（煮饭）
W02A024	做菜（炒菜）
W02A025	洗手（～脸）
W02A026	大便
W02A027	小便
W02A028	说（～话，～什么，～他）
W02A029	听（你～，听到）
W02A030	看（你～，看见）
W02A031	嗅，闻（你～，闻到）
W02A032	脱衣（～鞋）
W02A033	躺（～下）
W02A034	睡觉
W02A035	打呼噜
W02A036	做梦
W02A037	醒来（醒来，叫醒，吵醒）
W02A038	起床
W02A039	穿（～衣，～鞋，～裤，～裙）
W02A040	戴（～帽，～耳环，～手表）
W02A041	买（～米，～肉）
W02A042	卖（～鸡，～菜，～东西）
W02A043	知道（晓得）
W02A044	认识（～你，不～）
W02A045	笑（～什么，～你）

续上表

W02A046	哭（～什么，不要～）
W02A047	叫，喊（～你去，～吃饭）
W02A048	喊（大声～）
W02A049	休息（歇，～一下）
W02A050	上班
W02A051	下班
W02A052	上学
W02A053	放学
W02A054	上课
W02A055	下课
W03A000	**时间**
W03A001	今天
W03A002	明天
W03A003	昨天
W03A004	前天
W03A005	后天
W03A006	早晨
W03A007	上午
W03A008	下午
W03A009	中午
W03A010	晚上
W03A011	现在
W03A012	刚才
W03A013	马上（～吃饭了）
W03A014	经常
W03A015	有时
W03A016	天天
W03A017	去年
W03A018	今年
W03A019	明年
W03A020	星期，礼拜
W04A000	**数词**
W04A001	一（～月，星期～）
W04A002	二（～月，星期～）
W04A003	三（～月，星期～）

续上表

W04A004	四（～月，星期～）
W04A005	五（～月，星期～）
W04A006	六（～月，星期～）
W04A007	七（～月，星期～）
W04A008	八（～月）
W04A009	九（～月）
W04A010	十（～月）
W04A011	十一（～月）
W04A012	十二（～月）
W04A013	二十
W04A014	三十
W04A015	一百
W04A016	一千
W05A000	**量词**
W05A001	一个人（～个）
W05A002	一家人
W05A003	一幢房屋（一个房间）
W05A004	一头（牛，羊，猪，马，象，野兽）
W05A005	一只（猫，狗，狼，兔，猫，老鼠）
W05A006	一只（鸡，鸟，蟹，蛙，蜂，蚊子）
W05A007	一条（鱼，蛇，虫）
W05A008	一粒（米，豆，糖，花生米）
W05A009	一张（桌，椅，凳，床）
W05A010	一个（瓜，萝卜，苹果，桃子，水果）
W05A011	一个（碗，杯，锅，桶，盆）
W05A012	一座（村子，房屋，桥梁，山）
W05A013	一部（单车，电视，手机）
W05A014	一条（路，河）
W05A015	一根（绳，棒，竹，烟，木头）
W05A016	一棵（树，玉米，菜）
W05A017	一朵（花）
W05A018	一里路
W06A000	**起居、家具、穿戴用品**
W06A001	房屋
W06A002	厕所

续上表

W06A003	门（大门，小门，铁门，木门）
W06A004	开门（不开门，门是开着的）
W06A005	关门（锁门，把门关起，没有关门）
W06A006	电视机
W06A007	手机
W06A008	摩托车
W06A009	床
W06A010	被子
W06A011	席子
W06A012	蚊帐
W06A013	扇子
W06A014	衣服
W06A015	裤子
W06A016	袜子
W06A017	鞋子
W06A018	帽子
W06A019	草帽
W06A020	手表
W06A021	箱子（柜子）
W06A022	袋子
W06A023	桌子
W06A024	凳子（椅子）
W06A025	灯（油灯，点灯，熄灯，电灯，开灯）
W06A026	手电筒（电池）
W07A000	**厨具、饮食用品**
W07A001	饭锅
W07A002	菜锅
W07A003	火炉（灶台）
W07A004	柴火
W07A005	火柴
W07A006	打火机
W07A007	烧火（点火）
W07A008	烤火
W07A009	桶（水桶，铁桶，竹桶，背桶）
W07A010	瓢（舀水瓢，汤瓢，瓜瓢）

续上表

W07A011	碗（大碗，小碗，木碗，竹碗）
W07A012	筷子
W07A013	杯子（茶杯，酒杯）
W07A014	调羹
W07A015	饭勺
W07A016	菜铲
W07A017	菜刀
W07A018	油（猪油，茶油，菜籽油）
W07A019	盐
W07A020	辣椒
W07A021	葱（洋葱，大葱）
W07A022	蒜（大蒜，蒜籽）
W07A023	姜（老姜，生姜）
W07A024	味精
W07A025	酱油
W07A026	醋（老醋，醋水）
W07A027	肉（牛肉，猪肉，鸡肉）
W07A028	瘦肉
W07A029	肥肉
W07A030	肉干
W07A031	豆腐（豆腐干，豆腐皮，豆腐乳）
W07A032	豆浆
W07A033	牛奶
W07A034	茶（茶叶，浓茶，绿茶，红茶）
W07A035	酒（白酒，水酒，米酒）
W07A036	烟（烟叶，烤烟，烟丝，水烟）
W07A037	饭（米饭，稀饭，生饭，硬饭，下饭）
W07A038	菜（青菜，素菜，荤菜，下饭菜，夹菜）
W07A039	南瓜
W07A040	冬瓜
W07A041	白菜
W07A042	萝卜
W08A000	**生产劳动、工具、作物**
W08A001	种地（种田，种玉米，种水稻，种土豆，种麦子，种果树，种菜，种烟）
W08A002	播（～种子，～麦子，～玉米，～豆子）

续上表

W08A003	栽（~树苗，~菜苗，~烟苗）
W08A004	插秧
W08A005	挖（~地，挖泥巴，挖洞，挖红薯，挖土豆，挖草药，挖菌子，挖宝，挖坟）
W08A006	砍（~柴，砍树，砍甘蔗，砍肉）
W08A007	铲草（除草）
W08A008	灭虫（杀虫，捉虫，打药）
W08A009	摘（摘辣椒，摘菜叶，摘梨子，摘苹果）
W08A010	割（割稻，割麦子，割草，割一块肉）
W08A011	脱粒（打稻子，打麦子，打豆子，剥玉米）
W08A012	晒（晒谷子，晒玉米，晒菜干，晒干肉，晒衣服，晒太阳）
W08A013	柴刀（各种砍柴砍树的刀具）
W08A014	镰刀（割水稻、割麦子、割草、割菜用的刀具，有锯齿的，无锯齿的）
W08A015	箩筐（各种用途、肩挑的大小箩筐）
W08A016	扁担（各种用途的扁担）
W08A017	背篓（各种用途的背篓）
W08A018	提篮（各种用途的手提篓子、篮子）
W08A019	锄头（各种锄头，挖地的、锄草的，大的、小的，宽的、窄的）
W08A020	筢子（各种用途的筢子，铁耙、竹筢、木筢）
W08A021	绳索（各种绳子，粗的、细的，捆柴火的、箩筐上的，牵牛的、牵马的）
W08A022	筛（筛米、筛豆、筛谷子，筛沙石的）
W08A023	筛子（各种各样的筛子，粗孔的、细孔的）
W08A024	簸箕（各种各样的簸箕，晒东西用的，簸谷子、簸米用的）
W08A025	扫帚（各种扫帚，茅草做的，高粱穗做的，竹枝做的）
W08A026	水稻
W08A027	玉米
W08A028	麦子
W08A029	油菜
W08A030	甘蔗
W08A031	黄豆
W09A000	**动物植物**
W09A001	狗（养狗，黄狗，黑狗，看家狗，你家的狗，公狗，母狗，狗崽、打狗，疯狗，狗咬人，狗下崽，狗叫）
W09A002	牛（养牛，放牛，牵牛，黄牛，水牛，公牛，母牛，牛犊，斗牛，骑牛，牛角，牛叫，牛粪）
W09A003	马（养马，放马，牵马，黄马，水马，公马，母马，马驹，赛马，骑马）

续上表

W09A004	猪（养猪，喂猪，肥猪，猪肉，猪油，杀猪，阉猪，公猪，母猪，猪仔）
W09A005	鸡（养鸡，赶鸡，呼鸡，喂鸡，杀鸡，阉鸡，母鸡，公鸡，鸡蛋，下蛋，孵蛋，鸡崽）
W09A006	鸭（养鸭，赶鸭，呼鸭，喂鸭，杀鸭，母鸭，公鸭，水鸭，鸭蛋，鸭崽）
W09A007	鸟（大鸟，小鸟，鸟崽，鸟蛋，鸟窝，鸟叫，打鸟，抓鸟，鸟拉屎）
W09A008	鹰（老鹰抓鸡崽）
W09A009	麻雀
W09A010	乌鸦
W09A011	野兽（打野兽，野味）
W09A012	树（各种各样的树，果树，松树，柏树，树皮，树根，树叶，树油）
W09A013	竹子（各种竹子，大的、小的，竹竿，竹笋）
W09A014	花（各种颜色、各种植物的花，红花、黄花、蓝花，油菜花、杜鹃花，开花、养花）
W09A015	草（各种各样的草）
W09A016	果（各种果，水果，野生果，坚果，结果，采摘果，熟的果，生的果）
W09A017	籽（各种果的籽、实）
W09A018	菌（各种野生蘑菇、菌子）
W10A000	**形容词**
W10A001	好（好人，好事，好东西，好吃，好看，不好，很好，太好了，好好说，好好做）
W10A002	坏（坏人，坏事，坏东西，坏掉了，很坏，心肠坏，说坏话）
W10A003	大（大房屋，大树，大村子，大脑袋，大人，大的，很大，太大了）
W10A004	小（小房屋，小树，小村子，小孩子，小刀，小的，很小，年纪小，太小了）
W10A005	高（高山，山很高，你比我高，太高了）
W10A006	矮（矮房屋，个子矮，太矮了，比我矮，不高）
W10A007	长（长头发，面条很长，竹竿长，长一点）
W10A008	短（短头发，裤子短，绳子短，太短了，不长）
W10A009	远（路远，走很远）
W10A010	近（走近路，很近，近地方）
W10A011	湿（衣服弄湿了）
W10A012	干（晒干，干菜，水干了）
W10A013	快（走快点，快点走，吃饭很快，坐车快）
W10A014	慢（不快，慢走，走慢点，走路比坐车慢）
W10A015	冷（天冷，冷水，菜冷了，很冷）
W10A016	热（热饭，热菜，天热，很热，热水）
W10A017	暖和
W10A018	紧（绑紧，鞋子很紧，不紧）
W10A019	松（松绑，鞋带松了）

续上表

W10A020	深（水深，洞很深，不深，浅）
W10A021	新（新衣服，新房，新鲜）
W10A022	旧（老，不新，旧房屋，旧衣服）
W10A023	老（老人，老树，菜长老了，老地方）
W10A024	多（好多，很多人，很多钱，人太多了，吃多了，多吃一些）
W10A025	少（不多，很少，少了几个，盐放少了）
W10A026	滑（地滑，路滑）
W10A027	直（树很直，路很直，把铁丝拉直）
W10A028	弯（不直，弯树，把竹子弄弯，弯腰）
W10A029	干净
W11A000	**方位、地名**
W11A001	上面（放在上面，坐在上面，桌子上，在树上，在山上）
W11A002	下面（在下面，桌子下面，在树下）
W11A003	前面（坐前面，我在你前面，不要站在前面，走到前面，前面那个村）
W11A004	后面（坐后面，你在我后面，站后面，到后面去，在后面，走在最后面）
W11A005	里面（坐里面，到里面去，在里面出不来，洞里面有蛇，屋里有人，里面很黑，山里有人烧火）
W11A006	外面（我坐外面，到外面看看，去外面玩，外面很吵，外面很热，把鸡赶到外面去）
W11A007	本地邻近村庄名、乡镇政府所在地名、县城名、主要集市名
W12A000	**天文地理**
W12A001	刮风（刮大风）
W12A002	下雨（下大雨，下暴雨，天气不好）
W12A003	打雷
W12A004	闪电
W12A005	天（天上，天黑了，天亮了）
W12A006	晴天（好天气，出太阳，天气好）
W12A007	太阳（太阳出来了，出太阳，太阳下山了，今天没有太阳）
W12A008	月亮（月亮出来了，今天月亮很亮，今晚没有出月亮）
W12A009	星星（天上很多星星，星星很亮）
W12A010	云（黑云，白云）
W12A011	雾（大雾，起雾，雾蒙蒙，雾散了）
W12A012	山（大山，高山，烧山，山路，上山，下山，住山上，我家的山）
W12A013	石头（大石头，小石头，岩石，石洞）
W12A014	木（木头，木板，木屋，木工，木炭）
W12A015	水（冷水，热水，漏水，没有水，缺水，臭水，脏水）

续上表

W12A016	火（火烧山，生火，大火，点火，鬼火）
W12A017	灰（灰尘，火灰）
W12A018	泥（泥土，泥巴）
W12A019	金（金子，金牙，金矿，挖金子）
W12A020	银（银子，银元）
W12A021	铜
W12A022	铁（铁门，铁锁，铁锅）
W13A000	**人体**
W13A001	脑袋（头脑，动脑，头，两头，头子，尾巴）
W13A002	头发
W13A003	眼睛（眼睛好，眨眼，闭眼，眼瞎了）
W13A004	鼻子（牛鼻子，象鼻子，鼻涕，打呼噜）
W13A005	嘴巴（嘴，茶壶嘴）
W13A006	口（口水，吐口水，吃一口，口子，刀口，伤口）
W13A007	耳朵（耳朵聋）
W13A008	牙齿（长牙，牙齿长齐了，缺牙，补牙，配牙）
W13A009	舌头（舔舌头，狗舔饭碗）
W13A010	脖子（颈，伸脖子，长脖子，短脖子，脖子痛，脖子夹痧）
W13A011	肩膀（肩膀痛，肩膀有力）
W13A012	手（左手，右手，三只手，用手接住，看手相，动手）
W13A013	手指（拇指，小指，数手指，手指甲）
W13A014	拳头（打拳，打了一拳，用拳头打人）
W13A015	胸膛
W13A016	肚子（肚子饿，肚子痛，大肚子，肚子鼓起来，肚子瘪）
W13A017	心（心脏，菜心，心肠，好心，心好，坏心，心不好，心里不高兴）
W13A018	肠子
W13A019	背（背在背上，背痛，背晒黑了）
W13A020	腰（腰痛，腰弯不起，弯腰）
W13A021	屁股（放屁）
W13A022	大腿
W13A023	膝盖（膝盖痛，膝盖跪痛了，膝盖跪 / 弯不下）
W13A024	脚（踢了两脚，用脚踢，脚板，脚底）
W13A025	脚趾（大脚趾，脚趾丫）
W13A026	骨头
W13A027	皮（皮厚，皮很白，皮很黑，皮很滑，皮起皱，皮开裂）

续上表

W13A028	血（血管，出血，止血）
W13A029	毛（眉毛，睫毛，胸毛，胡须）
W13A030	屎（拉屎，鸡屎）
W13A031	尿（拉尿，随地拉尿，拉尿不出）
W14A000	**亲属**
W14A001	爷爷
W14A002	奶奶
W14A003	外公
W14A004	外婆
W14A005	爸爸
W14A006	妈妈
W14A007	哥哥
W14A008	嫂子
W14A009	弟弟
W14A010	弟媳
W14A011	姐姐
W14A012	姐夫
W14A013	妹妹
W14A014	妹夫
W14A015	丈夫
W14A016	妻子
W14A017	儿子（我儿子，我家大儿子，你家小儿子）
W14A018	女儿（谁家的女，我家大女，我家老三女）
W14A019	伯伯
W14A020	伯母
W14A021	叔叔
W14A022	叔母
W14A023	舅舅
W14A024	舅母
W14A025	姨妈
W14A026	姨父
W14A027	亲戚（我家亲戚，我们是亲戚，走亲戚）
W15A000	**一般称谓**
W15A001	大人
W15A002	小孩

续上表

W15A003	男子
W15A004	妇女
W15A005	姑娘
W15A006	小伙子
W15A007	婴儿
W15A008	老人家
W15A009	老板
W15A010	师傅
W15A011	朋友
W15A012	学生
W16A000	**生老病死**
W16A001	生（孩子，生两个）
W16A002	养家（养老，养四个老人）
W16A003	结婚（娶媳妇，嫁女）
W16A004	生病（有病，生重病，病了三次）
W16A005	看病（没钱看病）
W16A006	治病（治好了，治不好）
W16A007	打针
W16A008	吃药
W16A009	感冒（冷着了，风寒）
W16A010	中暑（发痧，热着了）
W16A011	死（死了人，病死了，摔死了，打死了，死鸡，树木死了）
W16A012	埋（埋在山上）

词汇记录卡片　　　　　　　编号：

音标记音：……………………………………………………………………………

普通话语素对译：……………………………………………………………………

释义和例句：

附录十三 斯瓦底稀核心词表

编号	英文	中文	记音	编号	英文	中文	记音
S001	big	大		S033	bird	鸟	
S002	long	长		S034	dog	狗 / 犬	
S003	wide	宽		S035	louse	虱	
S004	thick	厚		S036	snake	蛇	
S005	heavy	重		S037	worm	虫	
S006	small	小		S038	skin	皮（肤）	
S007	short	短 / 矮		S039	meat	肉	
S008	narrow	窄		S040	blood	血	
S009	thin	薄		S041	bone	骨	
S010	warm	暖		S042	fat/grease	油 / 膏	
S011	cold	冷		S043	egg	蛋	
S012	full	满		S044	horn	角	
S013	new	新		S045	tail	尾	
S014	old	旧		S046	feather	毛 / 羽	
S015	good	好		S047	hair	发 / 毛	
S016	bad	坏		S048	head	头	
S017	rotton	烂		S049	ear	耳	
S018	dirty	脏		S050	eye	眼 / 目	
S019	straight	直		S051	nose	鼻	
S020	round	圆		S052	mouth	口 / 嘴	
S021	sharp	利		S053	tooth	牙	
S022	dull	钝		S054	tongue	舌	
S023	smooth	滑		S055	fingernail	指甲	
S024	wet	湿		S056	foot	足 / 脚	
S025	dry	干		S057	leg	腿	
S026	correct	对 / 正		S058	knee	膝	
S027	near	近		S059	hand	手	
S028	Far	远		S060	wing	翼 / 翅	
S029	right	右		S061	belly	肚 / 腹	
S030	left	左		S062	guts	肠 / 腑	
S031	animal	兽 / 牲畜		S063	neck	颈 / 脖	
S032	fish	鱼		S064	back	背	

续上表

编号	英文	中文	记音	编号	英文	中文	记音
S065	breast	胸		S101	star	星	
S067	liver	肝		S102	water	水	
S068	drink	饮 / 喝		S103	rain	雨	
S069	eat	吃 / 食		S104	river	河 / 江	
S070	bite	咬		S105	lake	湖 / 泊	
S071	suck	吮		S106	sea	海	
S072	spit	吐		S107	salt	盐	
S073	vomit	呕		S108	stone	石	
S074	blow	吹		S109	sand	沙	
S075	breathe	呼 / 吸		S110	dust	尘	
S076	laugh	笑		S111	earth	地	
S077	live	住 / 居		S112	cloud	云	
S078	die	死		S113	fog	雾	
S079	red	红		S114	sky	天	
S080	green	绿		S115	wind	风	
S081	yellow	黄		S116	snow	雪	
S082	white	白		S117	ice	冰	
S083	black	黑		S118	smoke	烟	
S084	with	用 / 有		S119	fire	火	
S085	and	和		S120	ashes	灰	
S086	if	若		S121	burn	烧	
S087	because	因		S122	road	路	
S088	tree	树		S123	mountain	山	
S089	forest	林		S124	woman	妇 / 女人	
S090	stick	棒 / 棍		S125	man(adl.)	男人	
S091	fruit	果		S126	man	人	
S092	seed	籽		S127	child	孩 / 童	
S093	leaf	叶		S128	wife	妻	
S094	root	根		S129	husband	夫	
S095	bark	皮（植物）		S130	mother	母	
S096	flower	花		S131	father	父	
S097	grass	草		S132	name	名	
S098	freeze	冻 / 凝		S133	sing	唱	
S099	sun	日 / 太阳		S134	play	玩 / 嬉	
S100	moon	月 / 月亮		S135	swell	鼓 / 胀	

续上表

编号	英文	中文	记音	编号	英文	中文	记音
S136	kill	杀		S172	you(pl.)	你们	
S137	fight	打 / 斗		S173	they	他们	
S138	hunt	猎		S174	this	这	
S139	hit	击		S175	that	那	
S140	cut	切 / 割		S176	here	这里	
S141	split	劈 / 裂		S177	there	那里	
S142	stab	刺		S178	who	谁	
S143	scratch	刮 / 抓		S179	what	什么 / 啥	
S144	dig	挖		S180	where	哪里	
S145	at	在		S181	when	何时	
S146	in	里		S182	how	怎么	
S147	sew	缝		S183	not	不 / 无	
S148	count	算 / 数		S184	all	全 / 都	
S149	swim	泳		S185	many	多	
S150	fly	飞		S186	some	几	
S151	walk	行 / 走		S187	few	少	
S152	come	来		S188	other	别 / 他	
S153	lie	躺		S189	one	一	
S154	sit	坐		S190	two	二	
S155	stand	站 / 立		S191	three	三	
S156	turn	转		S192	four	四	
S157	fall	落		S193	five	五	
S158	float	浮 / 飘		S194	night	夜晚	
S159	flow	流		S195	day	日 / 天	
S160	see	看 / 见		S196	year	年	
S161	hear	听 / 闻		S197	rope	绳 / 索	
S162	know	知 / 识		S198	give	给	
S163	think	想		S199	hold	拿 / 取	
S164	smell	嗅 / 闻		S200	squeeze	榨 / 挤	
S165	fear	惧 / 怕		S201	rub	擦	
S166	sleep	睡 / 眠		S202	wash	洗	
S167	say	说		S203	wipe	扫	
S168	I	我		S204	pull	拉 / 拖	
S169	you(sg.)	你		S205	push	推	
S170	he	他		S206	throw	丢	
S171	we	我们		S207	tie	系 / 捆	

附录十四　日常生活 200 句

SA000	**语言调查工作用语**
SA001	这是什么？
SA002	×× 话叫什么？
SA003	我没有听清 / 听懂。
SA004	你再说一次。
SA005	你慢慢说。
SA006	你说大声点。
SA007	我说两个。
SA008	哪个更像？
SA009	我说的对不对？
SA010	前面是对的。
SA011	你听一下录音。
SA012	听不听得清？
SA013	你听懂了没有？
SA014	我听不懂你的话。
SA015	你会不会说 ×× 话？
SA016	我说 ×× 话像不像？
SA017	像啊。你学得很快嘛。
SA018	他说得不像。
SA019	说累了，休息一下。
SA020	我喝茶，你抽烟吧。
SA021	吃点东西。
SA022	这是你的杯子。
SA023	我们上午 8 点开始。
SA024	中午睡一下。
SA025	下午 3 点开始，记到 6 点。
SA026	上午说多一点，下午就说少一点。
SA027	晚上 7 点吃饭。
SA028	明天就不记了。
SA029	明天去哪里玩？
SA030	先洗手再拿东西吃。
SA031	小孩子，不要在这里玩。
SA032	小孩到外面去玩。

续上表

SA033	不要在这里吵闹。
SA034	哪个听话就给哪个买好吃的。
SA035	太吵了。
SA036	把鸡赶到外面去。
SB000	**日常劳作出行**
SB001	你在做什么?
SB002	你给哪个人帮工?
SB003	天天在家里。
SB004	什么也不做。
SB005	我帮老三家砍树。
SB006	不要站(在)外面。
SB007	进屋里坐坐。
SB008	明天你干什么?
SB009	天黑了,我要回家了。
SB010	厕所在哪里?
SB011	我们这里没有厕所。
SB012	你找我有什么事?
SB013	明天我有事。
SB014	你今天有没有空?
SB015	我今天没有事。
SB016	今天休息一天。
SB017	这里哪天赶集?
SB018	后天赶 ××。
SB019	我跟你一起去赶集。
SB020	你走路去还是坐车去?
SB021	我走路去。
SB022	我不坐车。
SB023	你坐摩托车去。
SB024	你去买什么?
SB025	我买酒、买米、买肉。
SB026	他什么都不买,去街上玩。
SB027	你有钱没有?借我 10 块。
SB028	你要钱做什么?
SB029	我给三女儿买件衣服。
SB030	你什么时候去 ×××?

续上表

SB031	那个村子叫什么？
SB032	你去过那里没有？
SB033	哪个地方也是 ××× 乡？
SB034	我小时候去过。
SB035	这条路去哪里？
SB036	去 ×× 走哪条路？
SB037	路边种的是什么？
SB038	这是咖啡豆。
SC000	**日常饮食起居**
SC001	你吃了饭没有？
SC002	吃了。
SC003	我还没有吃早饭。
SC004	肚子饿了，先吃饭吧。
SC005	我要回家做饭了。
SC006	你喝不喝酒？
SC007	饭做好了。吃饭了。
SC008	中午我们一起吃饭。
SC009	晚上到你家喝酒，好不好？
SC010	我去买点好菜。
SC011	我不会喝酒。
SC012	这个菜叫什么？
SC013	这个菜好吃。
SC014	生的吃不得，要煮熟。
SC015	生的也可以吃。
SC016	吃饱了没有？
SC017	我吃饱了。
SC018	再喝一杯酒。
SC019	你抽不抽烟？
SC020	我不抽烟。
SC021	喝杯茶吧。
SC022	这是什么果？
SC023	这果子怎么吃？
SC024	吃里面的肉。
SC025	皮能不能吃？
SC026	皮能吃，不好吃。

续上表

SC027	我给你老人家买了些吃的。
SC028	你起床了。
SC029	在这里睡得好。
SC030	昨晚上没睡好。
SC031	有很多蚊子。
SC032	晚上早点睡觉。
SC033	明天我们起早一点。
SC034	我天天都起得早。
SC035	他每天都睡得迟。
SC036	我身体不好，热着了（中暑了）。
SC037	你在咳嗽，喝点水。
SC038	我这里有药，你要不要?
SD000	**人事交际**
SD001	你叫什么名字?
SD002	你妻子叫什么名字?
SD003	这个人是谁?
SD004	我不认识。
SD005	这个人是不是你村子的?
SD006	他不是我村子的。
SD007	这是谁家的小孩?
SD008	是我家老七的儿子。
SD009	你找谁?
SD010	我找村支书（村长）。
SD011	你在这里等一下，我去喊他。
SD012	你带我去村长家里。
SD013	村长住哪个房屋?
SD014	住村子前面那栋房屋。
SD015	你是哪里的?（哪个村子的?）
SD016	我是李家村的。
SD017	你住哪个房屋?
SD018	后面那个房屋是我家。
SD019	我住后面那栋屋。
SD020	你今年多少岁了?
SD021	六十三岁。
SD022	你俩哪个（年纪）大?

续上表

SD023	我的手机给小孩子弄坏了。
SD024	你的电话响了。
SD025	谁打来电话?
SD026	我家大女儿。
SD027	她在哪里?
SD028	在广东打工。
SD029	今天我家里有客人。
SD030	哪里的客人?
SD031	我家老二崽。
SD032	还带了个老婆回来。
SD033	我那个儿子一年没有回家了。
SD034	你家老三女给不给你打电话?
SD035	给老四打电话，问她明天来不来。
SD036	你有一年没有来了。
SD037	我们好想你。
SD038	你长胖了。
SD039	我眼睛不太好，看不清。
SD040	你头发白了。
SD041	我没有读过书，不认识字。
SD042	我们村有汉族、× × 族。

附录十五 《广韵》音系表

一、《广韵》声韵表

1. 声母表

旧名		系	组	清			浊			
							全浊		次浊	
唇	重唇	帮系	帮组	帮[p]	滂[pʰ]		並[b]		明[m]	
唇	轻唇	帮系	非组	非[f]	敷[fʰ]		奉[v]		微[ɱ]	
舌头		端系	端组	端[t]	透[tʰ]		定[d]			
舌头		端系	泥组					泥[n]		
舌上		端系	泥组						娘[ȵ]	
半舌		端系	泥组							来[l]
齿头		端系	精组	精[ʦ]	清[ʦʰ]	心[s]	从[ʣ]	邪[z]		
舌上		知系	知组	知[ȶ]	彻[ȶʰ]		澄[ȡ]			
正齿		知系	庄组	庄[ʧ]	初[ʧʰ]	生[ʃ]	崇[ʤ]			
正齿		知系	章组	章[ʨ]	昌[tʂʰ]	书[ɕ]	船[ʥ]	禅[ʑ]		
半齿		知系	日组						日[ȵʑ]	
牙		见系	见组	见[k]	溪[kʰ]		群[g]		疑[ŋ]	
喉		见系	晓组			晓[h]	匣[ɦ]			
喉		见系	影组	影[Ø]					云[ɥ]	
喉		见系	影组						以[j]	

2. 韵母表（1）

摄＼等	一等		二等		三等						四等	
	开	合	开	合	开	合	开	合	开	合	开	合
果	果ɑ	戈uɑ			戈ĭɑ	戈ĭuɑ						
假			麻a	麻wa	麻ĭa							
遇						鱼ĭo						
遇		模u				虞ĭu						
蟹	泰ɑi	泰uɑi	夬æi	夬uæi	废ĭɐi	废ĭwɐi			祭ĭɛi	祭ĭwɛi		
蟹	咍ɒi	灰uɒi	皆i	皆wi								
蟹			佳ai	佳wai							齐iei	齐iwei
止					微ĭəi	微ĭwəi	之ĭə		支ĭe	支ĭwe		
止									脂iw	脂iwi		
效	豪ɑu		肴au						宵ĭɛu		萧ieu	
流	侯əu				尤ĭəu							
流					幽iəu							

韵母表（2）

摄	一等		二等		三等					四等	
	开	合	开	合	开	合	开	开	合	开	合
咸	覃am 合ap		咸ɐm 洽ɐp		严iɐm 业iɐp	凡ĭwɐm 乏ĭwap		盐ĭɛm 叶ĭɛp		添ĭem 帖ĭep	
咸	谈ɑm 盍ɑp		衔iam 狎iap								
深								侵iəm 缉ĭəp			
山	寒ɑn 曷ɑt	桓uɑn 末uɑt	删an 辖æt	删wan 辖wæt	元in 月ĭit	元iwn 月ĭwit				先ien 屑iet	先iwen 屑iwet
山			山æn 黠at	山wæn 黠wat				仙ĭɛn 薛ĭɛt	仙ĭwɛn 薛ĭwɛt		
臻	痕ən 没ət	魂uən 没uət			殷iən 迄ĭəi	文ĭuən 物ĭuət	真ĭĕn 质ĭĕi	臻ĭen 栉ĭet	谆ĭuĕn 术ĭuĕt		

韵母表（3）

摄＼等	一等		二等		三等				四等	
	开	合	开	合	开	合	开	合	开	合
宕	唐ɑŋ 铎ɑk	唐uɑŋ 铎uɑk					阳ĭaŋ 药ĭak	阳ĭwaŋ 药ĭwak		
江			江ɔŋ 觉ɔk							
曾	登əŋ 德ək	登uəŋ 德uək					蒸ĭəŋ 职ĭək	职ĭwək		
梗			庚ɐŋ 陌ɐk	庚uɐŋ 陌uɐk	庚ĭeŋ 陌ĭek	庚ĭweŋ 陌ĭwek				
			耕æŋ 麦æk				清ĭɛŋ 昔ĭɛk	清ĭwɛŋ 昔ĭwɛk	青iɛŋ 锡iek	青iweŋ 锡iwek
通		东uŋ 屋uk			东iuŋ 屋ĭuk					
		冬uoŋ 沃uok			钟iwoŋ 烛ĭwok					

说明：拟音根据唐作藩《音韵学教程》。

二、汉语音韵记忆口诀歌

1.《调与声》

四声八调清浊分，浊上归去入四声。
次浊入声今去声，全浊入声今阳平。
並定从澄崇群母，送气与否平仄分。
船禅塞擦平送气，仄声总是读擦音。

说明：第 1 句“入四声”指古入声调类今普通话归到阴平、阳平、上声、去声四个调类。第 3 句“送气与否平仄分”，指“並定从澄崇群”6 母今普通话读塞音、塞擦音，平声读送气音，仄声（上、去、入）不送气。第 4 句，“船禅”2 母平声字今普通话如果读塞擦音，则送气，仄声字今普通话总读擦音。

2.《摄与韵》

果假遇蟹止效流，o/a/u/ai/i/ao/ou/。
咸深两摄 m 韵尾，山臻两摄 n 尾收。
宕江曾梗通 ng 尾，阳入相配塞尾收。

说明：鼻尾韵称阳声韵，塞尾韵称入声韵。阳入相配，是指同部位鼻音和塞音相配。如“咸深”鼻音 -m 尾，配入声 -p 尾。背诵时，“蟹”字读 hai[51] 音，“咸”字读 ham[35]，容易上口和记忆。下同。

3.《摄与等》

果有一三假二三，山蟹开合四等全。
江二深三流一三，效咸开口四等全。
开合一三臻宕曾，止（只）有三等合三凡（咸）。
梗摄开合二三四，通遇只有合一三。

说明：“果有一三假二三”包括开口、合口。“江二深三流一三”全部指开口，无合口。“止（只）有三等合三凡（咸）”，表示止摄只有三等开口、合口，合三凡表示咸摄只有合口三等。

4.《声与等》

非组知系邪喻群，二十一母缺一四等。
端组两头精缺二，匣母一二四等韵。
非章组日邪喻群，专属三等十四声。
知庄两组七声母，二等三等都可行。

说明：喻包括云、以 2 母，知系包括知组、庄组、章组、日组，即“知彻澄、庄初崇生、章昌船书禅、日”13 母，第 1 句共计 21 母。“精”指精组 5 母。第 3 句非组 4 母、章组 5 母、日邪群喻（云以），共 14 母。

附录十六　汉语方言声韵调例字

A 组：声调例字

A1	诗	时	使矢史	是士市	试世	事侍	色识	锡	石食

A2	梯	题蹄	体	弟	替	第	滴	笛

A3	衣	移姨	椅	以	意	易容易异	一	益

A4	夫	扶	府斧	腐父	富	附	腹	服	缚

A5	单	痰	胆	淡	旦	蛋弹子弹	搭答	达

A6	蹿	牌排	摆	买	拜	稗败	百	白

A7	五女米尾染老买网有远	A8	近柱舅坐被棉被抱妇稻件旱父

A9	副到四锯见救汉债	A10	附道盗寺住健健忘旧汗寨

A11	八发督桌失湿	A12	拔罚毒浊十月六肉麦

B 组：声母例字

	比布缽	怕拍	皮坪	被鼻白	门网尾	飞灰	冯红	符翳
B1								

	底到德	套脱	糖同	淡豆夺	南蓝	泥梨	年连	燃颜
B2								

	高谷	开哭	葵狂	跪柜	岸案	眼演	化话	围危微	五舞
B3									

	齐－棋	西－稀	酒－九	精－经	接－结	全－拳	趣－去去皮
B4							

	糟－招－焦	仓－昌－枪	曹－巢－桥	散－扇－线
B5				

	祖－主－举	醋－处－去	从－虫－穷	苏－书－梳－虚/圩
B6				

	增/曾－争－蒸	僧/桑－生－声	租－猪－珠	粗－初－锄－除	丝－师－尸
B7					

	认－硬	绕－脑－澳/袄	肉－药	闰－运	言－元－软－远	耳二日业
B8						

C 组：韵母例字

C1	紫–字–纸	衣–比–地	乌乌黑–古–余 / 雨

C2	阿–哑	野–家–蛇	姐–花–靴	多–河–窝–饿

C3	盖–戒	世–细	赔–妹–母	怪–桂–贵	税–水–帅	煨–威

C4	宝–饱	桃–头	聊–流–楼	斗$_{\text{量词}}$–赌	烧–收–丑	搞–狗–九

C5	胆–挡–短	三–桑–酸	甘–干$_{\text{干湿}}$–间	含–鹹–衔	跟–庚

C6	减–检–紧–讲	连–镰–粮	临 / 淋–鳞–灵	心–新–星

C7	官–关–光	魂–横–红	温–瓮–东

C8	权–船–床	员–云	群–琼–穷	熏–训–凶

C9	急	接	夹	铁–踢	落–鹿–绿	木	出	刮

C10	各–郭–国–活	确–缺	月–欲–药

附录十七　汉语方言单字记音扩充字表

果一开 歌端平	多	
果一开 歌透平	拖	
果一开 歌透平	他	
果一开 歌定平	驼	
果一开 个定去	大	
果一开 哿泥上	哪 哪个	
果一开 个泥去	那 那个	
果一开 歌来平	锣	
果一开 歌来平	箩	
果一开 哿精上	左	
果一开 歌清平	搓	
果一开 歌见平	歌	
果一开 歌见平	哥	
果一开 个见去	个	
果一开 歌疑平	鹅	
果一开 哿疑上	我	

果一开 个疑去	饿	
果一开 歌匣平	河	
果一开 歌匣平	荷 荷花	
果一开 个匣去	贺	
果一开 歌影平	阿 阿哥	
果一开 歌影平	屙 屙屎	
果一合 戈帮平	菠	
果一合 果帮上	跛	
果一合 过帮去	簸 簸箕	
果一合 过滂去	破	
果一合 戈並平	婆	
果一合 戈明平	磨 磨刀	
果一合 过明去	磨 推磨	
果一合 果端上	朵	
果一合 果端上	躲	
果一合 过端去	剁	

果一合 过透去	唾 唾液	
果一合 戈泥平	挼 搓	
果一合 过泥去	糯	
果一合 戈来平	螺 田螺	
果一合 戈来平	脶 指纹	
果一合 戈来平	啰 啰唆	
果一合 过来去	摞	
果一合 果从上	坐	
果一合 过从去	座	
果一合 戈心平	蓑	
果一合 戈心平	梭	
果一合 果心上	锁	
果一合 戈见平	锅	
果一合 果见上	果	
果一合 过见去	过	
果一合 戈溪平	窠 鸟窝	

果一合 戈溪平	棵	
果一合 果晓上	火	
果一合 果晓上	伙	
果一合 戈匣平	和 和气	
果一合 戈匣平	禾	
果一合 果匣上	祸	
果一合 过匣去	和 搅拌	
果一合 戈影平	窝 酒窝	
果三开 戈群平	茄	
果三合 戈晓平	靴	
假二开 麻帮平	巴 巴不得	
假二开 麻帮平	疤	
假二开 马帮上	把 一把	
假二开 马帮上	屉 粪便	
假二开 祃帮去	霸	
假二开 祃帮去	欛 木柄	
假二开 祃帮去	坝 坝子	
假二开 祃帮去	爸	

假二开 祃滂去	怕	
假二开 祃滂去	帕	
假二开 麻並平	爬	
假二开 麻並平	掱 扒手	
假二开 祃並去	耙 犁耙	
假二开 麻明平	麻	
假二开 麻明平	妈	
假二开 马明上	马	
假二开 祃明去	骂	
假二开 麻泥平	拿	
假二开 麻澄平	茶	
假二开 麻澄平	搽 搽药	
假二开 麻庄平	渣	
假二开 祃庄去	榨	
假二开 祃庄去	炸	
假二开 麻初平	叉	
假二开 麻初平	差 差不多	
假二开 祃初去	岔 岔路	

假二开 麻崇平	查	
假二开 麻生平	沙	
假二开 麻生平	纱	
假二开 马生上	洒	
假二开 麻见平	家	
假二开 麻见平	加	
假二开 麻见平	痂 愈合	
假二开 马见上	假	
假二开 祃见去	假 放假	
假二开 祃见去	架	
假二开 祃见去	嫁	
假二开 祃见去	价	
假二开 祃溪去	揢 捉	
假二开 麻疑平	牙	
假二开 麻疑平	芽	
假二开 麻疑平	伢 小孩	
假二开 祃疑去	砑 碾压	
假二开 麻晓平	虾	

假二开 祃晓去	吓 吓人	
假二开 麻匣平	蛤 蛤蟆	
假二开 马匣上	下 底下	
假二开 祃匣去	下 一下	
假二开 祃匣去	夏 夏天	
假二开 麻影平	丫 丫头	
假二开 麻影平	桠 桠枝	
假二开 马影上	哑	
假二合 马生上	耍	
假二合 麻见平	瓜	
假二合 马见上	寡	
假二合 马见上	剐	
假二合 麻溪平	夸	
假二合 祃溪去	跨	
假二合 马疑上	瓦	
假二合 麻晓平	花	
假二合 祃晓去	化	
假二合 麻匣平	划 划船	

假三开 马精上	姐	
假三开 祃精去	借	
假三开 祃清去	笡 斜	
假三开 麻心平	些	
假三开 马心上	写	
假三开 祃心去	泻	
假三开 麻邪平	邪	
假三开 麻邪平	斜	
假三开 祃邪去	谢	
假三开 麻知平	爹	
假三开 麻章平	遮	
假三开 祃章去	蔗	
假三开 麻昌平	车	
假三开 马昌上	扯	
假三开 麻船平	蛇	
假三开 祃船去	射	
假三开 麻书平	赊	
假三开 麻书平	畲 畲田	

假三开 马书上	舍 舍得	
假三开 马禅上	社	
假三开 马日上	惹	
假三开 麻以平	椰	
假三开 麻以平	爷	
假三开 马以上	也 也是	
假三开 马以上	野	
假三开 祃以去	夜	
遇一合 模帮平	晡 夜晡	
遇一合 姥帮上	补	
遇一合 姥帮上	谱 家谱	
遇一合 暮帮去	布	
遇一合 模滂平	铺 铺盖	
遇一合 暮滂去	铺 店铺	
遇一合 模並平	菩	
遇一合 姥並上	部	
遇一合 姥並上	簿 账簿	
遇一合 暮並去	步	

遇一合 模明平	模 模子	
遇一合 暮明去	墓	
遇一合 模端平	都	
遇一合 姥端上	堵	
遇一合 姥端上	赌	
遇一合 姥透上	土	
遇一合 姥透去	吐	
遇一合 暮透去	兔	
遇一合 模定平	徒	
遇一合 模定平	屠	
遇一合 模定平	涂	
遇一合 模定平	图	
遇一合 姥定上	杜 姓	
遇一合 姥定上	肚 肚饿	
遇一合 暮定去	渡	
遇一合 模来平	黸 锅烟子	
遇一合 模来平	炉	
遇一合 姥来上	鲁 粗鲁	

遇一合 暮来去	路	
遇一合 暮来去	露	
遇一合 暮来去	鹭 白鹭	
遇一合 模精平	租	
遇一合 姥精上	祖	
遇一合 暮精去	做	
遇一合 模清平	粗	
遇一合 暮清去	醋	
遇一合 暮清去	错	
遇一合 模心平	苏 紫苏	
遇一合 暮心去	诉 诉苦	
遇一合 模见平	姑	
遇一合 模见平	孤	
遇一合 模见平	箍	
遇一合 姥见上	古	
遇一合 姥见上	估	
遇一合 姥见上	牯	
遇一合 姥见上	股 屁股	

遇一合 姥见上	鼓	
遇一合 暮见去	故	
遇一合 暮见去	固 牢固	
遇一合 暮见去	雇 雇人	
遇一合 姥溪上	苦	
遇一合 暮溪去	库	
遇一合 暮溪去	裤	
遇一合 模疑平	蜈 蜈蚣	
遇一合 姥疑上	五	
遇一合 姥疑上	午	
遇一合 暮疑去	误 耽误	
遇一合 模晓平	呼	
遇一合 暮晓去	戽 戽斗	
遇一合 模匣平	鬍 鬍须	
遇一合 模匣平	胡 姓	
遇一合 模匣平	壶	
遇一合 模匣平	葫	
遇一合 模匣平	糊 烧糊	

遇一合 姥匣上	户	
遇一合 暮匣去	护	
遇一合 暮匣去	瓠瓠瓜	
遇一合 姥晓上	虎	
遇一合 模影平	乌	
遇三合 鱼疑上	女	
遇三合 鱼来平	驴	
遇三合 语来上	旅	
遇三合 鱼清平	蛆	
遇三合 御心去	絮	
遇三合 鱼邪平	徐	
遇三合 鱼知平	猪	
遇三合 鱼澄平	除	
遇三合 语澄上	苎苎麻	
遇三合 御澄去	箸筷子	
遇三合 语庄上	阻	
遇三合 鱼初平	初	
遇三合 鱼崇平	锄	

遇三合 御崇去	助	
遇三合 鱼生平	梳	
遇三合 语章上	煮	
遇三合 语昌上	处相处	
遇三合 鱼书平	书	
遇三合 鱼书平	舒	
遇三合 语书上	鼠	
遇三合 语书上	暑中暑	
遇三合 语书上	黍黍米	
遇三合 御禅去	薯红薯	
遇三合 鱼日平	如不如	
遇三合 鱼见平	居	
遇三合 鱼见平	車象棋	
遇三合 语见上	举	
遇三合 御见去	锯	
遇三合 鱼溪平	墟集市	
遇三合 御溪去	去	
遇三合 鱼群平	佢他	

遇三合 鱼疑平	鱼	
遇三合 语疑上	语	
遇三合 鱼晓平	虚体虚	
遇三合 鱼影平	淤淤积	
遇三合 鱼以平	余	
遇三合 虞非平	夫	
遇三合 麌非上	府	
遇三合 麌非上	斧	
遇三合 遇非去	付	
遇三合 虞敷平	敷敷药	
遇三合 虞敷平	孵	
遇三合 虞敷平	麸麦麸	
遇三合 麌敷上	抚抚养	
遇三合 虞奉平	符	
遇三合 虞奉平	扶	
遇三合 麌奉上	父	
遇三合 遇奉去	附	
遇三合 虞微平	无	

遇三合 虞微平	巫	
遇三合 麌微上	武	
遇三合 麌微上	舞	
遇三合 遇微去	务	
遇三合 遇微去	雾	
遇三合 麌来上	缕	
遇三合 麌清上	取	
遇三合 麌清上	娶	
遇三合 遇清去	趣	
遇三合 麌从上	聚	
遇三合 虞心平	须 毛须	
遇三合 遇邪去	续 继续	
遇三合 虞知平	蛛	
遇三合 虞澄平	厨	
遇三合 麌澄上	柱	
遇三合 遇澄去	住	
遇三合 麌生上	数 动	
遇三合 遇生去	数 名	

遇三合 虞章平	朱	
遇三合 麌章上	主	
遇三合 虞章去	蛀	
遇三合 虞书平	输	
遇三合 麌禅上	竖	
遇三合 遇禅去	树	
遇三合 麌日上	乳	
遇三合 麌日上	擩 ~进去	
遇三合 麌见上	矩 规矩	
遇三合 遇见去	句	
遇三合 遇疑去	遇	
遇三合 麌云上	雨	
遇三合 麌云上	羽	
遇三合 遇云去	芋	
蟹一开 咍端平	呆 呆子	
蟹一开 代端去	戴	
蟹一开 咍透平	胎	
蟹一开 咍定平	台 戏台	

蟹一开 咍定平	抬	
蟹一开 代定去	代	
蟹一开 代定去	袋	
蟹一开 代泥去	耐	
蟹一开 咍来平	来	
蟹一开 咍精平	灾	
蟹一开 咍精平	栽	
蟹一开 海精上	宰	
蟹一开 代精去	再	
蟹一开 咍清平	猜	
蟹一开 海清上	彩	
蟹一开 海清上	踩	
蟹一开 代清去	菜	
蟹一开 咍从平	财	
蟹一开 咍从平	裁	
蟹一开 海从上	在	
蟹一开 咍心平	鳃	
蟹一开 咍见平	该	

蟹一开 海见上	改	
蟹一开 代见去	概大概	
蟹一开 咍溪平	开	
蟹一开 代溪去	咳咳嗽	
蟹一开 咍疑平	呆呆板	
蟹一开 代疑去	碍	
蟹一开 海晓上	海	
蟹一开 咍匣平	孩	
蟹一开 海匣上	亥	
蟹一开 代影去	爱	
蟹一开 泰端去	带	
蟹一开 泰透去	太	
蟹一开 泰泥去	奈	
蟹一开 泰来去	赖	
蟹一开 泰来去	癞癞头	
蟹一开 泰见去	盖	
蟹一开 泰疑去	艾苦艾	
蟹一开 泰匣去	害	

蟹一合 灰帮平	杯	
蟹一合 队帮去	辈辈分	
蟹一合 队帮去	背背脊	
蟹一合 灰滂平	坯	
蟹一合 灰並平	陪	
蟹一合 灰並平	赔	
蟹一合 队並去	佩	
蟹一合 队並去	背背诵	
蟹一合 灰明平	梅	
蟹一合 灰明平	媒	
蟹一合 贿明上	每	
蟹一合 队明去	妹	
蟹一合 灰端平	堆	
蟹一合 队端去	对	
蟹一合 队端去	碓	
蟹一合 灰透平	推	
蟹一合 贿透上	腿	
蟹一合 队透去	退	

蟹一合 队泥去	内	
蟹一合 灰来平	雷	
蟹一合 队来去	累	
蟹一合 贿从上	罪	
蟹一合 队邪去	碎	
蟹一合 队溪去	块	
蟹一合 灰晓平	灰	
蟹一合 贿晓上	悔	
蟹一合 灰匣平	回	
蟹一合 灰影平	煨	
蟹一合 泰透去	蜕蜕皮	
蟹一合 泰精去	最	
蟹一合 泰疑去	外	
蟹一合 泰匣去	会会说	
蟹二开 怪帮去	拜	
蟹二开 皆並平	排	
蟹二开 皆明平	埋	
蟹二开 皆庄平	斋	

蟹二开 皆崇平	犲	
蟹二开 怪见去	界	
蟹二开 怪见去	疥	
蟹二开 怪见去	戒	
蟹二开 皆溪平	揩	
蟹二开 皆影平	挨	
蟹二合 皆见平	乖	
蟹二合 怪见去	怪	
蟹二合 怪溪去	块	
蟹二合 皆匣平	怀	
蟹二合 怪匣去	坏	
蟹二开 蟹帮上	摆	
蟹二开 卦滂去	派	
蟹二开 佳並平	牌	
蟹二开 卦並去	稗	
蟹二开 蟹明上	买	
蟹二开 卦明去	卖	
蟹二开 蟹泥上	奶 牛~	

蟹二开 佳初平	差 出差	
蟹二开 佳崇平	柴	
蟹二开 佳生平	筛	
蟹二开 蟹生上	洒	
蟹二开 卦生去	晒	
蟹二开 佳见平	街	
蟹二开 蟹见上	解	
蟹二开 佳疑平	捱 捱打	
蟹二开 佳匣平	鞋	
蟹二开 蟹匣上	蟹	
蟹二开 蟹影上	矮	
蟹二开 卦影去	隘 狭窄	
蟹二合 蟹见上	拐	
蟹二合 卦见去	挂	
蟹二合 佳晓平	歪	
蟹二合 卦匣去	画	
蟹二开 夬崇去	寨	
蟹二合 夬溪去	快	

蟹二合 夬溪去	筷	
蟹二合 夬匣去	话	
蟹三开 祭並去	毙	
蟹三开 祭来去	厉	
蟹三开 祭章去	制	
蟹三开 祭书去	世	
蟹三合 祭清去	脆	
蟹三合 祭心去	岁	
蟹三合 废敷去	肺	
蟹三合 废非去	废	
蟹四开 霁帮去	闭	
蟹四开 霁帮去	箅 炊垫	
蟹四开 霁並去	鐾 鐾刀	
蟹四开 齐明平	迷	
蟹四开 荠明上	米	
蟹四开 齐端平	低	
蟹四开 齐端平	堤	
蟹四开 荠端上	底	

蟹四开茅端上	抵值	
蟹四开齐透平	梯	
蟹四开茅透上	体	
蟹四开霁透去	替	
蟹四开霁透去	剃剃头	
蟹四开霁透去	屉	
蟹四开齐定平	提	
蟹四开齐定平	蹄	
蟹四开茅定上	弟	
蟹四开霁定去	第	
蟹四开齐泥平	泥	
蟹四开齐来平	犁	
蟹四开茅来上	礼	
蟹四开茅精上	挤	
蟹四开齐清平	妻	
蟹四开齐从平	齐	
蟹四开齐从平	脐肚脐	
蟹四开齐心平	西	

蟹四开茅心上	洗	
蟹四开霁心去	细	
蟹四开齐见平	鸡	
蟹四开霁见去	继	
蟹四开霁见去	系系鞋带	
蟹四开齐溪平	溪	
蟹四开茅溪上	启	
蟹四开霁匣去	系是	
蟹四合齐见平	闺	
蟹四合霁见去	桂	
止三开支帮平	碑	
止三开支滂平	披	
止三开支並平	皮	
止三开支並平	脾	
止三开纸並上	被被子	
止三开寘並去	被被打	
止三开寘並去	避	
止三开支明平	縻粥	

止三开寘来去	离距离	
止三开支清平	雌	
止三开寘清去	刺	
止三开支心平	撕	
止三开支知平	知	
止三开支生平	筛	
止三开支章平	支	
止三开支章平	栀栀子花	
止三开纸章上	纸	
止三开纸章上	只只有	
止三开纸船上	舐舔	
止三开寘书去	翅	
止三开支禅平	匙锁匙	
止三开纸禅上	是	
止三开寘禅去	豉豆豉	
止三开支日平	儿	
止三开寘见去	寄	
止三开支群平	骑	

止三开 纸群上	徛 站立	
止三开 纸群上	妓	
止三开 纸疑上	蚁 蚂蚁	
止三开 寘疑去	义	
止三开 寘晓去	戏	
止三开 纸影上	椅	
止三开 支以平	移	
止三开 寘以去	易 难易	
止三合 纸精上	嘴	
止三合 支邪平	随	
止三合 支昌平	吹	
止三合 寘禅去	睡	
止三合 支见平	规	
止三合 支溪平	亏	
止三合 纸群上	跪	
止三合 支疑平	危	
止三合 纸晓上	毁	
止三合 寘影去	喂	

止三合 寘云去	为 为什么	
止三开 旨帮上	比	
止三开 旨帮上	秕 无实谷	
止三开 至帮去	庇 包庇	
止三开 至帮去	痹 麻痹	
止三开 至滂去	屁	
止三开 脂並平	枇 枇杷	
止三开 至並去	鼻	
止三开 至並去	篦 篦子	
止三开 脂明平	眉	
止三开 脂明平	霉	
止三开 至定去	地	
止三开 脂泥平	尼 尼姑	
止三开 至泥去	腻	
止三开 脂来平	梨	
止三开 至来去	利	
止三开 至来去	痢	
止三开 旨精上	姊	

止三开 至清去	次	
止三开 脂从平	瓷	
止三开 脂从平	餈 ~粑	
止三开 至从去	自	
止三开 脂心平	私	
止三开 旨心上	死	
止三开 至心去	四	
止三开 脂澄平	迟	
止三开 脂生平	师	
止三开 旨章上	指	
止三开 脂书平	尸	
止三开 旨书上	屎	
止三开 至日去	二	
止三开 至溪去	器	
止三开 脂群平	鳍 鱼鳍	
止三开 脂以平	姨	
止三合 至来去	泪	
止三合 至精去	醉	

止三合脂知平	追	
止三合脂澄平	槌	
止三合脂澄平	捶	
止三合至生去	帅	
止三合旨书上	水	
止三合脂禅平	谁	
止三合脂见平	龟	
止三合至见去	季季节	
止三合脂群平	葵	
止三合至群去	柜	
止三合至云去	位	
止三开止泥上	你	
止三开之来平	厘	
止三开止来上	李	
止三开止来上	里	
止三开止精上	子	
止三开志从去	字	
止三开志从去	牸牝牛	

止三开之心平	司	
止三开之心平	丝	
止三开志心去	伺伺候	
止三开之邪平	祠祠堂	
止三开志邪去	寺寺庙	
止三开志邪去	饲饲料	
止三开止澄上	痔	
止三开之澄去	治	
止三开志初去	厕茅厕	
止三开止崇上	柿	
止三开志崇去	事	
止三开之章平	芝	
止三开止章上	止	
止三开止章上	趾	
止三开志章去	痣	
止三开止昌上	齿	
止三开之书平	诗	
止三开志书去	试	

止三开之禅平	时	
止三开止禅上	市	
止三开志禅去	莳插秧	
止三开止日上	耳	
止三开之见平	基	
止三开之见平	箕	
止三开止见上	纪年纪	
止三开志见去	记	
止三开之溪平	欺	
止三开止溪上	起	
止三开之群平	棋	
止三开志群去	忌禁忌	
止三开之疑平	疑	
止三开止晓上	喜	
止三开之影平	医	
止三开志影去	意	
止三开止以上	已	
止三开微见平	机	

止三开尾见上	几几个	
止三开未溪去	气气味	
止三开微晓平	稀	
止三开微影平	衣	
止三合微非平	飞	
止三合尾非上	匪	
止三合未非去	痱痱子	
止三合未敷去	费费用	
止三合微奉平	肥	
止三合尾微上	尾	
止三合未微去	味	
止三合微见平	归	
止三合尾见上	鬼	
止三合未见去	贵	
止三合微影平	威	
止三合微云平	围	
止三合未云去	胃	
效一开豪帮平	煲煲汤	

效一开皓帮上	宝	
效一开号帮去	报	
效一开豪並平	袍	
效一开皓並上	抱	
效一开号並去	暴	
效一开号並去	菢孵	
效一开豪明平	毛	
效一开皓明上	冇无	
效一开号明去	帽	
效一开豪端平	刀	
效一开皓端上	倒打倒	
效一开号端去	到	
效一开号端去	倒倒车	
效一开皓透上	讨	
效一开号透去	套	
效一开豪定平	桃	
效一开豪定平	逃	
效一开皓定上	道	

效一开皓定上	稻	
效一开号定去	盗	
效一开皓泥上	脑	
效一开皓泥上	恼	
效一开豪来平	捞	
效一开豪来平	牢	
效一开皓来上	老	
效一开豪精平	糟	
效一开皓精上	早	
效一开皓精上	枣	
效一开皓精上	澡	
效一开豪精去	躁	
效一开豪精去	灶	
效一开豪清平	操	
效一开皓清上	草	
效一开号清去	糙	
效一开豪从平	槽	
效一开皓从上	皂皂角	

效一开 皓从上	造	
效一开 豪心平	骚	
效一开 皓心上	扫	
效一开 皓心上	嫂	
效一开 豪见平	高	
效一开 豪见平	篙 竹竿	
效一开 豪见平	糕	
效一开 号见去	告	
效一开 皓溪上	烤	
效一开 号溪去	靠	
效一开 豪疑平	熬	
效一开 豪疑平	廒 谷仓	
效一开 豪晓平	蒿 茼蒿	
效一开 豪晓平	薅 锄草	
效一开 皓晓上	好	
效一开 号晓去	好 喜好	
效一开 号晓去	耗	
效一开 豪匣平	毫 毫毛	

效一开 号匣去	号 记号	
效一开 号影去	澳	
效二开 肴帮平	包	
效二开 巧帮上	饱	
效二开 效帮去	爆	
效二开 肴滂平	泡 灯泡	
效二开 肴滂平	抛	
效二开 效滂去	炮	
效二开 效滂去	泡 浸泡	
效二开 肴並平	跑	
效二开 肴並平	刨 挖	
效二开 肴明平	茅	
效二开 肴明平	猫	
效二开 效明去	貌	
效二开 效泥去	闹 热闹	
效二开 效知去	罩	
效二开 肴庄平	抓	
效二开 巧庄上	爪	

效二开 巧庄上	找	
效二开 肴初平	抄	
效二开 巧初上	炒	
效二开 巧初上	吵	
效二开 肴崇平	巢	
效二开 效生去	稍	
效二开 效生去	潲 猪食	
效二开 肴见平	交	
效二开 肴见平	跤 打跤	
效二开 巧见上	绞	
效二开 巧见上	搞	
效二开 效见去	教	
效二开 效见去	较 较秤	
效二开 效见去	酵	
效二开 效见去	窖 地窖	
效二开 效见去	觉 睡觉	
效二开 肴溪平	敲	
效二开 巧溪上	巧	

效二开 巧疑上	咬	
效二开 肴晓去	孝	
效二开 效匣去	效 见效	
效二开 效匣去	校 学校	
效二开 肴影平	坳 山坳	
效三开 小帮上	表 表格	
效三开 小帮上	裱 裱画	
效三开 宵滂平	飘	
效三开 笑滂去	票	
效三开 笑滂去	漂 漂亮	
效三开 宵並平	瓢 瓜瓢	
效三开 宵並平	嫖	
效三开 小並上	鳔 鱼鳔	
效三开 宵明平	苗	
效三开 宵明平	猫	
效三开 小明上	秒	
效三开 笑明去	庙	
效三开 宵来平	寮 茅屋	

效三开 宵精平	焦	
效三开 宵精平	椒 辣椒	
效三开 宵清平	锹	
效三开 宵清平	缲 缲衣	
效三开 笑从去	噍 嚼	
效三开 宵心平	硝	
效三开 小心上	小	
效三开 笑心去	笑	
效三开 宵彻平	超	
效三开 宵澄平	潮	
效三开 小澄上	赵	
效三开 宵章平	招	
效三开 笑章去	照	
效三开 宵书平	烧	
效三开 小书上	少	
效三开 笑书去	少 少年	
效三开 宵禅平	韶 韶关	
效三开 小日上	绕 绕线	

效三开 宵见平	娇	
效三开 宵群平	桥	
效三开 笑群去	轿	
效三开 宵影平	妖	
效三开 宵影平	邀	
效三开 宵影平	腰	
效三开 笑影去	要 要钱	
效三开 宵以平	摇	
效三开 小以上	舀	
效四开 萧端平	雕	
效四开 筱端上	鸟	
效四开 啸端去	钓	
效四开 萧透平	挑 挑水	
效四开 筱透上	斢 交换	
效四开 啸透去	跳	
效四开 萧定平	条	
效四开 啸定去	掉	
效四开 啸定去	调 走调	

效四开 啸泥去	尿	
效四开 萧来平	嫽调戏	
效四开 筱来上	了	
效四开 啸来去	料	
效四开 萧心平	箫	
效四开 萧见平	浇	
效四开 啸见去	叫	
效四开 啸溪去	窍	
效四开 啸溪去	撬	
效四开 萧晓平	晓	
效四开 萧影平	吆吆喝	
流一开 侯明平	踇蹲	
流一开 厚明上	母	
流一开 侯端平	兜	
流一开 厚端上	斗量具	
流一开 厚端上	陡	
流一开 候端去	斗斗牛	
流一开 侯透平	偷	

流一开 侯定平	头	
流一开 候定去	豆	
流一开 候定去	逗	
流一开 侯来平	楼	
流一开 侯来平	耧耧田	
流一开 厚来上	搂抱	
流一开 候来去	漏	
流一开 厚精上	走	
流一开 候清去	凑	
流一开 候心去	嗽咳嗽	
流一开 侯见平	勾	
流一开 厚见上	狗	
流一开 候见去	够	
流一开 候见去	构	
流一开 侯溪平	抠	
流一开 厚溪上	口	
流一开 候溪去	扣	
流一开 厚疑上	藕	

流一开 侯匣平	喉	
流一开 侯匣平	猴	
流一开 厚匣上	后前后	
流一开 厚匣上	厚	
流一开 候匣去	候时候	
流一开 侯影平	欧姓	
流一开 厚影上	呕	
流一开 候影去	沤沤肥	
流三开 宥敷去	副	
流三开 尤奉平	浮	
流三开 有奉上	妇新妇	
流三开 尤来平	流	
流三开 尤来平	留	
流三开 尤来平	榴石榴	
流三开 有来上	柳	
流三开 尤精平	揪	
流三开 有精上	酒	
流三开 尤清平	秋	

流三开 宥从去	就	
流三开 尤心平	修	
流三开 尤心平	羞	
流三开 宥心去	绣 绣花	
流三开 宥心去	锈	
流三开 宥邪去	袖	
流三开 宥知去	昼	
流三开 尤彻平	抽	
流三开 尤澄平	绸	
流三开 宥庄去	皱	
流三开 尤初平	搊 双手托	
流三开 有初上	瞅 瞧	
流三开 尤崇平	愁	
流三开 尤生平	搜	
流三开 尤生平	馊 馊饭	
流三开 宥生去	瘦	
流三开 宥生去	漱 漱口	
流三开 有章上	帚	

流三开 有昌上	丑 美丑	
流三开 宥昌去	臭	
流三开 尤书平	收	
流三开 有书上	手	
流三开 有书上	守	
流三开 宥书去	兽	
流三开 尤禅平	仇 仇恨	
流三开 有禅上	受	
流三开 宥禅去	寿	
流三开 尤日平	揉	
流三开 尤见平	阄 抓阄	
流三开 尤见平	纠 纠缠	
流三开 有见上	九	
流三开 有见上	久	
流三开 有见上	韭 韭菜	
流三开 有见上	灸 针灸	
流三开 宥见去	救	
流三开 宥见去	究 讲究	

流三开 尤溪平	丘	
流三开 尤群平	球	
流三开 尤群平	求	
流三开 有群上	臼	
流三开 有群上	舅	
流三开 宥群去	旧	
流三开 尤疑平	牛	
流三开 尤晓平	朽 朽木	
流三开 宥晓去	嗅	
流三开 有云上	有	
流三开 宥云去	又	
流三开 宥云去	右	
流三开 尤以平	油	
流三开 尤以平	游	
流三开 宥以去	柚	
流三开 宥以去	釉 上釉	
流三开 幽端平	丢	
流三开 幼影去	幼	

咸一开覃端平	耽	
咸一开合端入	答	
咸一开合端入	搭	
咸一开覃透平	贪	
咸一开勘透去	探	
咸一开合透入	踏	
咸一开覃定平	潭	
咸一开合定入	沓一~纸	
咸一开覃泥平	南	
咸一开覃泥平	男	
咸一开感泥上	腩肚腩	
咸一开合来入	拉	
咸一开覃精平	簪	
咸一开感清上	惨	
咸一开覃从平	蚕	
咸一开合从入	杂	
咸一开感见上	感	
咸一开合见入	蛤蛤蜊	

咸一开合见入	鸽	
咸一开感溪上	砍	
咸一开勘溪去	勘	
咸一开合晓入	喝歆	
咸一开覃匣平	含	
咸一开合匣入	合	
咸一开合匣入	盒	
咸一开覃影平	庵	
咸一开谈端平	担挑	
咸一开敢端上	胆	
咸一开阚端去	担担子	
咸一开敢透上	毯	
咸一开盍透入	塔	
咸一开盍透入	塌	
咸一开谈定平	痰	
咸一开敢定上	淡	
咸一开谈来平	蓝	
咸一开敢来上	揽搂	

咸一开盍来入	腊	
咸一开盍来入	蜡	
咸一开阚从去	錾	
咸一开谈心平	三	
咸一开谈见平	甘	
咸一开谈见平	柑	
咸一开谈见平	泔	
咸一开敢见上	敢	
咸一开盍溪入	磕磕头	
咸一开谈晓平	憨憨厚	
咸一开敢晓上	喊	
咸二开陷知去	站立	
咸二开陷澄去	赚	
咸二开陷澄去	站车站	
咸二开咸庄平	斩	
咸二开洽庄入	眨	
咸二开洽初入	插	
咸二开咸崇平	馋	

咸二开 洽崇入	闸	
咸二开 洽崇入	炸 油炸	
咸二开 咸生平	杉 杉树	
咸二开 豏见上	减	
咸二开 洽见入	夹	
咸二开 洽溪入	掐	
咸二开 咸匣平	咸 味咸	
咸二开 陷匣去	陷	
咸二开 陷匣去	馅	
咸二开 衔初平	搀 扶	
咸二开 衔生平	衫	
咸二开 衔见平	监 牢	
咸二开 狎见入	甲	
咸二开 狎见入	胛 肩胛	
咸二开 衔溪平	嵌 镶嵌	
咸二开 衔疑平	岩	
咸二开 槛匣上	槛 门坎	
咸二开 狎匣入	匣 箱	

咸二开 狎影入	鸭	
咸二开 狎影入	压	
咸三开 盐泥平	黏 黏米	
咸三开 盐来平	镰	
咸三开 叶来入	猎	
咸三开 盐精平	尖	
咸三开 盐精平	櫼 楔	
咸三开 叶精入	接	
咸三开 盐清平	签	
咸三开 盐知平	沾 沾光	
咸三开 盐知平	粘 粘贴	
咸三开 艳章去	占 占领	
咸三开 叶章入	折 折叠	
咸三开 琰书上	闪	
咸三开 琰日上	染	
咸三开 琰见上	检	
咸三开 琰见上	脸	
咸三开 盐群平	钳	

咸三开 艳疑去	验	
咸三开 盐影平	淹	
咸三开 盐影平	阉 阉割	
咸三开 琰影上	厌	
咸三开 叶影入	[illegible]	
咸三开 盐以平	盐	
咸三开 盐以平	阎	
咸三开 盐以平	檐	
咸三开 叶以入	叶	
咸三开 酽溪去	欠	
咸三开 严疑平	严	
咸三开 酽疑去	酽 浓	
咸三开 业疑入	业	
咸三开 严影平	腌 腌菜	
咸三合 乏非入	法	
咸三合 凡奉平	凡	
咸三合 范奉上	范 姓	
咸三合 范奉上	犯	

咸四开 忝端上	点	
咸四开 添端去	店	
咸四开 帖端入	跌	
咸四开 添透平	添	
咸四开 忝透上	舔	
咸四开 帖透入	帖 请帖	
咸四开 帖透入	贴	
咸四开 添定平	甜	
咸四开 忝定上	簟 竹席	
咸四开 帖定入	碟	
咸四开 帖定入	蝶	
咸四开 添泥平	鲶 鲶鱼	
咸四开 添泥平	拈	
咸四开 添泥去	念	
咸四开 掭溪去	歉 道歉	
咸四开 添匣平	嫌	
深三开 侵来平	林	
深三开 侵来平	淋	

深三开 侵来平	临	
深三开 缉来入	立	
深三开 缉来入	笠	
深三开 缉来入	粒	
深三开 沁精去	浸	
深三开 缉从入	集	
深三开 侵心平	心	
深三开 侵邪平	寻	
深三开 缉邪入	习	
深三开 侵澄平	沉	
深三开 缉澄入	蛰 惊蛰	
深三开 侵庄平	簪	
深三开 侵生平	参 人参	
深三开 缉生入	涩	
深三开 侵章平	针	
深三开 寝章上	枕	
深三开 缉章入	汁	
深三开 侵书平	深	

深三开 寝书上	审	
深三开 寝书上	婶	
深三开 缉书入	湿	
深三开 缉禅入	十	
深三开 缉禅入	拾 收拾	
深三开 缉日入	入	
深三开 侵见平	今	
深三开 侵见平	金	
深三开 侵见平	襟	
深三开 沁见去	禁 禁止	
深三开 缉见入	急	
深三开 缉见入	级	
深三开 缉见入	给	
深三开 沁溪去	揿 按	
深三开 侵群平	琴	
深三开 侵群平	禽	
深三开 缉群入	及	
深三开 缉晓入	吸	

深三开 侵影平	音	
深三开 侵影平	阴	
深三开 寝影上	饮	
深三开 侵以平	淫	
山一开 寒端平	单	
山一开 翰端去	旦	
山一开 寒透平	摊	
山一开 旱透上	坦 平坦	
山一开 翰透去	炭	
山一开 翰透去	叹	
山一开 曷透入	獭	
山一开 寒定平	坛	
山一开 寒定平	弹 弹琴	
山一开 翰定去	弹 子弹	
山一开 翰定去	蛋	
山一开 曷定入	达	
山一开 寒泥平	难 难易	
山一开 翰泥去	难 患难	

山一开 曷泥入	捺 撇捺	
山一开 寒来平	拦	
山一开 寒来平	栏	
山一开 旱来上	懒	
山一开 寒来去	烂	
山一开 曷来入	辣	
山一开 翰精去	赞	
山一开 翰精去	濽 溅	
山一开 寒清平	餐	
山一开 寒清入	擦	
山一开 寒从平	残	
山一开 旱心上	散 散酒	
山一开 旱心上	伞	
山一开 翰心去	散 分散	
山一开 曷心入	撒 撒手	
山一开 寒见平	肝	
山一开 寒见平	竿	
山一开 寒见平	干旱	

山一开 旱见上	杆	
山一开 旱见上	秆 稻草	
山一开 旱见上	赶	
山一开 翰见去	干 干活	
山一开 曷见入	割	
山一开 翰溪去	看	
山一开 曷溪入	渴	
山一开 翰疑去	岸	
山一开 寒晓平	鼾 打鼾	
山一开 翰晓去	汉	
山一开 寒匣平	寒	
山一开 旱匣上	旱	
山一开 翰匣去	汗	
山一开 翰匣去	焊	
山一开 寒影平	安	
山一开 寒影平	鞍	
山一开 翰影去	按	
山一开 翰影去	案	

山一合 桓帮平	般	
山一合 桓帮平	搬	
山一合 换帮去	半	
山一合 末帮入	钵	
山一合 末帮入	拨	
山一合 末滂入	泼	
山一合 桓並平	盘	
山一合 缓並上	伴	
山一合 缓並上	拌	
山一合 末並入	钹	
山一合 桓明平	瞒	
山一合 桓明平	馒	
山一合 缓明上	满	
山一合 换明去	浼汗垢	
山一合 末明入	末	
山一合 桓端平	端	
山一合 缓端上	短	
山一合 末透入	脱	

山一合 桓定平	团	
山一合 缓定上	断断裂	
山一合 末定入	夺	
山一合 缓泥上	暖	
山一合 缓来上	卵	
山一合 换来去	乱	
山一合 末来入	捋捋袖	
山一合 桓精平	钻钻洞	
山一合 桓精去	钻钻子	
山一合 桓清平	汆汆丸子	
山一合 末清入	撮一小丛	
山一合 桓心平	酸	
山一合 换心去	算	
山一合 换心去	蒜	
山一合 桓见平	官	
山一合 桓见平	冠鸡冠	
山一合 缓见上	管	
山一合 缓见上	馆	

山一合 换见去	灌	
山一合 换见去	罐	
山一合 桓溪平	宽	
山一合 桓溪入	阔	
山一合 换疑去	玩游玩	
山一合 桓晓平	欢	
山一合 桓匣平	完	
山一合 桓匣平	丸肉丸	
山一合 缓匣上	缓	
山一合 换匣去	换	
山一合 末匣入	活	
山一合 桓影平	豌豌豆	
山一合 缓影上	碗	
山二开 黠帮入	八	
山二开 裥並去	办	
山二开 黠並入	拔	
山二开 黠明入	抹抹布	
山二开 山庄上	盏	

山二开 黠庄入	扎	
山二开 山初上	铲	
山二开 山生平	山	
山二开 黠生入	杀	
山二开 山见平	间	
山二开 产见上	简	
山二开 产见上	拣	
山二开 产疑上	眼	
山二开 山匣平	闲	
山二开 产匣上	限	
山二开 裥匣去	苋 苋菜	
山二开 删帮平	扳	
山二开 潸帮上	板	
山二开 谏滂去	襻 纽襻	
山二开 删明平	蛮	
山二开 谏明去	慢	
山二开 辖崇入	铡 铡刀	
山二开 删见平	奸	

山二开 谏疑去	雁	
山二开 辖晓入	瞎	
山二合 山疑平	顽 顽皮	
山二合 黠匣入	滑	
山二合 黠影入	挖	
山二合 删生平	闩 门~	
山二合 删生平	拴	
山二合 谏生去	涮	
山二合 辖生入	刷	
山二合 删见平	关	
山二合 谏见去	惯	
山二合 辖见入	刮	
山二合 删溪平	还 还钱	
山二合 删溪平	还 还有	
山二合 删影平	弯	
山三开 仙帮平	鞭	
山三开 仙帮平	编	
山三开 线帮去	变	

山三开 薛帮入	鳖	
山三开 仙滂平	偏	
山三开 线滂去	骗	
山三开 仙並平	便 便宜	
山三开 线並去	便 方便	
山三开 仙明平	棉	
山三开 猕明上	免	
山三开 线明去	面 脸	
山三开 薛明入	灭	
山三开 猕泥上	碾	
山三开 仙来平	连	
山三开 仙精平	煎	
山三开 猕精上	剪	
山三开 线精去	箭	
山三开 线精去	溅 溅水	
山三开 仙清平	迁	
山三开 猕清上	浅	
山三开 仙从平	钱	

山三开 线从去	贱	
山三开 仙心平	仙	
山三开 仙心平	鲜 新鲜	
山三开 狝心上	癣	
山三开 线心去	线	
山三开 仙澄平	缠	
山三开 线章去	战	
山三开 薛章入	折 折断	
山三开 薛船入	舌	
山三开 线书去	扇	
山三开 线禅去	单	
山三开 薛禅入	折 弄折	
山三开 仙日平	燃	
山三开 薛日入	热	
山三开 仙群平	干	
山三开 狝群上	件	
山三开 薛疑入	孽	
山三开 狝以上	演	

山三开 薛以入	拽	
山三开 月见入	揭	
山三开 愿群去	健	
山三开 元晓平	掀	
山三开 月晓入	歇	
山三开 元影平	蔫 萎败	
山三合 仙从平	全	
山三合 薛从入	绝	
山三合 狝心上	选	
山三合 薛心入	雪	
山三合 仙邪平	旋 旋转	
山三合 线邪去	旋 发旋	
山三合 狝知上	转 转身	
山三合 仙澄平	传 传染	
山三合 仙澄平	椽	
山三合 仙章平	砖	
山三合 仙昌平	穿	
山三合 线昌去	串	

山三合 仙船平	船	
山三合 薛书入	说 说话	
山三合 狝日上	软	
山三合 狝见上	卷	
山三合 仙溪平	圈 圆圈	
山三合 仙群平	拳	
山三合 仙群平	权	
山三合 狝群上	圈 牛圈	
山三合 仙云平	圆	
山三合 仙以平	缘	
山三合 阮非上	反	
山三合 月非入	发	
山三合 月非入	发 发财	
山三合 元敷平	翻	
山三合 愿奉去	饭	
山三合 月奉入	筏	
山三合 月奉入	罚	
山三合 阮微上	晚	

山三合 愿微去	万	
山三合 月微入	袜	
山三合 愿溪去	劝	
山三合 元疑平	元	
山三合 愿疑去	愿	
山三合 月疑入	月	
山三合 元影平	冤	
山三合 元云平	园	
山三合 阮云上	远	
山三合 月云入	越	
山四开 先帮平	边	
山四开 铣帮上	扁	
山四开 霰帮去	遍 量	
山四开 屑帮入	憋	
山四开 霰滂去	片	
山四开 屑滂入	撇 撇开	
山四开 铣並上	辫	
山四开 先明平	眠	
山四开 霰明去	面	
山四开 屑明入	篾 篾片	
山四开 先透平	天	
山四开 屑透入	铁	
山四开 先定平	田	
山四开 霰定去	电	
山四开 霰定去	垫	
山四开 先泥平	年	
山四开 铣泥上	捻	
山四开 铣泥上	撵 撵走	
山四开 先来平	怜	
山四开 霰来去	链	
山四开 屑精入	节	
山四开 先清平	千	
山四开 屑清入	切 切开	
山四开 先从平	前	
山四开 先心平	先	
山四开 屑心入	屑 木屑	
山四开 屑心入	楔 楔子	
山四开 先见平	肩	
山四开 铣见上	茧	
山四开 铣见上	笕	
山四开 霰见去	见	
山四开 屑见入	结	
山四开 先溪平	牵	
山四开 霰疑去	砚	
山四开 霰匣去	现	
山四开 先影平	烟	
山四开 霰影去	燕 燕子	
山四开 霰影去	咽	
山四开 屑影入	噎 噎住	
山四合 屑见入	决	
山四合 铣溪上	犬	
山四合 屑溪入	缺	
山四合 先晓入	血	
山四合 霰匣去	县	

山四合屑匣入	穴	
臻一开痕透平	吞	
臻一开痕见平	跟	
臻一开痕见平	根	
臻一开很溪上	啃	
臻一开很匣上	很	
臻一开恨匣去	恨	
臻一开痕影平	恩	
臻一合混帮上	本	
臻一合没帮入	不	
臻一合魂滂平	喷	
臻一合混滂上	喷 喷香	
臻一合魂並平	盆	
臻一合混並上	笨	
臻一合魂明平	门	
臻一合慁明去	闷	
臻一合魂端平	墩	
臻一合慁端去	顿	

臻一合慁透去	褪 退/蜕	
臻一合魂定平	屯	
臻一合魂定平	饨 馄饨	
臻一合慁定去	钝	
臻一合慁泥去	嫩	
臻一合魂精平	尊	
臻一合没精入	卒	
臻一合魂清平	村	
臻一合慁清去	寸	
臻一合魂从平	存	
臻一合魂从平	蹲	
臻一合魂心平	孙	
臻一合混心上	损	
臻一合混见上	滚	
臻一合慁见去	棍	
臻一合没见入	骨	
臻一合混溪上	捆	
臻一合魂晓平	昏	

臻一合魂晓平	婚	
臻一合魂匣平	魂	
臻一合魂匣平	馄	
臻一合混匣上	混	
臻一合没匣入	核 果核	
臻一合魂影平	瘟	
臻一合混影上	稳	
臻三开真帮平	宾	
臻三开质帮入	笔	
臻三开质滂入	匹	
臻三开真並平	贫	
臻三开真明平	民	
臻三开质明入	蜜	
臻三开真来平	邻	
臻三开真来平	鳞	
臻三开质来入	栗	
臻三开轸精上	尽 尽量	
臻三开震精去	进	

臻三开 真清平	亲	
臻三开 质清入	七	
臻三开 质清入	漆	
臻三开 轸从上	尽	
臻三开 真心平	新	
臻三开 震心去	信	
臻三开 质心入	膝	
臻三开 质澄入	侄	
臻三开 轸知上	镇	
臻三开 震彻去	趁	
臻三开 真澄平	陈	
臻三开 真澄平	尘	
臻三开 震澄去	阵	
臻三开 真庄平	榛	
臻三开 质生入	虱	
臻三开 真章平	真	
臻三开 轸章上	疹	
臻三开 震章去	震	

臻三开 质船入	实	
臻三开 真船平	神	
臻三开 真书平	身	
臻三开 真书平	伸	
臻三开 质书入	失	
臻三开 真禅平	辰	
臻三开 真禅平	晨	
臻三开 轸禅上	肾	
臻三开 真日平	人	
臻三开 轸日上	忍	
臻三开 震日去	认	
臻三开 质日入	日	
臻三开 真见平	巾	
臻三开 轸见上	紧	
臻三开 质见入	吉	
臻三开 真疑平	银	
臻三开 震影去	印	
臻三开 质影入	乙	

臻三开 质影入	一	
臻三开 轸以上	引引子	
臻三开 殷见平	斤	
臻三开 殷见平	筋	
臻三开 焮见去	劲劲头	
臻三开 殷群平	勤	
臻三开 隐群上	近	
臻三合 谆来平	轮	
臻三合 术清入	焌	
臻三合 术清入	黢	
臻三合 準心上	笋	
臻三合 準心上	榫榫头	
臻三合 谆邪平	旬	
臻三合 谆彻平	椿椿树	
臻三合 準章上	准	
臻三合 谆昌平	春	
臻三合 準昌上	蠢	
臻三合 术昌入	出	

臻三合谆船平	唇	
臻三合稕船去	顺	
臻三合稕日去	闰	
臻三合谆群平	菌	
臻三合谆以平	匀	
臻三合準以上	尹	
臻三合文帮平	分	
臻三合吻帮上	粉	
臻三合问帮去	粪	
臻三合文並平	焚	
臻三合文並平	坟	
臻三合问並去	份	
臻三合文明平	文	
臻三合文明平	蚊	
臻三合文明平	闻	
臻三合吻明上	吻	
臻三合问明去	问	
臻三合物明入	物	

臻三合文见平	军	
臻三合文群平	群	
臻三合文群平	裙	
臻三合文晓平	熏	
臻三合文晓平	荤	
臻三合问影去	熨	
臻三合文云平	云	
臻三合文云去	运	
臻三合文云去	晕	
宕一开唐帮平	帮	
宕一开宕並去	傍	
宕一开铎並入	薄	
宕一开铎並入	泊	
宕一开唐明平	忙	
宕一开荡明上	蟒	
宕一开铎明入	莫	
宕一开铎明入	膜	
宕一开铎明入	摸	

宕一开唐端平	当应当	
宕一开荡端上	挡	
宕一开宕端去	当当铺	
宕一开唐透平	汤	
宕一开荡透上	躺	
宕一开宕透去	烫	
宕一开唐定平	糖	
宕一开唐定平	塘	
宕一开荡定上	荡洗	
宕一开荡定上	凼	
宕一开唐来平	郎	
宕一开唐来平	狼	
宕一开铎来入	落	
宕一开铎来入	烙	
宕一开宕精去	葬	
宕一开铎精入	作	
宕一开唐清平	仓	
宕一开宕从去	脏内脏	

宕一开 铎从入	昨	
宕一开 唐心平	丧 丧事	
宕一开 荡心上	嗓	
宕一开 铎心入	索 绳	
宕一开 唐见平	刚	
宕一开 唐见平	缸	
宕一开 宕见去	杠	
宕一开 铎见入	各	
宕一开 铎见入	搁	
宕一开 铎见入	胳	
宕一开 唐溪平	糠	
宕一开 宕溪去	炕	
宕一开 铎影入	恶 坏	
宕一合 唐见平	光	
宕一合 荡见上	广	
宕一合 唐晓平	荒	
宕一合 唐晓平	慌	
宕一合 唐匣平	黄	

宕一合 唐匣平	皇	
宕三开 阳泥平	娘	
宕三开 漾泥去	酿	
宕三开 阳来平	凉	
宕三开 阳来平	量	
宕三开 阳来平	粮	
宕三开 阳来平	梁	
宕三开 养来上	两 斤两	
宕三开 漾来去	亮	
宕三开 漾来去	量	
宕三开 阳精平	浆	
宕三开 漾精去	酱	
宕三开 药精入	雀	
宕三开 阳清平	枪	
宕三开 养清上	抢	
宕三开 药清入	鹊 喜鹊	
宕三开 阳从平	墙	
宕三开 漾从去	匠	

宕三开 药从入	嚼	
宕三开 阳心平	箱	
宕三开 养心上	想	
宕三开 阳心去	相 相貌	
宕三开 药心入	削	
宕三开 养邪上	像	
宕三开 阳知平	张 量词	
宕三开 养知上	长 生长	
宕三开 养知上	涨	
宕三开 阳知去	帐	
宕三开 阳知去	胀	
宕三开 药知入	着 衣着	
宕三开 阳澄平	长	
宕三开 阳澄平	肠	
宕三开 阳澄平	场	
宕三开 养澄上	丈	
宕三开 药澄入	着 睡着	
宕三开 阳庄平	装	

宕三开漾庄去	壮	
宕三开阳初平	疮	
宕三开养初上	闯	
宕三开阳崇平	床	
宕三开漾崇去	状告状	
宕三开阳生平	霜	
宕三开阳章平	章盖章	
宕三开阳章平	樟	
宕三开养章上	掌	
宕三开药章入	斫砍	
宕三开阳昌平	昌	
宕三开养昌上	厂	
宕三开漾昌去	唱	
宕三开药昌入	焯用水烫	
宕三开阳书平	伤	
宕三开养书上	赏有赏	
宕三开阳禅平	常	
宕三开阳禅平	尝	
宕三开养禅上	上上山	
宕三开漾禅去	上上面	
宕三开药禅入	勺	
宕三开漾日去	让	
宕三开阳见平	姜	
宕三开药见入	脚	
宕三开阳群平	强	
宕三开阳晓平	香	
宕三开阳晓平	乡	
宕三开养晓上	享享福	
宕三开养晓上	响	
宕三开漾晓去	向	
宕三开阳影平	秧	
宕三开药影入	约	
宕三开阳以平	羊	
宕三开阳以平	阳	
宕三开阳以平	疡溃疡	
宕三开养以上	养	
宕三开养以上	痒	
宕三开漾以去	样	
宕三开药以入	药	
宕三开药以入	钥钥匙	
宕三合阳非平	方	
宕三合阳非平	枋圆木	
宕三合漾非去	放	
宕三合养敷上	纺	
宕三合阳奉平	房	
宕三合养微上	网	
宕三合漾微去	忘	
宕三合漾见去	逛	
宕三合阳溪平	筐	
宕三合养影上	枉	
宕三合阳云平	王	
宕三合漾云去	旺	
江二开江帮平	绑	
江二开觉帮入	剥	

江二开 江滂平	胮 胮肿	
江二开 绛滂去	胖	
江二开 江並上	棒	
江二开 江並上	蚌	
江二开 觉並入	雹	
江二开 江知平	桩 打桩	
江二开 觉知入	桌	
江二开 觉知入	啄	
江二开 觉彻入	戳	
江二开 绛澄去	撞	
江二开 觉澄入	浊	
江二开 觉庄入	捉	
江二开 江初平	窗	
江二开 江生平	双	
江二开 江见平	江	
江二开 江见平	扛	
江二开 江见平	豇 豇豆	
江二开 讲见上	讲	

江二开 绛见去	降 降价	
江二开 绛见去	虹	
江二开 觉见入	觉 觉得	
江二开 觉见入	角 牛角	
江二开 觉见入	饺	
江二开 觉溪入	确 确实	
江二开 觉溪入	壳	
江二开 觉疑入	岳 岳父	
江二开 觉疑入	乐 乐器	
江二开 江匣平	降 投降	
江二开 绛匣去	巷	
江二开 觉晓入	学	
江二开 觉影入	握	
曾一开 德帮入	北	
曾一开 登並平	朋	
曾一开 德明入	墨	
曾一开 德明入	默 想	
曾一开 登端平	灯	

曾一开 等端上	等	
曾一开 嶝端去	凳	
曾一开 德端入	得	
曾一开 德端入	德	
曾一开 登定平	藤	
曾一开 登定平	疼	
曾一开 嶝定去	邓	
曾一开 嶝定去	澄 澄清	
曾一开 登泥平	能	
曾一开 登精平	增	
曾一开 登从平	曾 未曾	
曾一开 登从平	层	
曾一开 德从入	贼	
曾一开 德心入	塞	
曾一开 等溪上	肯	
曾一开 德溪入	刻	
曾一开 德晓入	黑	
曾一合 德见入	国	

曾一合 德匣入	或	
曾三开 蒸帮平	冰	
曾三开 职帮入	逼	
曾三开 职来入	力	
曾三开 职精入	鲫	
曾三开 职心入	熄	
曾三开 职心入	媳	
曾三开 证澄去	瞪	
曾三开 职澄入	直	
曾三开 职庄入	侧	
曾三开 职初入	测	
曾三开 职生入	色	
曾三开 蒸章平	蒸	
曾三开 职章入	织	
曾三开 证昌去	秤	
曾三开 蒸船平	绳	
曾三开 蒸船平	塍 田岸	
曾三开 证船去	剩	

曾三开 职船入	食	
曾三开 职船入	蚀 蚀本	
曾三开 蒸书平	升 升官	
曾三开 蒸禅平	承 承受	
曾三开 蒸日平	扔	
曾三开 蒸晓平	兴 兴旺	
曾三开 蒸影平	应 应该	
曾三开 蒸影平	鹰	
曾三开 职影入	亿	
曾三开 职以入	翼 翅	
梗二开 陌帮入	百	
梗二开 陌帮入	柏 柏树	
梗二开 陌帮入	伯	
梗二开 陌滂入	拍	
梗二开 陌並入	白	
梗二开 梗明上	猛	
梗二开 梗端上	打	
梗二开 梗来上	冷	

梗二开 庚彻平	撑	
梗二开 陌彻入	拆	
梗二开 陌庄入	窄	
梗二开 庚生平	生	
梗二开 庚生平	甥	
梗二开 梗生上	省 省钱	
梗二开 庚见平	更	
梗二开 庚见平	羹	
梗二开 梗见上	埂 田埂	
梗二开 映见去	更 更加	
梗二开 陌见入	格	
梗二开 陌溪入	客	
梗二开 映疑去	硬	
梗二开 陌晓入	吓 恐吓	
梗二开 梗匣上	杏	
梗二开 麦帮入	擘 掰开	
梗二开 耕並平	棚	
梗二开 麦明入	麦	

梗二开 麦明入	脉	
梗二开 麦知入	摘	
梗二开 耕澄平	橙 橙子	
梗二开 耕庄平	争	
梗二开 麦初入	册	
梗二开 麦见入	隔	
梗二开 麦匣入	核 果核	
梗二开 耕影平	罂 宽口瓮	
梗二开 麦影入	轭 牛轭	
梗二合 庚匣平	横 横直	
梗二合 麦匣入	划	
梗三开 庚帮平	兵	
梗三开 庚並平	平	
梗三开 庚並平	坪	
梗三开 庚並平	评 评理	
梗三开 映並去	病	
梗三开 庚明平	明	
梗三开 映明去	命	

梗三开 庚见平	京	
梗三开 映见去	镜	
梗三开 陌群入	屐	
梗三开 梗影上	影	
梗三开 静帮上	饼	
梗三开 劲帮去	并 合并	
梗三开 清明平	名	
梗三开 静来上	领 衣领	
梗三开 静来上	岭	
梗三开 清精平	精	
梗三开 清精平	睛	
梗三开 静精上	井	
梗三开 昔精入	迹 足迹	
梗三开 清清平	清	
梗三开 静清上	请	
梗三开 清从平	晴	
梗三开 劲从去	净	
梗三开 劲心去	性	

梗三开 昔邪入	席 席位	
梗三开 清章平	正 正月	
梗三开 静章上	整	
梗三开 劲章去	正	
梗三开 昔章入	只 量词	
梗三开 昔章入	炙	
梗三开 昔昌入	赤 赤脚	
梗三开 昔昌入	尺	
梗三开 昔船入	射	
梗三开 清书平	声	
梗三开 清禅平	成	
梗三开 清禅平	盛 盛饭	
梗三开 昔禅入	石	
梗三开 静见上	颈	
梗三开 清溪平	轻	
梗三开 昔影入	益	
梗三合 庚晓平	兄	
梗四开 锡帮入	壁	

梗四开青滂平	拼	
梗四开锡滂入	劈	
梗四开青並平	瓶	
梗四开青端平	丁抓丁	
梗四开青端平	钉钉子	
梗四开迥端上	顶	
梗四开迥端上	鼎鼎锅	
梗四开径端去	钉动词	
梗四开径端去	掟扔	
梗四开锡端入	滴	
梗四开青透平	听听话	
梗四开青透平	厅	
梗四开锡透入	踢	
梗四开青定平	停	
梗四开径定去	定	
梗四开锡定入	笛	
梗四开锡定入	籴	
梗四开径泥去	宁宁可	

梗四开青来平	灵	
梗四开青来平	铃	
梗四开径来去	另	
梗四开锡来入	历阴历	
梗四开锡来入	沥沥干	
梗四开青清平	青	
梗四开青心平	星	
梗四开青心平	腥	
梗四开迥心上	醒	
梗四开锡心入	锡	
梗四开青见平	经经用	
梗四开锡溪入	吃	
通一合东並平	蓬一蓬竹	
通一合东明平	蒙	
通一合董明上	懵发懵	
通一合屋明入	木	
通一合东端平	东	
通一合董端上	懂	

通一合送端去	冻	
通一合东端去	栋	
通一合东透平	通	
通一合董透上	桶	
通一合送透去	痛	
通一合东定平	同	
通一合东定平	铜	
通一合董定上	动	
通一合送定去	戙竖立	
通一合屋定入	独	
通一合屋定入	读	
通一合送泥去	齈鼻涕	
通一合东来平	笼	
通一合东来平	聋	
通一合董来上	拢收拢	
通一合东精平	棕	
通一合董精上	总	
通一合东精去	粽	

通一合 东清平	葱	
通一合 屋从入	族族谱	
通一合 送心去	送	
通一合 东见平	公	
通一合 东见平	工	
通一合 屋见入	谷	
通一合 东溪平	空空心	
通一合 送溪去	空空闲	
通一合 屋溪入	哭	
通一合 东晓平	烘	
通一合 董晓上	哄骗	
通一合 东匣平	红	
通一合 东匣平	洪洪水	
通一合 东匣平	虹	
通一合 送影去	瓮	
通一合 屋影入	屋	
通一合 冬端平	冬	
通一合 宋透去	统统起来	

通一合 沃定入	毒	
通一合 冬泥平	农	
通一合 冬泥平	脓	
通一合 冬泥平	侬	
通一合 冬心平	松松散	
通三合 东非平	风	
通三合 屋非入	福	
通三合 屋非入	腹	
通三合 送奉去	凤龙凤	
通三合 屋奉入	服	
通三合 送微去	梦	
通三合 屋微入	目	
通三合 屋来入	六	
通三合 东知平	中	
通三合 送知去	中中奖	
通三合 屋知入	竹	
通三合 屋知入	筑筑堤坝	
通三合 屋彻入	畜畜生	

通三合 东澄平	虫	
通三合 屋生入	缩	
通三合 东章平	终送终	
通三合 送章去	众	
通三合 屋章入	粥	
通三合 东昌平	充充数	
通三合 送昌去	铳火枪	
通三合 屋书入	叔	
通三合 屋禅入	熟	
通三合 东日平	绒	
通三合 屋日入	肉	
通三合 东见平	弓	
通三合 东见平	躬背躬	
通三合 屋见入	菊	
通三合 东群平	穷	
通三合 送晓去	嗅	
通三合 屋晓入	畜畜牧	
通三合 东云平	熊	

通三合 东云平	雄	
通三合 东以平	融	
通三合 钟非平	封	
通三合 钟敷平	蜂	
通三合 钟敷平	锋 锋利	
通三合 肿敷上	捧	
通三合 钟奉平	逢 逢人	
通三合 钟泥平	浓	
通三合 钟来平	龙	
通三合 钟来平	砻 谷磨	
通三合 烛来入	绿	

通三合 烛精入	足	
通三合 钟从平	从 跟从	
通三合 钟邪平	松 松树	
通三合 烛邪入	俗	
通三合 钟澄平	重 重复	
通三合 钟澄上	重 轻重	
通三合 钟章平	钟	
通三合 钟章上	种 种子	
通三合 肿章上	肿	
通三合 用章去	种 种地	
通三合 烛章入	烛	

通三合 钟昌平	冲	
通三合 烛船入	赎	
通三合 钟书平	舂 舂米	
通三合 钟见上	拱	
通三合 钟溪上	恐	
通三合 钟晓平	胸	
通三合 钟晓平	凶	
通三合 钟影上	拥 拥挤	
通三合 用影去	壅 培土	
通三合 钟以上	涌	
通三合 用以去	用	

附录十八　汉语方言连读变调例词

说明：本表只列举双字词，按古四声八调两两组合排列。方言里另有说法的例词，可略过不记。通过本表例词的方言读音，可大概了解一种方言的变调。如要详细了解方言变调，应从大量词汇中进行归纳。

1+1　今天　风车　高山　伤心　乌龟　新鲜　开花　医生　青烟　鸡公　搬家
1+2　今年　烟筒　花钱　干柴　天晴　鸡毛　猪栏　芝麻　高粱　姑娘　清明
1+3　风水　辛苦　生手　山顶　疤子　双手　抓紧　猪种
1+4　风雨　轻重　天冷　公道　挖耳　天下
1+5　生气　天气　腰带　车票　青菜　猪肺　相信　轻快　开店　青布　花裤　鸡叫
1+6　山路　开会　帮助　军帽　豇豆　樟树　干净　天上　对面　鸡蛋　生蛋
1+7　猪脚　生铁　公式　天黑　中国　钢笔　冰雪　鸡血　心急　枪决　青竹
1+8　风俗　亲热　三月　丝袜　开学　阴历　青石　生肉　今日　青篾
2+1　黄花　良心　晴天　名声　平安　磨刀　前天　毛衣　钱多　棉花　柴刀
2+2　明年　田螺　爷爷　禾田　零钱　回潮　牛婆　牛栏　年成　门前　黄牛　眉毛
2+3　牙齿　红枣　盐水　锣鼓　洪水　鞋底　门口　驼子　黄狗　门板　蚊子
2+4　牛奶　男女　楼上　徒弟　传染　棉被　咸淡　朋友
2+5　奇怪　还账　咸菜　田界　麻痹　瓷器　鞋带　蚊帐
2+6　黄豆　长寿　行路　麻袋　遗尿　鞋面　名字　楼上
2+7　牛骨　毛笔　头发　来客　黄色　长竹　油漆
2+8　长袜　阳历　牛肉　磨墨　场合
3+1　水车　手机　喜欢　姐夫　口干　手心　起风　打针　酒杯　火机
3+2　水田　口粮　好人　倒霉　点名　酒壶　火炉　草鱼
3+3　打赌　口水　水土　姐姐　酒鬼　打倒　胆子　狗蚤　狗狗
3+4　伙计　小满　很淡　早晚　底下　小女
3+5　小气　韭菜　口臭　碗筷　讲究　老辈　拐骗
3+6　屎尿　体面　姊妹　好坏　走路　胆大　耍赖　长幼　小事
3+7　小雪　粉笔　水笔　打铁　请客　笋壳
3+8　火石　小学　死活　九月　短袜　朽木　狠毒
4+1　雨衣　坐车　眼睛　野猪　老三　脑筋
4+2　老娘　鲤鱼　耳聋　厚墙　藠头　老成　肚皮　厚皮
4+3　老子　老表　冷水　柱子　恼火　老虎　雨水　耳朵
4+4　道理　舅舅　满舅　老弟　舅母　奶奶　姥姥　厚被
4+5　野菜　老少　冷笑　买菜　受气　断气　上菜

4+6　老路　冷汗　坐轿　被面　下面　两下　重病
4+7　理发　老鳖　五谷　美国　后脚
4+8　五月　后日　上学　重活
5+1　放心　汽车　菜心　唱歌　叫春
5+2　菜园　戏台　去年　过来　蒜头
5+3　菜秆　放水　救火　凳子　屁股
5+4　干部　送礼　最近
5+5　叹气　破布　胀气　兴趣　记性
5+6　算命　性命　怪事　笑话　半夜
5+7　裤脚　性急　褪色　晒谷　放血
5+8　四月　放学　炸药　半日　菜叶
6+1　外孙　电灯　妹夫　自家　骂街　漏风　夏天
6+2　妹郎　病人　乱来　坏人
6+3　尿桶　赖死　漏斗　寨子　稗子　鼻子
6+4　大雨　号码
6+5　运气　苋菜　烂布　夏至　害怕
6+6　梦话　妹妹　办事　坏事　现饭　尿尿　大病　认字　命大　树上　地上
6+7　大雪　尿急　外国　认识
6+8　闰月　树叶　面熟　造孽
7+1　铁丝　菊花　国家　吃亏　结冰　竹竿　竹篙　结疤　出声
7+2　出来　骨头　鲫鱼　出门　剥皮　发财　铁锤
7+3　屋顶　铁水　吃苦　出土　桌子　鸭子　竹子
7+4　谷雨　黑市　吃奶　瞎眼　脚下　发冷
7+5　歇气　客气　发票　竹器　结构　织布　福气
7+6　出汗　发病　一路　说话
7+7　出血　发黑　八百
7+8　一月　八月　笔墨　竹席　七十
8+1　熄灯　石灰　白天　月初　读书　服输　月光　滑溜　直接
8+2　石头　白糖　入门　食堂　肉皮
8+3　月饼　麦子　月底　辣子
8+4　集市　白蚁　合拢　媳妇　白眼
8+5　墨线　白菜　木器
8+6　绿豆　石磨　实话　热闹　立夏　白面　白话　月亮
8+7　绿色　活泼　蜡烛　落雪
8+8　毒药　落日　特别　服药

附录十九　话语记录参考话题

1. 对话

1.1　情景对话

见面、问候、打招呼对话。

吃饭喝茶时的闲谈。

边劳动边聊天或中途休息闲聊。

集市上买卖情景对话。

服装店主顾情景对话。

乡村卫生所医生和病人情景对话。

村民到乡政府办事的情景对话。

县乡干部到村寨检查工作或了解情况与村民对话。

老师家访时情景对话。

村民会议情景对话。

村镇街头吵架围观情景对话。

村民争吵情景对话。

大人教育小孩情景对话。

一起边看电视边议论情景对话。

长途客车上的聊天对话。

活动结束时道别情景对话。

1.2　通信对话

手机或座机通话。

网络语音通话或聊天。

2. 独白

2.1　叙说传统、现实、故事

村寨或族群历史来源或神话传说。

家族或家庭的历史变迁。

本地或族群历史人物和重要往事。

本地或族群好人善报、恶人恶报的伦理故事。

本地发生的奇怪事情，或严重自然灾害、天灾人祸事件。

本人或他人遭遇的惊险事。

2.2　讲述工艺和流程

本地某种重要作物种植技术。

本地某种民间工艺流程，如制陶、织锦、扎染、造纸、制席、补锅等。

本地器具机械制作过程，如竹器、马车、弓箭、土枪、箍桶、神器等。

本地土法医治或药物制作。
本地某种特色菜肴烹饪或特色食品制作。
本地捕猎技术、建筑技术。
2.3　仪式套话
宗教祷告。
烧香、拜佛、祭祀、法事、占卜话语。
婚礼仪式的法师套话。
建筑竣工仪式的法师吟唱、套语。
丧葬仪式的法师咒语或套话。
3. 报告和演说
3.1　演说和宣讲
集镇市井推销产品情景话语。
婚庆、生日、升学、开业等活动主持人发言。
村组会议发言和报告。
学校教师对学生的训话。
3.2　广播电视新闻报道和评论
本地语言或方言新闻节目。
本地语言或方言时事追踪评论节目。
4. 表演和歌唱
4.1　表演
戏剧、话剧、小品的对白、独白。
演唱活动现场主持人与演员对话。
预先设计的会话表演。
4.2　歌唱、咏唱
民歌演唱，如独唱、对唱、合唱、轮唱等。
民间戏曲唱词。
婚礼、丧葬或其他民俗活动的各种演唱。
5. 语言游戏
谜语、字谜、脑筋急转弯。
民谣、童谣。
娱乐游戏话语。
歇后语、俗语、绕口令。
6. 神秘话语
行话、黑话、暗语、秘语。
魔语、鬼话。
民俗活动中无法理解的神秘话语。